The Bankruptcy and Reorganisation Law

Prawo upadłościowe i naprawcze

Prawo
upadłościowe i naprawcze

Tekst dwujęzyczny
polsko–angielski

Tłumaczenie
Maja Bińkowska
Wojciech Jacyno
Kazimierz Romaniec

WYDAWNICTWO C. H. BECK
WARSZAWA 2004

The Bankruptcy and Reorganisation Law

Two languages version
Polish–English

With English Translation by
Maja Bińkowska
Wojciech Jacyno
Kazimierz Romaniec

WYDAWNICTWO C. H. BECK
WARSZAWA 2004

The Bankruptcy and Reorganisation Law
Prawo upadłościowe i naprawcze

Latest updating: October 2003/Stan prawny: październik 2003

Redakcja: Dagna Kordyasz

Autorzy tłumaczenia: prawnicy w kancelarii
Miller, Canfield, W. Babicki i Wspólnicy Sp.k.

Wydawnictwo C. H. Beck 2004

Wydawnictwo C. H. Beck Sp. z o.o.
ul. Gen. Zajączka 9, 01-518 Warszawa

Skład: Wydawnictwo C. H. Beck
Druk i oprawa: PERFEKT S.A. Warszawa

ISBN 83-7387-254-X

Spis treści

Contents

Słowo od tłumaczy

Aby ułatwić lekturę przekładu ustawy – Prawo upadłościowe i naprawcze, jak również przyswojenie angielskich pojęć z zakresu prawa upadłościowego i naprawczego, przygotowaliśmy dwa słowniczki wybranych terminów z zakresu szeroko pojętego procesowego i materialnego prawa upadłościowego i naprawczego.

Osobne ujęcie terminów z zakresu międzynarodowego prawa upadłościowego wynika z faktu, że część druga ustawy posługuje się autonomiczną siatką pojęć charakterystycznych dla regulacji związanych z tzw. upadłością transgraniczną (ang. cross-border insolvency), a niewystępujących w innych częściach ustawy.

Dodać należy, że rozwiązania przyjęte przez polskiego ustawodawcę w powyższym zakresie oparte są na prawie modelowym przygotowanym przez Komisję Handlu Międzynarodowego ONZ (UNCITRAL) z 1997 r., dlatego też staraliśmy się dostosować przekład, w takim zakresie, w jakim to było możliwe, do sformułowań użytych w anglojęzycznej wersji prawa modelowego.

Powyższa uwaga odnosi się również do niektórych uregulowań z zakresu odrębnych postępowań upadłościowych, jak i kilku przepisów z części ogólnej ustawy, albowiem wprowadzają one do polskiego systemu prawnego trzy dyrektywy unijne, tj.

1) Dyrektywę Nr 98/26/EC z 19.5.1998 r. w sprawie ostateczności rozliczeń w systemach płatności oraz systemach rozliczeń papierów wartościowych,

2) Dyrektywę Nr 2001/24/EC z 4.4.2001 r. o reorganizacji i upadłości instytucji kredytowych,

3) Dyrektywę Nr 2001/17/EC z 19.3.2001 r. o reorganizacji i upadłości przedsiębiorstw ubezpieczeniowych.

Tłumacząc odpowiednie przepisy ustawy staraliśmy się wykorzystać terminologię użytą w angielskojęzycznych wersjach tychże dyrektyw.

From the translators

In order to assist the reader in understanding the translation of the Law on Bankruptcy and Reorganisation and to familiarise the reader with the English terms concerning bankruptcy and reorganisation law, we have prepared two glossaries of selected terminology regarding procedural and substantive bankruptcy and reorganisation law.

Terms concerning international bankruptcy proceedings have been included in a separate glossary due to the fact that Part Two of this law includes an autonomous set of legal terms specific to cross-border insolvency, which terms are not used in other parts of the law.

It is worth adding that the regulations adopted by the Polish legislature with respect to international proceedings are based upon the model law prepared by the United Nations Commission on International Trade Law (UNCITRAL) in 1997; therefore, whenever possible, in translating the law we have adjusted the translation to the language used in the English version of the model law.

The above remark also concerns regulations governing special bankruptcy proceedings, as well as certain regulations included in the general part of the law, because they implement three European Union's directives:
1) Directive 98/26/EC of 19 May 1998 on settlement finality in payment and securities settlement system;
2) Directive 2001/24/EC of 4 April 2001 on the reorganisation and winding-up of credit institutions;
3) Directive 2001/17/EC of 19 March 2001 on the reorganisation and winding-up of insurance undertakings.

In translating the relevant provisions of this law, we used the terminology included in the English versions of the above directives.

Słowo od tłumaczy

Ponadto, dokonując przekładu ustawy sięgnęliśmy również do amerykańskich źródeł, tj. przede wszystkim do wspomnianego we Wstępie rozdziału jedenastego kodeksu upadłościowego USA regulującego prawo naprawcze, który stanowił punkt wyjścia do opracowania części czwartej ustawy – Postępowanie naprawcze w razie zagrożenia niewypłacalnością. W tym ostatnim przypadku, zdając sobie sprawę z różnic dzielących anglosaskie i europejskie systemy prawne i ich instytucje, tekst angielski potraktowaliśmy jedynie jako podstawę do wypracowania pojęć, które wpisywałyby się w przyjętą systematykę tłumaczenia ustawy – Prawo upadłościowe i naprawcze.

Warszawa, październik 2003 r.

Moreover, we have also used American legal sources, i.e. in particular Title 11 of the United States Code governing reorganisation, which served as the basis for preparing Part Four of the law – Reorganisation Proceedings in the Case of a Threat of Insolvency. In this last case, being aware of differences between common law and continental legal systems and legal institutions, we have used the English text as a basis for finding relevant terms suitable for the translation of the Law on Bankruptcy and Reorganisation.

Warsaw, October 2003

Przedmowa

I. Uwagi ogólne

Ustawa – Prawo upadłościowe i naprawcze uchwalona została 28.2.2003 r. (Dz.U. Nr 60, poz. 535). Ustawa ta weszła w życie 1.10.2003 r. Jednocześnie moc straciło rozporządzenie Prezydenta Rzeczpospolitej z 24.10.1934 r. – Prawo upadłościowe (tekst jedn.: Dz.U. z 1991 r. Nr 118, poz. 512 ze zm.), rozporządzenie Prezydenta Rzeczpospolitej z 24.10.1934 r. – Prawo o postępowaniu układowym (Dz.U. z 1934 r. Nr 93, poz. 836 ze zm.) oraz szereg przepisów ustaw regulujących odrębne postępowania upadłościowe.

Potrzeba uchwalenia nowej ustawy, kompleksowo regulującej zagadnienia związane z niewypłacalnością dłużnika, została podyktowana przede wszystkim koniecznością unowocześnienia prawa upadłościowego poprzez dostosowanie go do aktualnego systemu prawnego. Obecnie obowiązujące przepisy regulujące tę problematykę zostały uchwalone w latach 30-tych XX wieku i w znacznym zakresie nie odpowiadają wymaganiom współczesnego obrotu. Konieczne stało się wyeliminowanie mechanizmów pozwalających na nadużywanie instytucji Prawa upadłościowego i układowego przez nieuczciwych dłużników. Aktualnie obowiązujące Prawo upadłościowe jest nieelastyczne, co utrudnia dochodzenie wierzytelności przez wierzycieli. Zaspokojenie należności wierzycieli w postępowaniu upadłościowym następuje głównie poprzez likwidację majątku upadłego, co niejednokrotnie nie jest, z ich punktu widzenia, najlepszym rozwiązaniem i nie pozwala na całościową spłatę zobowiązań dłużnika. Inne sposoby spłaty wierzycieli w postępowaniu upadłościowym, jak np. pokrywanie należności z dochodów dalej prowadzonego przedsiębiorstwa upadłego, są uregulowane w stopniu minimalnym. Ponadto, w ciągu 70 lat obowiązywania Prawa upadłościowego i Prawa układowego, zmieniła się warstwa pojęciowa systemu prawnego, stąd potrzeba uaktualnienia uregulowań dotyczących problematyki niewypłacalności dłużnika na płaszczyźnie językowej.

Preface

I. General Remarks

The Law on Bankruptcy and Reorganisation Proceedings was enacted on 28 February 2003 (published in the Journal of Laws of 2003, No. 60, Item 535) ("**Law**"). The Law came into force on 1 October 2003. Simultaneously, the Regulation of the President of the Republic of 24 October 1934 – The Bankruptcy Law (uniform text: Journal of Laws of 1991, No. 118, item 512, as amended) and the Regulation of the President of the Republic – the Law on the Arrangement Proceedings (Journal of Laws of 1934, No. 93, item 836, as amended) were repealed, as well as a number of different regulations governing separate bankruptcy proceedings.

The adoption of a new comprehensive law regulating the issues connected with a debtor's insolvency was dictated, in particular, by the need to modernise the bankruptcy law by adapting it to the current legal system. The existing provisions were enacted nearly seventy years ago and do not meet the requirements of modern legal transactions. The adoption of a new law is also necessary to eliminate the various loopholes that previously enabled dishonest debtors to abuse the reliefs granted by the bankruptcy and arrangement law. The Bankruptcy Law currently in force is inflexible, which has made the pursuit of creditors' claims difficult. Creditors in bankruptcy proceedings have been usually satisfied by liquidating the bankrupt's assets, which – from their perspective – is not always the best solution and does not allow for complete satisfaction of creditors' claims. Alternative methods available to satisfy creditors' claims in the bankruptcy proceedings, such as the continued operation of the bankrupt's enterprise, were not adequately provided for in the previous law. Moreover, during the seventy-year lifetime of the bankruptcy and arrangement law, the language and definitions used in the legal system have been changed, creating the need to update the law governing the insolvency proceedings on the linguistic level.

Przedmowa

Projekt ustawy – Prawo upadłościowe i naprawcze został przygotowany w latach 1999–2002 przez zespół ds. opracowania projektu prawa upadłościowego przy Komisji Kodyfikacyjnej Prawa Cywilnego pod kierunkiem prof. dr hab. *Feliksa Zedlera*. Zgodnie z założeniami twórców, nowa ustawa ma wyeliminować braki i wadliwe uregulowania Prawa upadłościowego i Prawa układowego. Jej zadaniem jest również wzmocnienie pozycji wierzycieli w postępowaniu upadłościowym przez wprowadzenie szeregu nowych instytucji, pokrótce omówionych poniżej.

II. Zasady postępowania upadłościowego i naprawczego

W uzasadnieniu do projektu ustawy – Prawo upadłościowe i naprawcze podnosi się, że ustawa ta oparta jest na dwóch głównych zasadach: zasadzie optymalizacji oraz zasadzie dominacji grupowego interesu wierzycieli.

Zasadę optymalizacji statuuje art. 2 PrUpadNapr. Zgodnie z nią majątek dłużnika winien być optymalnie wykorzystany do zaspokojenia wierzycieli. W związku z tym, postępowanie upadłościowe i naprawcze należy prowadzić tak, aby roszczenia wierzycieli mogły zostać zaspokojone w jak najwyższym stopniu, a jeżeli racjonalne względy na to pozwolą – aby dotychczasowe przedsiębiorstwo dłużnika zostało zachowane.

Zasadniczo więc zaspokojenie wierzycieli w postępowaniu upadłościowym winno przebiegać w drodze likwidacji przedsiębiorstwa upadłego tylko wówczas, gdy układ z wierzycielami nie dawałby – w racjonalnej ocenie sądu – wystarczających szans na możliwie pełne zaspokojenie wierzycieli. Realizacją tej zasady jest m.in. uprawnienie sądu do zmiany sposobu prowadzenia postępowania po wydaniu postanowienia o ogłoszeniu upadłości.

Drugą naczelną zasadą prawa upadłościowego i naprawczego jest zasada dominacji grupowego interesu wierzycieli. W postępowaniu upadłościowym wierzyciele, w zależności od rodzaju wierzytelności czy zabezpieczenia, nierzadko różnią się w opiniach co do likwidacji majątku upadłego, dalszego prowadzenia przedsiębiorstwa upadłego lub sposobu zaspokojenia ich wierzytelności. Często dochodzi do konfliktu interesów pomiędzy poszczególnymi grupami wierzycieli. W celu podniesienia efektywności i szybkości postępowania upadłościowego, postępowanie to podporządkowane będzie nadrzędnemu, grupowemu interesowi wierzycieli, nie zaś interesom poszczególnych wierzycieli.

W ustawie przewidziano dwa podstawowe rodzaje postępowań związanych z istniejącą lub zagrażającą przedsiębiorcy niewypłacalnością, tj. postępowanie upadłościowe i postępowanie naprawcze.

The draft of the Law on Bankruptcy and Reorganisation was prepared in 1999–2002 by the committee for preparing the draft of the new insolvency law at the Civil Law Codification Commission, presided over by Professor Feliks Zedler. Under the authors' assumptions underlying the Law, this new act should eliminate the defects and shortcomings of the bankruptcy and arrangement law. It should also improve the position of creditors in the bankruptcy proceedings by introducing a number of new legal mechanisms, briefly described below.

II. Principles of Bankruptcy and Reorganisation Proceedings

In the substantiation of the draft of the Law it is submitted that the Law is based on two principles: the optimality principle and principle of primacy of the interest of the creditors as a whole.

The optimality principle is set out in Article 2 of the Law. According to this principle, both the bankruptcy proceedings and reorganisation proceedings should be conducted in a manner providing for the optimal satisfaction of the creditors, and – when rational – for the preservation of the debtor's enterprise.

As a general rule, the creditors' claims should be satisfied in the bankruptcy proceedings by liquidating the bankrupt's assets only if the bankrupt's arrangement with the creditors – in the reasonable opinion of the court – would not give prospects of the complete satisfaction of the creditors. This rule is implemented in (for example) vesting the court with the power to convert the manner of conducting the bankruptcy proceedings after the decision declaring bankruptcy has been issued.

The second main principle of the bankruptcy and reorganisation law is the primacy of the interest of the creditors as a whole. In the bankruptcy proceedings the creditors, depending on the type of claim held or on the collateral security of the claim, frequently have different opinions as to the liquidation of the bankrupt's assets, the further operation of the bankrupt's enterprise or the manner of satisfying their claims. Quite frequently there is a conflict of interest between separate groups of creditors. Therefore, in order to accelerate the bankruptcy proceedings and to make them more effective, the proceedings should be subordinated to the interest of the creditors as a whole, not to the interests of individual creditors.

The Law sets out two basic types of proceedings related to the existing or imminent insolvency of the entrepreneur, i.e. bankruptcy proceedings and reorganisation proceedings.

III. Postępowanie upadłościowe

Wyróżniono dwa rodzaje postępowania upadłościowego: postępowanie obejmujące upadłość z możliwością zawarcia układu (art. 14, 267–305 PrUpadNapr) oraz postępowanie obejmujące upadłość poprzez likwidację majątku dłużnika (art. 15, 306–360 PrUpadNapr). O sposobie prowadzenia postępowania upadłościowego decyduje sąd w postanowieniu o ogłoszeniu upadłości. Sposób prowadzenia postępowania upadłościowego może zostać zmieniony przez sąd w trakcie postępowania w drodze postanowienia, jeżeli przyczyni się to do zaspokojenia wierzycieli w wyższym stopniu, a podstawy prowadzenia innego sposobu postępowania ujawniły się dopiero w toku postępowania. Uregulowanie to jest realizacją zasady optymalizacji.

Sąd ogłasza upadłość z możliwością zawarcia układu, jeżeli zostanie uprawdopodobnione, iż w drodze układu wierzyciele zostaną zaspokojeni w wyższym stopniu, niż zostaliby zaspokojeni po przeprowadzeniu postępowania upadłościowego obejmującego likwidację majątku dłużnika. Jeżeli brak jest podstaw do ogłoszenia upadłości z możliwością zawarcia układu, w tym jeżeli z uwagi na dotychczasowe zachowanie dłużnika nie ma pewności, że układ zostanie wykonany, sąd ogłosi upadłość obejmującą likwidację majątku upadłego (art. 14 ust. 2, art. 15 PrUpadNapr).

1. Zdolność upadłościowa

Upadłość może być ogłoszona w stosunku do przedsiębiorców. Ustawa, w odróżnieniu od Prawa upadłościowego, zawiera definicję legalną pojęcia „przedsiębiorca". Przedsiębiorcą, w rozumieniu Prawa upadłościowego i naprawczego, jest osoba fizyczna, osoba prawna albo jednostka organizacyjna nieposiadająca osobowości prawnej, której odrębna ustawa przyznaje zdolność prawną (np. osobowa spółka handlowa), prowadząca we własnym imieniu działalność gospodarczą lub zawodową (art. 5 ust. 1 PrUpadNapr).

Przepisy ustawy stosuje się również do:
- spółek z ograniczoną odpowiedzialnością i spółek akcyjnych nieprowadzących działalności gospodarczej;
- wspólników osobowych spółek handlowych, ponoszących odpowiedzialność za zobowiązania spółki bez ograniczenia całym swoim majątkiem;
- wspólników spółki partnerskiej;
- oddziałów banków zagranicznych w rozumieniu przepisów Prawa bankowego.

III. Bankruptcy Proceedings

There are two types of bankruptcy proceedings: proceedings with the possibility to make an arrangement (Art. 14, Art. 267–305)[1] or proceedings comprising the liquidation of the debtor's assets (Art. 15, Art. 306–360). The choice between the two types is made by the court in the decision declaring bankruptcy. However, the manner of conducting the bankruptcy proceedings may be changed by the court in a decision issued in the course of the proceedings, if such change contributes to the satisfaction of the creditors to a higher degree, and the grounds justifying the other manner of conducting the proceedings were disclosed in the course of the proceedings. Such mechanism directly implements the optimality principle.

The court declares bankruptcy with the possibility to make an arrangement if it is determined likely that under the arrangement the creditors shall be satisfied to a higher degree than they would be satisfied as a result of conducting the bankruptcy proceedings comprising the liquidation of the debtor's assets. If no basis exists to declare bankruptcy with the possibility to make an arrangement, e.g. if in the view of the debtor's previous conduct it is not certain that the arrangement will be performed, the court will declare the debtor's bankruptcy by liquidation of the bankrupt's assets (Articles 14.2, 15).

1. The Capacity to Go Bankrupt

Bankruptcy may be declared in relation to entrepreneurs. The Law, unlike the Bankruptcy Law, includes a legal definition of „entrepreneur". As defined in the Law, any natural person, legal person or an unincorporated organisational unit granted legal capacity by a separate law (e.g. a partnership), conducting in its own name a business or professional activity shall be recognised as an entrepreneur (Art. 5.1).

The Law shall also apply to:
– limited liability companies and joint-stock companies which do not conduct business activity;
– partners in commercial partnerships, liable without limitation with their whole property for the obligations of the partnership;
– partners in a professional partnership; and
– branches of foreign banks within the meaning of the banking law.

---

[1] Articles quoted without specifying their source shall mean articles of the Law on Bankruptcy and Reorganisation.

Przedmowa

Pod pewnymi warunkami można również ogłosić upadłość zmarłej osoby fizycznej będącej przedsiębiorcą, osoby fizycznej będącej przedsiębiorcą, która zaprzestała prowadzenia działalności gospodarczej lub która prowadziła działalność gospodarczą bez dopełnienia obowiązku zgłoszenia jej we właściwych rejestrach.

W stosunku do dotychczasowych uregulowań Prawa upadłościowego, w ustawie poszerzony został katalog podmiotów, których upadłości nie można ogłosić (art. 6 PrUpadNapr). Do podmiotów tych, nie posiadających tzw. zdolności upadłościowej, należą Skarb Państwa, jednostki samorządu terytorialnego, publiczne samodzielne zakłady opieki zdrowotnej, instytucje i osoby utworzone ustawowo lub w wykonywaniu ustawowego obowiązku, osoby fizyczne prowadzące gospodarstwo rolne oraz uczelnie (państwowe i niepaństwowe szkoły wyższe).

2. Podstawy ogłoszenia upadłości

Zmianie uległy również podstawy ogłoszenia upadłości. Dotychczas, zgodnie z art. 1 § 1 Prawa upadłościowego, podstawą ogłoszenia upadłości było „zaprzestanie płacenia długów", które nie miało charakteru krótkotrwałego. Przesłankę tę zastąpiono nową ogólną podstawą ogłoszenia upadłości w postaci „niewypłacalności dłużnika". Zgodnie z art. 11 ust. 1 PrUpadNapr, dłużnik jest niewypłacalny, jeżeli nie wykonuje swoich wymagalnych zobowiązań. Dzięki takiemu nowemu ujęciu podstawy ogłoszenia upadłości bezsporne jest, że niewykonywanie przez dłużnika wymagalnych zobowiązań niepieniężnych, takich jak dostawy towaru, może stanowić podstawę ogłoszenia upadłości.

Dla zaistnienia podstawy ogłoszenia upadłości bez znaczenia jest fakt, czy zobowiązania dłużnika mają charakter prywatnoprawny (długi) czy publicznoprawny (np. zobowiązania podatkowe). Nieistotna jest również kwota niewykonywanych zobowiązań. Ponadto, podstawę ogłoszenia upadłości może stanowić niewykonywanie przez dłużnika zobowiązań nie związanych z jego działalnością gospodarczą lub zawodową.

Dłużnika, będącego osobą prawną, albo jednostką organizacyjną nieposiadającą osobowości prawnej, której odrębna ustawa przyznaje zdolność prawną (np. osobową spółką handlową), można uznać za niewypłacalnego także wtedy, gdy na bieżąco wykonuje wszystkie swoje wymagalne zobowiązania, ale ogólna wartość jego zobowiązań przekroczyła wartość jego majątku. Przepis ten jest nawiązaniem do podobnej regulacji art. 1 § 2 Prawa upadłościowego, ma jednak szerszy zakres podmiotowy, gdyż przepis Prawa upadłościowego odnosił tę podstawę ogłoszenia upadłości wyłącznie do osób prawnych i osobowych spółek prawa handlowego będących w stanie likwidacji.

Under certain conditions, it is possible to declare the bankruptcy of a deceased individual being an entrepreneur, or an individual, who was an entrepreneur but ceased business activity, as well as who conducted business activity even without being recorded as an entrepreneur in a relevant public registry.

Compared to similar provisions of the Bankruptcy Law, the Law expands the catalogue of entities which cannot be declared bankrupt (Art. 6). The list of entities not having the capacity to go bankrupt includes: the State Treasury, local government, independent public health institutions, institutions and legal persons created by a law or in the performance of a duty imposed by a law, individuals operating an agricultural farm and higher education institutions (public and private).

2. Basis for declaring bankruptcy

The basis for declaring bankruptcy was changed as compared to the Bankruptcy Law. Until now, according to Art. 1.1. of the Bankruptcy Law, bankruptcy could be declared in relation to an entrepreneur who „ceased to pay its debts", but only if such cessation was not temporary. This premise was substituted by a new general basis for declaring bankruptcy, namely „the debtor's insolvency". As set forth in Art. 11.1, the debtor is deemed insolvent, when it fails to perform its enforceable obligations. Owing to such definition it is now accepted that a failure of the debtor to perform its enforceable non-pecuniary obligations, such as delivery of goods, may constitute a basis for declaring bankruptcy.

The basis for declaring bankruptcy may arise regardless of whether the obligations of the debtor are of a private nature (debts) or public nature (e.g. tax liabilities). The amount of unperformed obligations is also insignificant. Moreover, non-performance of obligations not connected to the business or professional activity of the debtor may also constitute a basis for declaring bankruptcy.

A debtor who is a legal person or an unincorporated organisational unit, granted legal capacity by a separate law, may also be deemed insolvent even when it duly performs its obligation, but the total sum of its obligations exceed the value of its assets. Such provision corresponds to a similar mechanism included in Art. 1.2 of the Bankruptcy Law. However, it now has a wider scope, because the relevant provision of the Bankruptcy Law allowed for declaring bankruptcy on this basis only in relation to legal persons and commercial partnerships in liquidation.

Aby zapobiec ogłoszeniu upadłości dłużnika, gdy niewykonywanie zobowiązań ma jedynie charakter przejściowy, w Prawie upadłościowym i naprawczym wprowadzono możliwość oddalenia wniosku o ogłoszenie upadłości przez sąd, jeżeli opóźnienie w wykonywaniu zobowiązań nie przekracza trzech miesięcy, a suma niewykonywanych zobowiązań nie przekracza 10% wartości bilansowej przedsiębiorstwa dłużnika, chyba że niewykonywanie zobowiązań ma charakter trwały, albo oddalenie wniosku może spowodować pokrzywdzenie wierzycieli (art. 12 PrUpadNapr). Zgodnie z intencją ustawodawcy, przepis ten ma pełnić taką samą rolę, jaką w Prawie upadłościowym spełniało wyłączenie z katalogu podstaw ogłoszenia upadłości krótkotrwałego zaprzestania płacenia długów (art. 2 Prawa upadłościowego).

Co do zasady, sąd zobowiązany jest oddalić wniosek o ogłoszenie upadłości, jeżeli majątek niewypłacalnego dłużnika nie wystarcza na zaspokojenie kosztów postępowania, lub jeżeli sąd stwierdzi, iż po zaspokojeniu wierzycieli zabezpieczonych rzeczowo na majątku dłużnika, pozostały majątek nie wystarczy na zaspokojenie kosztów postępowania. Istotnym wyjątkiem od tej reguły chroniącym interesy wierzycieli jest możliwość prowadzenia postępowania upadłościowego, mimo że pozornie majątek dłużnika nie wystarcza na zaspokojenie kosztów postępowania, jeśli zostanie uprawdopodobnione, iż obciążenia majątku dłużnika są bezskuteczne lub zostały dokonane z pokrzywdzeniem wierzycieli.

Postępowanie upadłościowe składa się z dwóch faz:
1) postępowanie w przedmiocie ogłoszenia upadłości, inicjowane na wniosek dłużnika (lub któregokolwiek z jego wierzycieli) o ogłoszenie upadłości, kończące się postanowieniem o ogłoszeniu upadłości lub o oddaleniu wniosku o ogłoszenie upadłości,
2) właściwe postępowanie upadłościowe, zmierzające bezpośrednio do zaspokojenia wierzycieli upadłego poprzez likwidację majątku upadłego lub układ.

W postępowaniu w przedmiocie ogłoszenia upadłości sąd bada, czy dłużnik posiada zdolność upadłościową oraz czy zaistniały podstawy ogłoszenia upadłości. Sąd decyduje również o sposobie prowadzenia postępowania upadłościowego. Dając wyraz wzmocnieniu pozycji wierzycieli w postępowaniu upadłościowym, ustawodawca wprowadził dwie nowe instytucje, tj. wstępne zgromadzenie wierzycieli oraz postępowanie zabezpieczające przeprowadzane przez sąd z urzędu.

In order to prevent the declaration of bankruptcy of a debtor, when non-performance of the debtor's obligation is only temporary, the Law empowers the court to dismiss the bankruptcy petition if the delay in performing the obligation does not exceed three months and the amount of unperformed obligations does not exceed 10% of the balance sheet value of the debtor's enterprise, unless the failure to perform is continuous or such dismissal may be detrimental to the creditors (Art. 12). According to the legislator's intent, this provision should have the same effect as exclusion of temporary non-payment of debts from the bases for declaring bankruptcy under the Bankruptcy Law (Art. 2 of the Bankruptcy Law).

As a general rule, the court should dismiss the petition to declare bankruptcy if the assets of the insolvent debtor are not sufficient to satisfy the costs of the proceedings, or if the court ascertains that after satisfying the creditors whose claims are secured on the debtor's assets the remaining property will not be sufficient to satisfy the costs of the proceedings. A significant exception to this rule, designed to protect the creditors, is the possibility of conducting the bankruptcy proceedings, even though it appears that the debtor's assets will not be sufficient to satisfy the costs of the proceedings, but only if it is made probable that the encumbrances of the debtor's assets are ineffective or they have been established in order to cause detriment to the creditors.

Bankruptcy proceedings comprise two stages:
1) proceedings to declare bankruptcy, initiated by a petition to declare bankruptcy filed either by the bankrupt's, or by any of its creditors, and ending with the court's decision regarding the declaration of bankruptcy;
2) proper bankruptcy proceedings, aimed directly at satisfying the creditors by either liquidation of the bankrupt's assets or by making an arrangement.

In the proceedings to declare bankruptcy the court examines whether the debtor has the capacity to go bankrupt and whether a basis exists for declaring bankruptcy. The court decides also on the manner of conducting bankruptcy proceedings. To improve the position of the creditors in the bankruptcy proceedings, two new legal institutions have been introduced, i.e. the preliminary meeting of creditors, and the proceedings to secure the debtor's assets, conducted by the court *ex officio*.

3. Postępowanie zabezpieczające (art. 36–43 PrUpadNapr)

Zgodnie z art. 36 PrUpadNapr, w postępowaniu w przedmiocie ogłoszenia upadłości sąd powinien przeprowadzić postępowanie zabezpieczające. Postępowanie to sąd przeprowadza z urzędu, gdy wniosek o ogłoszenie upadłości został złożony przez dłużnika.

Zadaniem postępowania zabezpieczającego jest zapobieżenie uszczupleniu majątku dłużnika przed ogłoszeniem upadłości. Cel ten zostaje osiągnięty poprzez ustanowienie tymczasowego nadzorcy sądowego, kontrolującego zarząd majątkiem przez dłużnika.

Gdy zachodzi obawa, że dłużnik będzie ukrywał swój majątek lub w inny sposób działał na szkodę wierzycieli, oraz gdy dłużnik nie wykonuje poleceń nadzorcy sądowego, sąd może ustanowić inne sposoby zabezpieczenia, w tym ustanowienie zarządu przymusowego nad majątkiem dłużnika z jednoczesnym pozbawieniem dłużnika prawa do zarządzania i dysponowania majątkiem.

W celu realizacji zasady dominacji grupowego interesu wierzycieli, sąd może ponadto – co do zasady – zawiesić prowadzone przeciwko dłużnikowi egzekucje. Rozwiązanie takie utrudni zaspokojenie z majątku dłużnika wierzycielom będącym na etapie egzekwowania swoich roszczeń w postępowaniu egzekucyjnym, ale z kolei będzie korzystne dla ogółu wierzycieli, gdyż może zapobiec zmniejszeniu majątku dłużnika.

Zabezpieczenia dokonane w postępowaniu w przedmiocie ogłoszenia upadłości utrzymują się w mocy do momentu ogłoszenia upadłości dłużnika (lub do objęcia przez uprawnione podmioty zarządu nad majątkiem upadłego), lub do momentu oddalenia lub odrzucenia wniosku o ogłoszenie upadłości.

4. Wstępne zgromadzenie wierzycieli (art. 44–50 PrUpadNapr)

Wstępne zgromadzenie wierzycieli zwołuje sąd przed ogłoszeniem upadłości dłużnika, jeżeli po zbadaniu wniosku o ogłoszenie upadłości przez sąd wynika, iż istnieją podstawy do ogłoszenia upadłości. Od tej zasady przewidziano trzy wyjątki. Nie zwołuje się wstępnego zgromadzenia wierzycieli, jeżeli z okoliczności sprawy wynika, że przeprowadzenie takiego zgromadzenia pociągałoby za sobą nadmierne koszty lub gdy suma wierzytelności spornych przekracza 15% ogólnej sumy wierzytelności, albo też gdy oczywiste jest, że dalsze postępowanie może być prowadzone wyłącznie w celu likwidacji majątku upadłego.

3. Proceedings to Secure Debtor's Assets (Art. 36–43)

Pursuant to Art. 36, in the proceedings to declare bankruptcy the court shall conduct the proceedings to secure the debtor's assets. Such proceedings are conducted by the court *ex officio*, if the petition to declare bankruptcy was filed by the debtor.

The purpose of these proceedings is to prevent the debtor's assets from being disposed of before bankruptcy is declared. This goal is accomplished by establishing an interim court supervisor, controlling the debtor's administration of the assets.

If reasons exist to fear that the debtor may conceal its assets or otherwise act to the creditors' detriment, or if the debtor does not comply with the instructions of the interim court supervisor, the court may apply other measures to secure the debtor's assets, and in particular it may order a mandatory administration over the debtor's assets, simultaneously depriving the debtor of the right to administer and dispose of its assets.

As a fulfilment of the principle of the primacy of the interest of the creditors as a whole, the court may – as a rule – stay the execution conducted against the debtor. Such solution may make it more difficult for a single creditor to have its claim satisfied in the execution proceedings from the debtor's assets, however this should be beneficial to the creditors as a whole, because this will prevent the debtor's assets from being diminished.

Such security remains effective until the bankruptcy of the debtor is declared (or until the entitled entities assume the administration over the bankrupt's assets), or until the petition to declare bankruptcy is dismissed.

4. Preliminary Meeting of Creditors (Art. 44–50)

The preliminary meeting of creditors is convened by the court before bankruptcy of the debtor is declared, if, after a preliminary examination of the petition to declare bankruptcy by the court, it is clear that grounds exist for declaring bankruptcy. There are three exceptions to this rule, i.e. the court shall not convene the preliminary meeting of creditors if from the facts of the case it appears that convening such meeting would involve excessive costs, or if the sum of disputed claims exceeds 15% of the total sum of claims, or if it is evident that further proceedings may be conducted only in order to liquidate the bankrupt's assets.

Przedmowa

We wstępnym zgromadzeniu wierzycieli udział biorą przede wszystkim ci wierzyciele dłużnika, których wierzytelności są stwierdzone tytułami egzekucyjnymi. Inni wierzyciele, o ile ich wierzytelności są bezsporne lub uprawdopodobnione, mogą wziąć udział we wstępnym zgromadzeniu wierzycieli po dopuszczeniu przez sąd prowadzący postępowanie w przedmiocie ogłoszenia upadłości. We wstępnym zgromadzeniu wierzycieli bierze również udział dłużnik (przy czym jego nieobecność nie jest przeszkodą do prowadzenia zgromadzenia) oraz ustanowiony w postępowaniu zabezpieczającym tymczasowy nadzorca sądowy albo zarządca przymusowy. Zgromadzeniu przewodniczy sędzia.

Celem wstępnego zgromadzenia wierzycieli jest w szczególności podjęcie uchwał w przedmiocie sposobu prowadzenia postępowania upadłościowego (likwidacja majątku dłużnika lub układ) oraz wyboru członków rady wierzycieli. Takie uchwały wstępnego zgromadzenia wierzycieli wiążą sąd, chyba że są sprzeczne z prawem. Zgromadzenie może wyrazić także opinię co do wyboru osoby syndyka, nadzorcy sądowego lub zarządcy.

Na wstępnym zgromadzeniu wierzycieli można również zawrzeć układ, co – o ile układ będzie wykonywany – pozwoli na szybkie zaspokojenie wierzycieli.

5. Ogłoszenie upadłości

Uznając wniosek o ogłoszenie upadłości za zasadny, sąd wydaje postanowienie o ogłoszeniu upadłości dłużnika. W postanowieniu tym sąd w szczególności określa sposób prowadzenia postępowania upadłościowego, wzywa do zgłaszania wierzytelności, wyznacza sędziego-komisarza oraz określa sposób zarządu masą upadłości.

Dzień wydania postanowienia jest datą upadłości. Postanowienie o ogłoszeniu upadłości obwieszcza się w Monitorze Sądowym i Gospodarczym oraz w dzienniku o zasięgu lokalnym.

Na postanowienie o ogłoszeniu upadłości zażalenie przysługuje wyłącznie upadłemu, a na postanowienie oddalające wniosek o ogłoszenie upadłości – wyłącznie wnioskodawcy, choćby był nim dłużnik.

Z dniem ogłoszenia upadłości cały majątek upadłego staje się masą upadłości, z wyjątkiem mienia wymienionego enumeratywnie w Prawie upadłościowym i naprawczym (m.in. nieściągalne wierzytelności oraz niezbywalne ruchomości wyłączone przez sędziego-komisarza).

W zależności od sposobu prowadzenia postępowania upadłościowego zarząd masą upadłości sprawują różne podmioty. W postępowaniu upadłościowym z możliwością zawarcia układu, zarząd masą upadłości może sprawować sam upadły pod nadzorem nadzorcy sądowego (zarząd własny) lub zarządca. W postępowaniu upadłościowym obejmującym likwidację majątku upadłego masą zarządza syndyk.

In the preliminary meeting of creditors only those creditors may participate whose claims have been confirmed by enforcement titles. Other creditors may take part in the preliminary meeting of creditors if their claims are unchallenged or shown to be probable and they have been admitted to the meeting by the court conducting the proceedings to declare bankruptcy. In the preliminary meeting of creditors the debtor may also take part (however, its absence is not an obstacle to conducting such meeting), as well as the interim court supervisor or mandatory administator appointed in the proceedings to secure the debtor's assets. The meeting is chaired by the judge.

The purpose of the meeting is, in particular, to adopt resolutions on the manner of conducting bankruptcy proceedings (liquidation of the bankrupt's assets or an arrangement) and on the choice of members of the creditors' committee. Such resolutions of the meeting are binding upon the court, unless they violate the law. The preliminary meeting of creditors may also express its opinion as to the appointment of the trustee, court supervisor or administrator.

At the preliminary meeting of creditors an arrangement may also be made which – provided the arrangement is performed – should allow for swift satisfaction of the creditors.

5. Declaration of Bankruptcy

If the court deems the petition to declare bankruptcy as well-grounded, it will issue a decision declaring the bankruptcy of the debtor. In this decision the court determines the manner of conducting the bankruptcy proceedings, summons the creditors to file claims, appoints the judge-commissioner and determines the manner of administrating the bankruptcy estate.

The date of issuing the above decision is the date of bankruptcy. The decision is published in *Monitor Sądowy i Gospodarczy* and in a local journal.

The decision declaring bankruptcy may be appealed against only by the bankrupt, and the decision dismissing the petition to declare bankruptcy – only by the petitioner, even if it is the debtor.

On the date of declaring bankruptcy all assets of the bankrupt shall become the bankruptcy estate, except for assets exhaustively listed in the Law (e.g. irrecoverable claims or non-transferable movables, exempted by the judge-commissioner).

Depending on the manner of conducting the bankruptcy proceedings, different entities may be entitled to administer the bankruptcy estate. In bankruptcy proceedings with the possibility to make an arrangement the bankruptcy estate may be administered by the bankrupt under the supervision of a court supervisor (self-administration) or an administrator. In the bankruptcy proceedings comprising the liquidation of the bankrupt's assets the estate is administered by the trustee.

Po dniu ogłoszenia upadłości obowiązuje ogólny zakaz obciążania masy upadłości. Oznaczać to może, że po tym dniu nie będzie możliwe uzyskanie wpisu hipoteki w księdze wieczystej prowadzonej dla nieruchomości upadłego, nawet jeżeli odpowiednie oświadczenie upadłego zostało złożone przed datą ogłoszenia upadłości, chyba że wniosek o dokonanie wpisu w księdze wieczystej został złożony najpóźniej na sześć miesięcy przed złożeniem wniosku o ogłoszenie upadłości.

Istotnym *novum* wprowadzonym przez Prawo upadłościowe i naprawcze jest zasada, zgodnie z którą nieważne są postanowienia umowy zastrzegające na wypadek ogłoszenia upadłości zmianę lub rozwiązanie stosunku prawnego, którego stroną jest upadły (art. 83 PrUpadNapr).

Postępowanie upadłościowe prowadzi sędzia-komisarz, oraz – w zakresie określonym ustawą – syndyk, nadzorca sądowy lub zarządca. Uczestnikami toczącego się postępowania jest upadły oraz wierzyciele, również działający jako zgromadzenie wierzycieli lub rada wierzycieli.

Wśród przepisów regulujących funkcjonowanie rady na szczególną uwagę zasługuje art. 204 ust. 2 PrUpadNapr, zgodnie z którym członek rady wierzycieli może pełnić swą funkcję przez pełnomocnika, za zgodą sędziego-komisarza. Dotychczas było to niemożliwe.

Po ogłoszeniu upadłości wierzyciele zobowiązani są zgłaszać swoje wierzytelności. Wymóg ten dotyczy wyłącznie wierzycieli osobistych upadłego. Wierzyciele, których wierzytelności zabezpieczone są zastawem, zastawem rejestrowym, zastawem skarbowym, hipoteką lub hipoteką morską są uprawnieni do zgłoszenia swoich wierzytelności, jednak jeżeli tego nie zrobią, ich wierzytelności zostaną umieszczone na liście wierzytelności z urzędu. Zgłoszenie wierzytelności musi spełniać wymogi formalne określone w ustawie (por. art. 239–240 PrUpadNapr).

Po upływie terminu do zgłaszania wierzytelności oraz po sprawdzeniu wierzytelności, syndyk, nadzorca sądowy lub zarządca sporządza listę wierzytelności. Lista ta zostaje przekazana sędziemu-komisarzowi, który o jej sporządzeniu ogłasza przez obwieszczenie i ogłoszenie w Monitorze Sądowym i Gospodarczym. Wierzyciel nie zgadzający się z wpisem na liście, może zgłosić sprzeciw w terminie dwóch tygodni od dnia publikacji ogłoszenia i obwieszczenia. Sprzeciw rozpatrywany jest przez sędziego-komisarza, który następnie zatwierdza listę wierzytelności.

6. Zaspokojenie wierzycieli w postępowaniu upadłościowym z możliwością zawarcia układu (art. 267–305 PrUpadNapr)

Jak już zostało zasygnalizowane, jeżeli przemawia za tym interes wierzycieli, sąd ogłasza upadłość z możliwością zawarcia układu.

After the declaration of bankruptcy the bankruptcy estate may not be encumbered. As an example, such ban means that it will not be possible to have a mortgage registered in a land and mortgage register kept for any real property of the bankrupt, even if the relevant declaration of the bankrupt was filed before the date of bankruptcy, unless the motion to make an entry in the land and mortgage register was filed with the court six months prior to the date the petition to declare bankruptcy is filed.

A significant new regulation is introduced by Art. 83, under which any provision in a contract stipulating that the legal relation to which the bankrupt is a party shall be changed or terminated in the event bankruptcy is declared null and void.

Bankruptcy proceedings are conducted by the court, judge-commissioner and – within the scope set out in the Law – the trustee, court supervisor or the administrator. The parties to the proceedings are the bankrupt and the creditors, also acting as the meeting of creditors or the creditors' committee.

Amongst the provisions governing the functioning of the creditors' committee, Article 204.2 is of particular importance. Pursuant to that provision a member of the creditors' committee may perform its duties by a proxy, after having obtained the consent of the judge-commissioner. Until now such practice was not permitted.

After bankruptcy is declared, the creditors should file their claims. This requirement concerns the personal creditors of the bankrupt. The creditors whose claims are secured by a pledge, registered pledge, tax lien, mortgage or maritime mortgage are entitled to file their claims; however, if they fail to do so, their claims will be recorded on the list of claims *ex officio*. The filing of claim must meet the formal requirements defined in the Law (see Art. 239–240).

After the lapse of the time limit to file the claims and after their verification, the trustee, court supervisor or administrator will prepare the list of claims. Such list is presented to the judge-commissioner, who orders an announcement to be published in *Monitor Sądowy i Gospodarczy* stating that such list has been prepared. A creditor who disagrees with an entry made may file its objections not later than within two weeks after the day the announcement is published. The objection is considered by the judge-commissioner. Afterwards, the list of claims is approved by the judge-commissioner.

6. Satisfying the Creditors in the Bankruptcy Proceedings with the Possibility to Make an Arrangement (Art. 267–305)

As mentioned above, the court declares bankruptcy with a possibility to make an arrangement if such manner of conducting the proceedings is more beneficial to the creditors.

W ustawie wyróżniono dwa typy układów zawieranych w postępowaniu upadłościowym:
1) układ zmierzający do restrukturyzacji zobowiązań upadłego,
2) układ likwidacyjny, zmierzający do zaspokojenia wierzycieli upadłego przez likwidację majątku upadłego, przy czym likwidacja majątku może zostać przeprowadzona zgodnie z przepisami o likwidacji masy upadłości lub poprzez przejęcie majątku upadłego przez wierzycieli lub w inny sposób.

Układem objęte są wszystkie wierzytelności wobec upadłego powstałe przed dniem ogłoszenia upadłości, włączając w to wierzytelności zabezpieczone w drodze przewłaszczenia na zabezpieczenie rzeczy, wierzytelności lub innego prawa, oraz odsetki od powyższych wierzytelności należne za cały czas opóźnienia w spełnieniu świadczenia (ogłoszenie upadłości z możliwością zawarcia układu nie wpływa na naliczanie odsetek). Układem są również objęte wierzytelności zależne od warunku, jeżeli warunek ziści się w czasie wykonywania układu.

Wyjątki od tej zasady określono w art. 237 PrUpadNapr, zgodnie z którym układem nie obejmuje się np. składek na ubezpieczenia społeczne oraz wierzytelności zabezpieczonych na majątku upadłego hipoteką, zastawem, zastawem skarbowym, zastawem rejestrowym lub hipoteką morską, chyba że wierzyciel wyrazi zgodę na objęcie swojej wierzytelności układem. W takim przypadku, po zawarciu układu zabezpieczenie rzeczowe na majątku upadłego pozostaje w mocy, ale zabezpiecza ono wierzytelność do wysokości i na warunkach płatności określonych w układzie. Wierzyciele, których wierzytelności są zabezpieczone i którzy nie wyrażą zgody na objęcie ich wierzytelności układem, zaspokajają się w drodze sprzedaży przedmiotu zabezpieczenia przez uprawniony podmiot i podziału sum uzyskanych ze sprzedaży.

Głosowanie nad układem przeprowadza się na podstawie propozycji układowych zgłoszonych przez upadłego, albo we wniosku o ogłoszenie upadłości albo w terminie późniejszym, nie dłuższym niż trzy miesiące. Propozycje układowe może również zgłaszać wierzyciel, który złożył wniosek o ogłoszenie upadłości dłużnika. Jeżeli sąd ogłosił upadłość obejmującą likwidację majątku dłużnika, a po ogłoszeniu upadłości okazało się, iż wierzyciele zostaliby zaspokojeni w większym stopniu w drodze układu, wtedy prawo zgłaszania propozycji układowych przysługuje również syndykowi oraz radzie wierzycieli.

There are two types of arrangements in bankruptcy proceedings:
1) arrangement to restructure the bankrupt's obligations, and
2) liquidation arrangement, intended to satisfy the creditors by liquidating the bankrupt's assets; liquidation may be conducted according to the provisions concerning the liquidation of the bankruptcy estate or by taking over the bankrupt's assets by the creditors, or in any other manner.

All of the bankrupt's debts are comprised by the arrangement, including the claims secured by transferring the ownership title of a movable, claim or other right, as well as interest accrued on those claims due for the whole period of delay (a declaration of bankruptcy with a possibility to make an arrangement does not affect the accrual of interest). Conditional claims are also included in the arrangement if the condition is fulfilled during the performance of the arrangement.

The exceptions to the above rule are enumerated in Art. 237. Under this provision, *inter alia* social security contributions and claims secured on the bankrupt's assets by a mortgage, pledge, tax lien, registered pledge or maritime mortgage shall not be included in the arrangement, unless the creditor consents. In the latter case, the security remains in force after the arrangement is made, however it secures a claim only up to the amount and on the terms and conditions specified in the arrangement. If the secured creditors do not consent to the inclusion of their claims in the arrangement, such creditors shall be satisfied by selling the encumbered item by the authorised entity and by subsequent distribution of the proceeds of sale.

The voting on the arrangement is conducted on the basis of the arrangement proposals submitted by the bankrupt either in the petition to declare bankruptcy or afterwards, not later however than within three months. The arrangement proposals may be submitted also by the creditor who filed the petition to declare bankruptcy. If the court declared bankruptcy by liquidation of the bankrupt's assets and if after the declaration of bankruptcy it turned out that the creditors would be satisfied to a higher degree by making an arrangement than by liquidating the assets, then the right to file arrangement proposals is also vested in the trustee and the creditors' committee.

Propozycje układowe powinny zawierać przede wszystkim sposób restrukturyzacji zobowiązań upadłego przez np. odroczenie wykonania zobowiązań, rozłożenie spłaty długów na raty, zmniejszenie sumy długów, konwersję wierzytelności na udziały lub akcje, spłatę wierzytelności z zysku przedsiębiorstwa czy udzielenie albo uchylenie dodatkowego prawa zabezpieczającego określoną wierzytelność. Podkreślić jednak należy, iż – co jest nowością – jest to katalog otwarty i restrukturyzacja zobowiązań może zostać dokonana w każdy sposób prawnie dozwolony.

Prawo upadłościowe i naprawcze utrzymuje możliwość uprzywilejowania w układzie drobnych wierzycieli oraz wprowadza uprzywilejowanie wierzycieli, którzy po ogłoszeniu upadłości udzielili lub mają udzielić kredytu niezbędnego do wykonania układu. Poza tymi dwoma wyjątkami, warunki restrukturyzacji zobowiązań powinny być jednakowe dla wszystkich wierzycieli z tej samej kategorii interesów.

Nowością w Prawie upadłościowym i naprawczym jest sposób głosowania nad układem. Głosowanie to odbywa się bowiem w grupach obejmujących tzw. „kategorie interesów wierzycieli" (art. 278, 285 PrUpad-Napr). Ustawodawca wyszedł bowiem ze słusznego założenia, iż przy głosowaniu nad układem różni wierzyciele, w zależności od rodzaju przysługujących im wierzytelności, są w różnym stopniu zainteresowani zawarciem układu i że nierzadko właśnie przy głosowaniu nad układem dochodzi do konfliktu pomiędzy wierzycielami.

Podziału wierzycieli na kategorie interesów dokonuje sędzia-komisarz na podstawie listy wierzytelności, sporządzając osobne listy obejmujące poszczególne kategorie interesów. W ustawie wyróżniono cztery kategorie interesów:
1) wierzycieli, którym przysługują należności ze stosunku pracy oraz należności rolników z tytułu umów o dostarczenie produktów z własnego gospodarstwa rolnego;
2) wierzycieli, których wierzytelności są zabezpieczone rzeczowo;
3) wierzycieli będących udziałowcami lub akcjonariuszami upadłego;
4) pozostałych wierzycieli.

Wierzyciele zaliczeni do kategorii czwartej mogą zostać umieszczeni na dwóch lub więcej listach obejmujących kategorie interesów, w zależności od kryteriów przyjętych przez sędziego-komisarza przy tworzeniu list. Na każdej z list dany wierzyciel figuruje jedynie z oznaczoną wierzytelnością spełniającą kryteria zakwalifikowania do danej listy. Podział na listy dokonywany jest przez sędziego-komisarza. Na listach nie umieszcza się wierzycieli, którzy na mocy art. 197 PrUpadNapr są wyłączeni od głosowania nad układem.

Głosowanie nad układem odbywa się na zgromadzeniu wierzycieli. W przypadku zgłoszenia kilku propozycji układowych sędzia-komisarz ustala kolejność głosowania nad nimi. Prawo zgłaszania zmian do propozycji układowych mają wierzyciele i upadły.

Arrangement proposals should specify the manner of restructuring the bankrupt's obligations by, for example, postponement of performance of the obligations, breaking down payment into instalments, reduction of debts, conversion of the claims into shares or stocks, satisfying the claims from the profit of the bankrupt's enterprise or creating or cancelling additional security of a specified claim. However, it should be emphasised that this is not an exhaustive list and the bankrupt's obligations may be restructured in any legally admissible manner.

The Law upholds the possibility of granting special privileges to minor creditors and introduces the possibility of granting special privileges to creditors who, after the declaration of bankruptcy, have furnished or are to furnish the bankrupt with the credit necessary to perform the arrangement. Apart from those two exceptions, the terms and conditions of restructuring the obligations should be identical for all the creditors in the same class of interests.

The Law introduces new rules on voting on the arrangement. The creditors vote in groups divided by so called „classes of creditors' interests" (Art. 278, 285). The legislator correctly assumed that when voting on the arrangement, different creditors, depending on the type of claim they hold, are interested to a different degree in adopting the arrangement. It is not rare that when voting on the arrangement conflicts arise between creditors.

The division into classes of interests is performed by the judge-commissioner on the basis of the list of claims, by drafting separate lists comprising different categories of interests. The Law sets out four classes of interests:
1) creditors who have claims arising under an employment agreement and the claims of farmers who have claims under agreements to supply agricultural products from their own agricultural farm;
2) creditors whose claim are secured;
3) creditors who are shareholders of the bankrupt; and
4) other creditors.

The creditors of class four may be recorded on two or more lists comprising the categories of interests, depending on the criteria applied by the judge-commissioner in preparing the lists. On each of the lists the given creditor is recorded with a specific claim fulfilling the criteria to be included on such list. The division of creditors by different lists is made by the judge-commissioner. The creditors who under Art. 197 are not admitted to voting on the arrangement may not be recorded on any of the lists.

The voting on the arrangement takes place at the meeting of creditors. If several arrangement proposals were submitted, the judge-commissioner determines the order in which the proposals are to be voted. The right to submit amendments to the arrangement proposals is vested in the creditors and the bankrupt.

Układ zostaje przyjęty, jeżeli wypowie się za nim większość wierzycieli z każdej z list obejmujących kategorie interesów, mających łącznie nie mniej niż 2/3 ogólnej sumy wierzytelności, które uprawniają do uczestniczenia w głosowaniu. Jest również możliwe przyjęcie układu, mimo nieuzyskana w jednej z list obejmujących kategorie interesów wymaganej większości. W takim przypadku układ będzie uważany za przyjęty, jeżeli wierzyciele głosujący przeciwko układowi umieszczeni na liście, co do której nie udało się uzyskać wymaganej większości, zostaną na podstawie układu zaspokojeni w stopniu nie mniej korzystnym, niż w przypadku upadłości obejmującej likwidację majątku dłużnika. Uregulowanie takie jest realizacją zasady dominacji interesu grupowego wierzycieli. Do zawarcia układu nie jest potrzebna zgoda upadłego.

Układ przyjęty na zgromadzeniu wierzycieli podlega zatwierdzeniu przez sąd. Wierzyciele mogą zgłosić zarzuty przeciwko układowi. Sąd odmawia zatwierdzenia układu, jeżeli układ narusza prawo lub jeżeli oczywiste jest, że nie będzie wykonany. Może odmówić zatwierdzenia układu, jeżeli jest on rażąco krzywdzący dla wierzycieli, którzy głosowali przeciwko układowi i którzy zgłosili w terminie zarzuty.

Jeżeli nie doszło do zawarcia układu, lub jeżeli sąd odmówił zatwierdzenia układu, postanowienie o ogłoszeniu upadłości z możliwością zawarcia układu zostanie zmienione na postanowienie o ogłoszeniu upadłości obejmującej likwidację majątku dłużnika.

Wykonanie zatwierdzonego układu potwierdza sąd. W trakcie wykonywania układu istnieje możliwość jego modyfikacji z powodu nadzwyczajnej zmiany stosunków gospodarczych istotnie wpływającej na trwały wzrost lub zmniejszenie dochodu z przedsiębiorstwa upadłego. Jeżeli upadły nie wykonuje układu, lub jeżeli oczywiste jest, że układ nie będzie wykonany, sąd może orzec o uchyleniu układu i zmianie postanowienia o ogłoszeniu upadłości z możliwością zawarcia układu na postanowienie o ogłoszeniu upadłości obejmującej likwidację majątku dłużnika.

7. Zaspokojenie wierzycieli w postępowaniu upadłościowym obejmującym likwidację majątku upadłego (art. 306–360 PrUpadNapr)

W postępowaniu upadłościowym obejmującym likwidację majątku dłużnika regułą jest, że wierzytelności osobiste powstałe przed ogłoszeniem upadłości zaspokajane są w drodze podziału funduszów masy upadłości, zaś wierzytelności zabezpieczone rzeczowo zaspokajane są z sum uzyskanych ze sprzedaży rzeczy lub prawa stanowiącego przedmiot zabezpieczenia.

The arrangement is accepted if it is supported by a majority of creditors of every list comprising the classes of claims, together holding not less than two thirds of the total sum of interests giving the right to vote. It is also possible to adopt the arrangement even if a majority of creditors of one list comprising the classes of interests voted against the arrangement. In such case, the arrangement will be adopted if the creditors who voted against the arrangement and who are recorded on the list, in relation to which the required majority was not attained, are satisfied under the arrangement to a degree not less beneficial than in the case of conducting bankruptcy proceedings comprising liquidation of the debtor's assets. Such mechanism implements the principle of primacy of the interest of the creditors as a whole. To adopt the arrangement, the bankrupt's consent is not required.

The arrangement adopted by the creditors at the meeting of creditors is subject to the court's approval. The creditors may file objections to the arrangement. The court refuses to approve the arrangement if the arrangement violates the law or if it is evident that it will not be performed. The court may refuse to approve the arrangement if the arrangement is grossly detrimental to the creditors who voted against the arrangement and who timely filed objections.

If the arrangement has not been adopted by the creditors, or if the court refused to approve the arrangement, the decision declaring bankruptcy with a possibility to make an arrangement will be converted into the decision declaring bankruptcy by liquidation of the bankrupt's assets.

The court will issue a decision confirming that the performance of the arrangement has been completed. In the course of performing the arrangement the possibility exists to change its terms and conditions because of an extraordinary change of commercial relations significantly affecting the stable growth or decrease of the income of the bankrupt's enterprise. If the bankrupt does not perform the arrangement or if it is evident that the arrangement will not be performed, the court may decide to revoke the arrangement and to convert the decision declaring bankruptcy with a possibility to make an arrangement into a decision declaring bankruptcy by liquidation of the debtor's assets.

7. Satisfying the Creditors in the Bankruptcy Proceedings Comprising the Liquidation of the Bankrupt's Assets (Art. 306–360)

In the bankruptcy proceedings comprising the liquidation of the bankrupt's assets it is a general rule that the personal claims which arose prior to the declaration of bankruptcy shall be satisfied by distributing the bankruptcy estate funds, and the claims secured by a mortgage, pledge, registered pledge, tax lien or maritime mortgage shall be satisfied from the proceeds of sale of the encumbered things or rights.

Przedmowa

Wierzyciele, których wierzytelności zostały zabezpieczone zastawem rejestrowym, mogą się zaspokoić z przedmiotu zastawu przez jego przejęcie na własność albo przez zbycie przedmiotu zastawu w drodze przetargu publicznego przeprowadzonego przez notariusza albo komornika, o ile możliwość taką dopuszcza umowa zastawu. W każdym przypadku suma przekraczająca wartość wierzytelności zastawnika zabezpieczonej zastawem winna być zwrócona masie upadłości.

Regułą jest również, iż wierzyciel może się zaspokoić przez potrącenie swojej wierzytelności z wierzytelnością upadłego, jeżeli obie istniały w dniu ogłoszenia upadłości, chociażby termin wymagalności jednej z nich nie nastąpił. Prawo upadłościowe i naprawcze utrzymuje istniejące pod rządami Prawa upadłościowego ograniczenia co do kwoty wierzytelności przedstawianej do potrącenia (dotyczące głównie odsetek) oraz ograniczenia w dopuszczalności dokonywania potrącenia (art. 93–96 PrUpadNapr). Wierzyciel, który chcący skorzystać z prawa potrącenia powinien złożyć odpowiednie oświadczenie nie później, niż z chwilą zgłoszenia swojej wierzytelności.

Jak już zaznaczono, zaspokojenie wierzytelności osobistych upadłego odbywa się w drodze podziału funduszów masy upadłości. Obejmują one sumy uzyskane z likwidacji masy upadłości, dochód uzyskany z prowadzenia lub wydzierżawienia przedsiębiorstwa upadłego oraz odsetki od tych sum zdeponowanych w banku. Zatem, w celu zaspokojenia wierzycieli osobistych upadłego konieczna jest likwidacja masy upadłości.

Likwidacji masy upadłości dokonuje syndyk na podstawie przygotowanego przez siebie planu likwidacyjnego, określającego sposoby sprzedaży składników majątku upadłego.

Preferowanym i najszybszym sposobem likwidacji masy upadłości jest sprzedaż przedsiębiorstwa upadłego w całości. Poprzedzona może być ona umową dzierżawy przedsiębiorstwa na czas określony z zastrzeżeniem prawa pierwokupu. Można również sprzedać zorganizowaną część przedsiębiorstwa. Sprzedaż przedsiębiorstwa jako całości lub jego zorganizowanej części odbywa się w drodze przetargu organizowanego według odpowiednich przepisów Kodeksu cywilnego. Ofertę wybiera syndyk, ale wybór ten musi zostać zatwierdzony przez sędziego-komisarza. Jeżeli przetarg nie dojdzie do skutku, lub gdy sędzia-komisarz nie zatwierdzi wyboru oferty, może on wydać postanowienie o wyznaczeniu nowego przetargu lub zezwolić na sprzedaż z wolnej ręki (tzn. zezwolić syndykowi na swobodny wybór nabywcy w terminie dowolnie przez syndyka wybranym). Zgoda na sprzedaż z wolnej ręki może być również wyrażona przez radę wierzycieli, z jednoczesnym określeniem warunków zbycia. W tym trybie zbywane są również nieruchomości i statki morskie wchodzące w skład masy upadłości. W podobny także sposób odbywa się sprzedaż rzeczy ruchomych wchodzących w skład masy upadłości.

The creditors whose claims are secured by a registered pledge may alternatively be satisfied by assumption of ownership of the encumbered item or by selling the encumbered item in a public tender conducted by a notary public or enforcement officer, if such possibility is provided for in the registered pledge agreement. In each case, the sum exceeding the amount of the secured claim of the pledgee shall be returned to the bankruptcy estate.

It is also permitted for the creditor to be paid by setting off its claim against a claim of the bankrupt, if both of the claims existed on the date bankruptcy was declared, even if one of the claims is not yet due. The Law upholds the limitations introduced by the Bankruptcy Law concerning the amount of the creditor's claim to be set off (mostly referring to the amount of interest) and concerning the limitations on the use of setoff (Art. 93–96). The creditor who wants to exercise the right of setoff shall declare such intent at the time of filing the claim at the latest.

As mentioned above, personal claims are satisfied by distributing the bankruptcy estate funds. The bankruptcy estate funds comprise the cash proceeds of liquidation of the bankruptcy estate, income obtained from managing or leasing the bankrupt's enterprise and any interest accrued on the proceeds deposited with a bank. Therefore, in order to satisfy the creditors it is necessary to liquidate the bankruptcy estate.

The bankruptcy estate is liquidated by the trustee under a liquidation plan prepared by the trustee and setting forth the methods of sale of assets of the bankrupt.

The preferred and the fastest way to liquidate the bankruptcy estate is the sale of the bankrupt's enterprise as a whole. The sale of the enterprise as a whole may be preceded by an agreement to lease the enterprise for a specified period of time with the right of first refusal. An organised part of the enterprise may be sold as well. The sale of the enterprise as a whole or its organised part is effected by a tender organised under appropriate provisions of the Civil Code. The winning offer is chosen by the trustee, but such choice must be approved by the judge-commissioner. If the tender has not been effected, or if the judge-commissioner does not approve the winning offer, the judge-commissioner may issue a decision setting a new tender or authorising the unrestricted sale (i.e. the trustee would be able to choose the purchaser without the tender and the need to obtain the judge-commissioner's approval). The consent to unrestricted sale may also be granted by the creditors' committee, the terms and conditions of the sale being set thereby. All real property and sea vessels included in the bankruptcy estate are sold under the same procedure. A similar procedure applies to movables included in the bankruptcy estate.

Wierzytelności upadłego likwiduje się przez ich ściągnięcie lub zbycie, a likwidacja praw majątkowych upadłego następuje przez ich wykonanie albo zbycie.

Warto zaznaczyć, iż sprzedaż dokonana w postępowaniu upadłościowym ma, co do zasady, skutki sprzedaży egzekucyjnej przeprowadzonej według przepisów Kodeksu postępowania cywilnego. Oznacza to, iż nabywca ruchomości staje się jej właścicielem bez żadnych obciążeń i powinien rzecz natychmiast odebrać, a po stronie wierzyciela posiadającego zabezpieczenie na rzeczy powstaje prawo do zaspokojenia z ceny uzyskanej ze sprzedaży. Podobnie sprzedaż nieruchomości powoduje wygaśnięcie wszelkich praw oraz praw i roszczeń osobistych ujawnionych w księdze wieczystej lub zgłoszonych sędziemu-komisarzowi w terminie określonym dla zgłoszenia wierzytelności. Osoby, których prawa rzeczowe albo prawa i roszczenia osobiste wygasły wskutek sprzedaży nieruchomości, mają prawo do zaspokojenia wartości wygasłego prawa z ceny uzyskanej ze sprzedaży obciążonej nieruchomości.

Podziału funduszów masy upadłości dokonuje się jednorazowo lub kilkakrotnie w miarę likwidacji masy upadłości po zatwierdzeniu przez sędziego-komisarza listy wierzytelności. Podstawą podziału funduszów masy jest plan podziału, przygotowany przez syndyka i zatwierdzony przez sędziego-komisarza. W zależności od stanu postępowania i likwidacji masy upadłości, plan ten może być częściowy lub ostateczny.

Wierzytelności zaspokaja się z funduszów masy upadłości w kolejności wynikającej z przynależności danej wierzytelności do jednej z czterech kategorii określonych w art. 342 PrUpadNapr.

Do kategorii pierwszej należą w szczególności koszty postępowania upadłościowego, należności z tytułu składek na ubezpieczenie emerytalne, rentowe i chorobowe pracowników, należności ze stosunku pracy, ciążące na upadłym zobowiązania alimentacyjne; do kategorii drugiej – m.in. podatki i inne daniny publiczne. Kategoria trzecia obejmuje inne wierzytelności, jeżeli nie podlegają zaspokojeniu w kategorii czwartej, wraz z odsetkami za ostatni rok przed datą ogłoszenia upadłości, z odszkodowaniem umownym, kosztami procesu i egzekucji a kategoria czwarta – odsetki, które nie należą do wyższych kategorii, w kolejności, w jakiej podlega zaspokojeniu kapitał, a także sądowe i administracyjne kary grzywny oraz należności z tytułu darowizn i zapisów.

W porównaniu do analogicznych uregulowań Prawa upadłościowego liczba kategorii została znacznie zredukowana, tj. z dziesięciu do czterech.

The claims of the bankrupt are liquidated by collecting such claims from the bankrupt's debtors or by selling them, and the proprietary rights of the bankrupt are liquidated by exercising them or by selling them.

It is worth mentioning that a sale effected in the bankruptcy proceedings has – as a rule – the same results as the execution sale conducted under the Civil Proceedings Code. This means that the purchaser of a movable acquires ownership thereof without any encumbrances and the purchaser should take possession from the seller immediately. The creditor, in favour of whom a security was created on the movable, acquires the right to be satisfied from the proceeds of sale (as described below). The sale of real property results in the expiry of all rights and personal rights and claims recorded in the land and mortgage register or even undisclosed, if they were reported to the judge-commissioner within the time limit for filing claims. Persons who were vested with such expired rights or personal rights or claims have the right to be paid up to the value of the expired right or claim from the proceeds of sale of the real property.

The distribution of funds of the bankruptcy estate is usually executed once or a couple of times in the course of liquidating the bankruptcy estate, after the judge-commissioner approves the list of claims. The basis for distributing the funds is the distribution plan, prepared by the trustee and approved by the judge-commissioner. Depending on the status of the proceedings and liquidation of the bankruptcy estate, such plan may be partial or final.

The claims are satisfied from the bankruptcy estate funds according to the priority resulting from classifying the claim in one of the four classes specified in Art. 342.

Class one includes in particular the costs of the bankruptcy proceedings, retirement, pension and illness security contributions of the employees, as well as amounts arising under employment relationships; class two includes in particular taxes and other public levies. Class three includes other claims if they are not subject to satisfaction within class four, with the interest due for the year preceding the date bankruptcy is declared, liquidated damages, costs of the proceedings and execution; class four includes interest not included in classes with higher priority, to be satisfied in the order in which the principal amount is to be satisfied, as well as administrative fines and amounts resulting from donations and legacies.

In comparison to similar provisions of the Bankruptcy Law, the number of classes has been significantly decreased from ten to four.

Przedmowa

Dwie pierwsze kategorie mają charakter uprzywilejowany. Wierzytelności należące do pierwszej kategorii zaspokajane są przez syndyka za zgodą sędziego-komisarza w miarę wpływu środków do masy upadłości; pozostałe kwoty wierzytelności należących do pierwszej kategorii, niezaspokojone w tym trybie, zaspokajane są w drodze podziału funduszów masy. Koszty postępowania upadłościowego zaspokaja się niezwłocznie w miarę posiadanych funduszy. Na bieżąco regulowane są także ciążące na upadłym zobowiązania alimentacyjne, do wysokości minimalnego wynagrodzenia za pracę dla każdego uprawnionego.

Większość wierzycieli podlegać będzie zaspokojeniu w kategorii trzeciej, odpowiadającej kategorii szóstej w Prawie upadłościowym.

Utrzymana została zasada pierwszeństwa i proporcjonalności podziału funduszów masy. Oznacza to, że wierzytelności niższej kategorii mogą być zaspokojone dopiero po zaspokojeniu wierzytelności wyższej kategorii. Jeżeli w danej kategorii brak jest środków na zaspokojenie wszystkich wierzytelności, należności te zaspokaja się proporcjonalnie do wysokości każdej z nich.

Wykonanie ostatecznego planu podziału daje sądowi podstawę do wydania postanowienia o zakończeniu postępowania upadłościowego.

Inaczej przedstawia się sytuacja wierzycieli, których wierzytelności zostały zabezpieczone na majątku dłużnika hipoteką, hipoteką morską, zastawem, zastawem rejestrowym lub zastawem skarbowym. Prawo upadłościowe i naprawcze wprowadziło zasadniczą zmianę w sposobie zaspokajania tych wierzycieli w porównaniu z uregulowaniami Prawa upadłościowego.

Zgodnie z art. 204 Prawa upadłościowego (po nowelizacji z 1997 r.), kwoty uzyskane przez syndyka ze sprzedaży obciążonej rzeczy wchodziły do funduszów masy upadłości, zaś wierzytelności tak zabezpieczone zaspokajane były z funduszów masy jako kategoria 2a (należności publicznoprawne zabezpieczone hipoteką) lub 2b. Rozwiązanie takie było niekorzystne dla wierzycieli, albowiem warunkiem uzyskania przez nich jakichkolwiek sum z masy upadłości, było pełne zaspokojenie wierzycieli z wyższych kategorii, co znacznie zmniejszało ich szansę na uzyskanie zaspokojenia w postępowaniu upadłościowym.

The first two classes are privileged. The claims of class one are satisfied by the trustee upon the consent of the judge – commissioner, as the money is paid into the bankruptcy estate; the remaining balance of the claims of class one, not satisfied in the above procedure, are satisfied in the course of distribution of the bankruptcy estate funds. The costs of the bankruptcy proceedings are also paid on an on-going basis, immediately after any money is contributed to the bankruptcy estate funds. Alimonies up to the amount of the minimal remuneration for work for each of the entitled person is also paid on an on-going basis.

The majority of creditors will be satisfied in class three, corresponding to class six set forth in the Bankruptcy Law.

The rule of primacy of higher classes and pro-rata distribution has been upheld. This means that the claims of lower classes will be paid only after the claims of higher classes have been satisfied. If insufficient funds exist to satisfy the creditors of a given class, the claims are paid proportionately to the amount of each claim.

The performance of the final plan of distribution entitles the court to issue the decision closing the bankruptcy proceedings.

The creditors, whose claims are secured on the bankrupt's assets with a mortgage, maritime mortgage, pledge, registered pledge or tax lien are satisfied differently. As compared to the Bankruptcy Law, the Law introduced a significant change in the manner of satisfying the above creditors. According to Article 204 of the Bankruptcy Law (as amended in 1997), the proceeds of sale of the encumbered thing received by the trustee were included in the bankruptcy estate funds, and the secured claims were paid from the bankruptcy estate funds in class 2a (public obligations secured by mortgage) or 2b. Such solution was not beneficial to the secured creditors, because the satisfaction of their claims was contingent upon paying off the creditors with a higher priority – which significantly diminished the chance of the secured creditors to receive any money in the bankruptcy proceedings.

Przedmowa

Aby zapobiec pokrzywdzeniu wierzycieli zabezpieczonych rzeczowo, w Prawie upadłościowym i naprawczym wprowadzono tzw. „prawo odrębności"[1], czyli prawo do zaspokojenia się z przedmiotu zabezpieczenia (art. 345 PrUpadNapr). Realizacja prawa odrębności przebiegać będzie następująco: rzeczy i prawa obciążone hipoteką, zastawem, zastawem rejestrowym, zastawem skarbowym i hipoteką morską będą przez syndyka sprzedawane w trybie przewidzianym dla likwidacji masy upadłości, natomiast kwoty uzyskane ze sprzedaży zostaną przeznaczone na zaspokojenie tych wierzycieli, których wierzytelności były zabezpieczone na zbytych rzeczach lub prawach. Jeżeli przedmiotem zabezpieczenia jest nieruchomość, z kwoty uzyskanej z jej sprzedaży zaspokaja się również prawa rzeczowe oraz prawa i roszczenia osobiste, które ustanowione zostały na nieruchomości i które wygasły wskutek sprzedaży nieruchomości.

Kwoty uzyskane ze sprzedaży rzeczy obciążonej pomniejsza się o koszty związane ze sprzedażą tej rzeczy, a w przypadku sprzedaży nieruchomości, prawa użytkowania wieczystego, spółdzielczego prawa do lokalu lub statku morskiego wpisanego do rejestru okrętowego – dodatkowo o wierzytelności alimentacyjne oraz wierzytelności o wynagrodzenie za pracę pracowników upadłego pracujących na sprzedawanej nieruchomości lub na statku morskim, za okres ostatnich trzech miesięcy przed dniem ich sprzedaży do wysokości trzykrotnego minimalnego wynagrodzenia za pracę, jak również o renty należne za wywołanie choroby, niezdolności do pracy, kalectwa lub śmierci.

Po odjęciu powyższych sum, pozostała kwota przeznaczona zostanie na zaspokojenie wierzytelności zabezpieczonych na zbytej rzeczy, w kolejności przysługującego wierzycielom pierwszeństwa, które określają właściwe przepisy KC i innych ustaw. Wraz z wierzytelnością główną zaspokajane są odsetki do wysokości zabezpieczonej oraz koszty postępowania w wysokości nieprzekraczającej 1/10 części kapitału.

Podział sum uzyskanych ze sprzedaży pomiędzy wierzycieli odbywa się na podstawie odrębnego planu podziału sporządzonego przez syndyka.

Jeżeli po zaspokojeniu zabezpieczonych wierzycieli pozostaną jakiekolwiek kwoty, wchodzą one do funduszów masy upadłości i są tym samym przeznaczane na zaspokojenie reszty wierzycieli.

Jeżeli wierzyciel zabezpieczony rzeczowo jest jednocześnie wierzycielem osobistym upadłego, może on swoją wierzytelność zgłosić do masy upadłości i uzyskać zaspokojenie w drodze podziału funduszów masy do wysokości wierzytelności niezaspokojonej przez sprzedaż obciążonej rzeczy lub prawa.

---

1 Tak A. Jakubecki, F. Zedler, Prawo Upadłościowe i Naprawcze. Komentarz, Kraków 2003, s. 851 i n.

To protect the secured creditors, the Law has introduced the „right of separateness"[1], i.e. the right to be satisfied from the encumbered object (Art. 345). The right of separateness will be executed under the following procedure: the things and rights encumbered with a mortgage, pledge, registered pledge, tax lien and maritime mortgage will be sold by the trustee under the procedure provided for liquidating the bankruptcy estate; any proceeds from the sale will be distributed among the creditors, whose claims were secured on the sold things or rights. If a claim was secured on real property, the proceeds of sale will be distributed also among persons vested with rights or personal rights and claims created on the real property and which expire as a result of the sale.

The proceeds of the sale will be reduced by the costs of the sale, and in the case of the sale of real property, a perpetual usufruct right to real property, co-operative ownership right to premises or a sea vessel entered into register of vessels, the proceeds of the sale shall be additionally reduced by alimonies and remuneration claims of the employees of the bankrupt working on the sold real property or ship, for the period of three months prior to the date of sale, up to the amount equal to three times the minimum remuneration for work, as well as disease-related pensions, workers' compensations, disability or death benefits.

After the sale price has been reduced by the above amounts, the remaining balance shall be appropriated for satisfying the claims secured on the sold thing or right. The creditors will be paid according to their priority specified by the relevant provisions of the Civil Code and other laws. Together with the main claim, also interest is paid up to the secured amount and the costs of the proceedings in a amount not exceeding one tenth of the principal amount.

The distribution of the proceeds of sale between the creditors is made under a separate distribution plan prepared by the trustee.

If any funds remain after all of the entitled secured creditors have been paid off, the money is transferred to the funds of the bankruptcy estate and is used to satisfy the remaining creditors.

If the secured creditor is also a personal creditor of the bankrupt, it may file a claim to the bankruptcy estate and have it satisfied up to the amount not previously satisfied from the proceeds of sale of the encumbered thing or right.

---

[1] *A. Jakubecki, F. Zedler,* Prawo Upadłościowe i Naprawcze. Komentarz. Kraków 2003, Page 851 and next.

8. Międzynarodowe postępowanie upadłościowe (art. 378–412 PrUpadNapr)

Nowością w porównaniu do Prawa upadłościowego jest uregulowanie w ustawie problematyki międzynarodowego postępowania upadłościowego. Przepisy te będą miały zastosowanie w sytuacji, gdy majątek upadłego znajdzie się na terytorium różnych państw. Pozwolą one m.in. na uznanie zagranicznych postępowań upadłościowych. Dotychczas bowiem, co do zasady, postanowienie o ogłoszeniu upadłości wywierało skutki jedynie w państwie, w którym zostało wydane.

Ustawa nawiązuje w tej mierze do prawa modelowego UNICITRAL do spraw upadłości międzynarodowej z 1997 r. Wprowadza również priorytet stosowania umów międzynarodowych, których Polska jest stroną, oraz prawa organizacji międzynarodowych, których Polska jest członkiem. Oznacza to m.in., iż po przystąpieniu Polski do Unii Europejskiej, do postępowań upadłościowych wszczętych w państwach UE nie będą miały zastosowania przepisy ustawy, a wyłącznie przepisy rozporządzenia Rady UE Nr 1346/2000 z 29.5.2000 r. o postępowaniu w sprawach niewypłacalności.

9. Odrębne postępowania upadłościowe (art. 418–491 PrUpadNapr)

Prawo upadłościowe i naprawcze wprowadza cztery kompleksowe regulacje dotyczące odrębnych postępowań upadłościowych:

1) postępowania upadłościowego wszczętego po śmierci dłużnika;
2) postępowania upadłościowego wobec banków, włączając banki hipoteczne, zagraniczne banki, instytucje kredytowe oraz ich oddziały;
3) postępowania upadłościowego wobec zakładów ubezpieczeń; oraz
4) postępowania upadłościowego wobec emitentów obligacji.

Tym samym ustawa uchyla przepisy regulujące problematykę upadłości banków zawarte w prawie bankowym, oraz dotyczące upadłości zakładów ubezpieczeń zawarte w ustawie o działalności ubezpieczeniowej.

10. Oddłużenie (art. 369, 370 PrUpadNapr)

Zasadą w postępowaniu upadłościowym jest, że po zakończeniu lub po umorzeniu postępowania upadłościowego wyciąg z listy wierzytelności zatwierdzonej przez sędziego-komisarza, zawierającej oznaczenie wierzytelności oraz sumy otrzymanej na jej poczet przez wierzyciela, stanowi tytuł egzekucyjny przeciwko upadłemu. Jeżeli zatem w zakończonym lub umorzonym postępowaniu upadłościowym całość wierzytelności nie zostałaby zaspokojona, a następnie dłużnik nabyłby jakikolwiek majątek, wierzyciel może dochodzić zaspokojenia z tego majątku w postępowaniu egzekucyjnym.

8. International Bankruptcy Proceedings (Art. 378–412)

The Law, unlike the Bankruptcy Law, governs international bankruptcy proceedings. The provisions will apply if the bankrupt's assets are located within the territories of different states and they will allow for, in particular, recognition of foreign bankruptcy proceedings. Under the Bankruptcy Law, generally speaking, the decision declaring bankruptcy had effect only within the territory of the state, in which it was issued.

The Law corresponds here to the model law of UNICITRAL of 1997 regarding international bankruptcy. The Law introduces the primacy of international agreements to which Poland is a party, and the laws of an international organisation of which Poland is a member. This means that after Poland joins the European Union, bankruptcy proceedings conducted within the territory of one Member State shall not be governed by the Law, but by the regulation of the Council of the European Union no. 1346/2000 of 29 May 2000 on insolvency proceedings.

9. Special Bankruptcy Proceedings (Art. 418–491)

The Law regulates four special bankruptcy proceedings:
(i) bankruptcy proceedings opened after the death of the insolvent debtor,
(ii) bankruptcy proceedings against banks, including mortgage banks, foreign banks, credit institutions and their branches,
(iii) bankruptcy proceedings against insurance undertakings,
(iv) bankruptcy proceedings against bond issuers.

The Law shall thus repeal the provisions concerning the bankruptcy of banks and insurance undertakings, included, respectively, in the Banking Law and in the Law on Insurance Business.

10. „Fresh Start" Policy (Art. 369–370)

The basic principle of the bankruptcy law is that after the bankruptcy proceedings have been closed or dismissed, the extract from the list of claims approved by the judge-commissioner, containing the identification of the claim and the amount received on its account by the creditor, serves as an enforcement title against the bankrupt. Therefore, if not all claims are satisfied in the bankruptcy proceedings which have been closed or dismissed and, subsequently, if the bankrupt acquires any kind of assets, the creditors may pursue those claims in the execution proceedings.

Przedmowa

Wyjątek od tej zasady w stosunku do upadłego będącego osoba fizyczną przewidziano w art. 369 PrUpadNapr. Na wniosek uprawnionego upadłego sąd może orzec, w postanowieniu o zakończeniu postępowania upadłościowego, o umorzeniu w całości lub w części zobowiązań upadłego, które nie zostały zaspokojone w postępowaniu upadłościowym („oddłużenie"). Prawo upadłościowe i naprawcze określa warunki, jakie muszą zostać spełnione w celu oddłużenia, tj. niewypłacalność upadłego musi być następstwem wyjątkowych i niezależnych od upadłego okoliczności, materiał zebrany w sprawie daje podstawy do stwierdzenia, że nie zachodzą podstawy pozbawienia upadłego prawa prowadzenia działalności gospodarczej, a upadły w toku postępowania rzetelnie wypełniał swoje obowiązki wynikające z ustawy.

Prawo upadłościowe i naprawcze wprowadza również katalog wierzytelności, które nie podlegają umorzeniu. Przykładowo, są to należności alimentacyjne, wierzytelności ze stosunku pracy, składki emerytalne, rentowe i chorobowe pracowników.

Oddłużenie może być całkowite lub częściowe. Dopuszczalne jest ono w stosunku do tego samego upadłego raz na dziesięć lat.

IV. Postępowanie naprawcze (art. 492–521 PrUpadNapr)

Instytucją nieznaną do tej pory polskiemu systemowi prawnemu jest postępowanie naprawcze. Postępowanie to dotyczy przedsiębiorców wpisanych do Krajowego Rejestru Sądowego i zagrożonych niewypłacalnością, tj. takich, którzy na bieżąco wykonują swoje zobowiązania, ale według rozsądnej oceny ich sytuacji ekonomicznej oczywiste jest, że w niedługim czasie staną się niewypłacalni.

Celem postępowania naprawczego jest przywrócenie przedsiębiorcy borykającemu się z problemami finansowymi zdolności do konkurowania na rynku przez restrukturyzację jego zobowiązań w drodze zawarcia układu z wierzycielami, restrukturyzację zatrudnienia oraz majątku. Podstawą jego przeprowadzania jest plan naprawczy, przygotowywany przez przedsiębiorcę i obejmujący propozycje restrukturyzacyjne.

Idea postępowania naprawczego nawiązuje do federalnych uregulowań amerykańskich, tj. do rozdziału jedenastego tytułu jedenastego Kodeksu USA (upadłość) – Postępowanie naprawcze (*Title 11 of the United States Code (Bankruptcy), Chapter 11 – Reorganization*), pozwalających dłużnikom na reorganizację (restrukturyzację) ich zobowiązań i przedsiębiorstwa oraz na rozłożoną w czasie spłatę wierzycieli przy zachowaniu prawa do prowadzenia przedsiębiorstwa przez dłużnika i bez ogłaszania jego upadłości.

An exception to that principle, concerning a bankrupt who is an individual, is set forth in Art. 369 of the Law. Upon the motion of the bankrupt the court may decree, in the decision closing the bankruptcy proceedings, that all or part of the bankrupt's obligations which have not been performed in the bankruptcy proceedings be discharged („fresh start"). The Law sets out the conditions that have to be met in order to provide the bankrupt with a fresh start. The insolvency of the bankrupt must result from exceptional circumstances beyond the bankrupt's control, the evidence collected during the proceedings support the conclusion that no basis exists to deprive the bankrupt of the right to carry out economic activity on its own account and, furthermore, the bankrupt has duly fulfilled the obligations imposed upon him in the bankruptcy proceedings. A catalogue of claims that may not be discharged is also provided for in the Law, including alimonies, employment claims and retirement, pension and illness security contributions.

All or a part of the bankrupt's obligations may be discharged. An individual may be granted a fresh start once in a ten-year period.

IV. Reorganisation Proceedings (Art. 492–521)

Reorganisation proceedings are a new concept in Polish bankruptcy law. The benefits of these proceedings are available only for entrepreneurs entered into the National Court Register and threatened with insolvency. Under the Law, an entrepreneur is deemed to be threatened with insolvency even if it duly performs its obligations, when – based on a rational estimation of its economic condition – it is evident that it shall become insolvent shortly.

The goal of reorganisation proceedings is for the debtor in financial difficulties to recover the ability to compete on the market under an arrangement with its creditors and as a result of reorganising its employment structure and assets. The basis for conducting reorganisation proceedings is a reorganisation plan prepared by the entrepreneur, which contains reorganisation proposals.

The concept of reorganisation proceedings has been derived from US federal legislature, mainly Title 11 of the United States Code (Bankruptcy), Chapter 11 – Reorganisation, which allows for the reorganisation (restructuring) of the debtor's obligations and its business and for the suspension of the repayment of debts, while the debtor retains the right to operate the business and is not declared bankrupt.

Przedmowa

Postępowanie naprawcze jest postępowaniem prowadzonym przez samego przedsiębiorcę pod kontrolą sądu. Postępowanie inicjuje oświadczenie przedsiębiorcy o wszczęciu postępowania naprawczego, złożone m.in. wraz z planem naprawczym do sądu. Jeżeli w ciągu 14 dni od daty złożenia oświadczenia o wszczęciu postępowania przez przedsiębiorcę sąd nie wyda postanowienia zakazującego przedsiębiorcy wszczęcia postępowania naprawczego, informacja o złożeniu oświadczenia zostaje opublikowana w Monitorze Sądowym i Gospodarczym oraz w co najmniej jednym dzienniku o zasięgu lokalnym i ogólnopolskim. Data ogłoszenia oświadczenia w Monitorze Sądowym i Gospodarczym jest datą wszczęcia postępowania naprawczego.

Skutkiem wszczęcia postępowania naprawczego jest m.in. zawieszenie spłaty zobowiązań przedsiębiorcy i naliczania odsetek należnych od przedsiębiorcy na czas prowadzenia postępowania naprawczego oraz uniemożliwienie wierzycielom przedsiębiorcy prowadzenia egzekucji z majątku przedsiębiorcy. Zawieszenie spłaty zobowiązań nie obejmuje jednak m.in. wierzytelności wobec przedsiębiorcy z tytułu stosunku pracy, należności z tytułu składek na ubezpieczenie emerytalne, rentowe i chorobowe, oraz wierzytelności zabezpieczonych hipoteką, hipoteką morską, zastawem, zastawem rejestrowym lub zastawem skarbowym, chyba że wierzyciel wyrazi na to zgodę. Wszczęcie postępowania naprawczego nie wyklucza możliwości prowadzenia postępowania sądowego czy administracyjnego przeciwko przedsiębiorcy; jednakże, jeżeli wierzyciel przedsiębiorcy złożył wniosek o ogłoszenie upadłości przedsiębiorcy, rozpoznanie takiego wniosku zostanie przez sąd odroczone do czasu zakończenia postępowania naprawczego. Od dnia wszczęcia postępowania naprawczego przedsiębiorca nie może zbywać ani obciążać swojego majątku, za wyjątkiem rzeczy zbywanych w zakresie działalności gospodarczej.

Po wszczęciu postępowania naprawczego sąd ustanawia dla przedsiębiorcy nadzorcę sądowego.

Postępowanie naprawcze jest postępowaniem ograniczonym czasowo. Restrukturyzacja zobowiązań przedsiębiorcy, dokonywana w drodze układu z wierzycielami, musi zostać przeprowadzona nie później niż w ciągu trzech miesięcy (termin dla małych lub średnich przedsiębiorców) lub czterech miesięcy od momentu wszczęcia postępowania naprawczego (termin dla pozostałych przedsiębiorców). Jeżeli w tym czasie przedsiębiorcy nie uda się zawrzeć układu z wierzycielami, postępowanie naprawcze jest umarzane z mocy prawa.

Reorganisation proceedings are conducted by the debtor itself, albeit under the supervision of the court. The proceedings are opened upon the bankrupt delivering a statement in this respect to the court, a reorganisation plan to be appended. If within 14 days of the delivery of such statement the court does not prohibit the opening of reorganisation proceedings, the information that the debtor has delivered the above statement is announced in *Monitor Sądowy i Gospodarczy* and in at least one local and national newspaper. The date the statement is announced in *Monitor Sądowy i Gospodarczy* is the date the reorganisation proceedings are opened.

The effect of the opening of reorganisation proceedings is that the debtor is temporarily released from the duty to perform its obligations and that the interest otherwise payable for the delay in performing the obligations does not accrue. Furthermore, all execution proceedings pending against the debtor are automatically stayed. The following claims must be paid off by the debtor during the organisation proceedings: employment claims, retirement, pension and illness security contributions, as well as claims secured by a mortgage, maritime mortgage, pledge, registered pledge or tax lien, unless the secured creditor agrees to such claims not being satisfied. The opening of reorganisation proceedings does not bar the opening of court or administrative proceedings against the debtor; however of the entrepreneur's creditor files a petition to declare the entrepreneur bankrupt, the court must postpone the consideration of such petition until the reorganisation proceedings have been closed. From the day the reorganisation proceedings are opened the debtor may not alienate or encumber its assets, save for items alienated within normal economic activity.

After the opening of organisation proceedings the court appoints a court supervisor for the debtor.

The duration of reorganisation proceedings is limited. Restructuring of the obligations of the entrepreneur, performed under an arrangement with the creditors, must be completed not later than within three months (in the case of small and medium entrepreneurs) or four months (in the case of other entrepreneurs) of the opening of the reorganisation proceedings. If the entrepreneur does not succeed in concluding an arrangement with the creditors within the above time limits, the reorganisation proceedings are automatically dismissed.

Przedmowa

W postępowaniu naprawczym układ zawierany jest na zgromadzeniu wierzycieli zwoływanym przez przedsiębiorcę, nie wcześniej jednak niż po upływie miesiąca od dnia wszczęcia postępowania naprawczego. Zgromadzeniu przewodniczy nadzorca sądowy. Wierzyciele zawiadamiani są przez przedsiębiorcę o terminie zgromadzenia na co najmniej dwa tygodnie przed zgromadzeniem. Przedsiębiorca ma obowiązek zawiadomić wszystkich znanych sobie wierzycieli o terminie zgromadzenia, doręczając im jednocześnie plan naprawczy. Jeżeli przedsiębiorca nie powiadomi któregokolwiek ze znanych mu wierzycieli o terminie spotkania, zarzut ten będzie podstawą odmowy zatwierdzenia zawartego układu przez sąd.

Podstawą negocjacji dotyczących przyszłego układu są składane przez przedsiębiorcę propozycje restrukturyzacji jego zobowiązań, zawarte w planie naprawczym. Restrukturyzacja zobowiązań, podobnie jak w przypadku restrukturyzacji zobowiązań przy upadłości z możliwością zawarcia układu, może przewidywać wszelkie dozwolone prawem formy restrukturyzacji zobowiązań, w tym odroczenie spłaty zobowiązań, rozłożenie spłaty na raty, redukcję zobowiązań czy konwersję zobowiązań na udziały czy akcje przedsiębiorcy. Wierzyciele mają prawo zgłaszać zmiany co do zaproponowanych przez przedsiębiorcę sposobów restrukturyzacji do czasu rozpoczęcia głosowania nad układem. Przedsiębiorca nie ma prawa zgłaszania protestu lub poprawek do tak wprowadzanych zmian.

Przed głosowaniem przedsiębiorca powinien sporządzić listę wierzytelności. Głosowanie nad układem może odbywać się w grupach wierzycieli, tak samo jak głosowanie nad układem w postępowaniu upadłościowym. Układ uważa się za przyjęty, jeżeli za układem opowie się większość wierzycieli uprawnionych do uczestniczenia w zgromadzeniu mających łącznie 2/3 ogólnej sumy wierzytelności uprawniającej do głosowania.

Jeżeli układ nie zostanie przyjęty, przedsiębiorca może zwoływać kolejne zgromadzenia wierzycieli, zgłaszając nowe propozycje restrukturyzacji zobowiązań oraz wprowadzając inne zmiany w planie naprawczym. Jedynym ograniczeniem dla przedsiębiorcy jest upływ czasu, albowiem układ musi zostać zawarty we wskazanym terminie.

Jeżeli układ zostanie przyjęty, podlega on zatwierdzeniu przez sąd. Każdy z wierzycieli uprawniony do udziału w zgromadzeniu może również zgłosić zarzuty przeciwko układowi. Prawo wniesienia zarzutów przysługuje również wierzycielowi nieuprawnionemu do udziału w zgromadzeniu, jeżeli wykaże, że układ może utrudnić mu dochodzenie jego roszczeń. Po rozpatrzeniu zgłoszonych zarzutów sąd może odmówić zatwierdzenia układu.

In reorganisation proceedings the arrangement is made at the meeting of creditors convened by the entrepreneur no earlier, however, than after one month has lapsed from the opening of the proceedings. The meeting is chaired by the court supervisor. The creditors are notified of the planned meeting by the entrepreneur at least two weeks before its scheduled date. The entrepreneur has to inform all known creditors about the date of the meeting, delivering them the reorganisation plan. If the entrepreneur does not inform even one known creditor, the court may refrain from approving the arrangement.

The basis for the negotiations concerning the arrangement are the entrepreneur's proposals for reorganisation of its obligations included in the reorganisation plan. The restructuring of the obligations in the reorganisation proceedings, just like the restructuring of the obligations when bankruptcy with a possibility to make an arrangement has been declared, may be performed in any form and method allowed by law, including the postponement of performance of the obligations, breaking down payment into instalments, reduction of obligations, as well as conversion of the obligations into shares or stock. Until a vote on arrangement takes place, creditors have the right to suggest changes to the reorganisation methods proposed by the debtor. The entrepreneur cannot file objections or amendments to such changes.

Before the vote, the entrepreneur must draft a list of claims. The voting on the arrangement may be carried out in separate creditors' groups, as is the case in the bankruptcy proceedings. The arrangement is adopted if supported by the majority of creditors entitled to participate in the meeting, who altogether have two thirds of the total amount of the claim giving the right to vote.

If the arrangement is not adopted, the entrepreneur may convene further meetings, as well as it may submit new reorganisation proposals and introduce other changes to the reorganisation plan. The only limitation here is the lapse of time, since the arrangement must be made within the timeframe indicated above.

After the arrangement has been adopted it should be approved by the court. Each of the creditors entitled to take part in the meeting may file objections to the arrangement. Objections may also be filed by a creditor who is not entitled to take part in the meeting if it proves that the arrangement may hamper the pursuit of its claims. After considering the objections the court may refuse to approve the arrangement.

Przedmowa

Przyczyny odmowy zatwierdzenia wymienione są enumeratywnie w art. 515 PrUpadNapr. Przykładowo, sąd odmówi zatwierdzenia układu, jeżeli przedsiębiorca podał w dokumentach nieprawdziwe dane, gdy układ jest krzywdzący dla wierzycieli, którzy zgłosili zarzuty albo jeśli plan naprawczy nie gwarantuje przywrócenia przedsiębiorcy zdolności do konkurowania na rynku. Odmowa zatwierdzenia układu powoduje zakończenie postępowania naprawczego.

Zatwierdzony przez sąd układ podlega wykonaniu. Niewykonywanie przez przedsiębiorcę zatwierdzonego układu albo planu naprawczego daje podstawy do uchylenia układu, a jego uchylenie powoduje zakończenie postępowania naprawczego.

Podsumowanie

Ustawą – Prawo upadłościowe i naprawcze wprowadzono do polskiego systemu prawnego wiele instytucji i mechanizmów, które – w intencji ustawodawcy – mają uelastycznić i przyspieszyć postępowanie upadłościowe. Osiągnięciu tego celu służy również modyfikacja części dotychczasowych uregulowań Prawa upadłościowego i Prawa o postępowaniu układowym.

Wśród nowych rozwiązań przyjętych w Prawie upadłościowym i naprawczym wyróżnić należy postępowanie naprawcze, wstępne zgromadzenie wierzycieli umożliwiające zawarcie układu już na etapie postępowania w przedmiocie ogłoszenia upadłości, czy też oparcie systemu głosowania nad układem w postępowaniu upadłościowym na tzw. kategoriach interesów wierzycieli, co w założeniu ma łagodzić konflikty między nimi.

Wśród zmian dotychczasowych instytucji na uwagę zasługuje przede wszystkim likwidacja odrębnego postępowania układowego, doprecyzowanie podstaw ogłoszenia upadłości, jak również zmiana sposobu zaspokajania wierzycieli, w tym wierzycieli zabezpieczonych rzeczowo, w postępowaniu upadłościowym obejmującym likwidację majątku upadłego.

The grounds for refusing to approve the arrangement are listed in Art. 515 of the Law. As an example, the court will refuse to approve the arrangement if the data furnished by the entrepreneur was untrue or if the re-organisation plan is detrimental to the creditors or if it does not guarantee that the entrepreneur will recover the ability to compete on the market. If the court refuses to approve the arrangement, the reorganisation proceedings are closed.

The approved arrangement is then performed. If the entrepreneur does not perform the approved arrangement or the reorganisation plan, the court may revoke the arrangement, thus closing the proceedings.

Summary

The Law on Bankruptcy and Reorganisation introduces a series of concepts and mechanisms to Polish law which – as intended by the legislator – should speed up bankruptcy proceedings and make them more flexible. This goal should also be attained by a modification of the existing provisions of the bankruptcy and arrangement law.

Amongst the new solutions adopted in the Law one should pay special attention to reorganisation proceedings, the preliminary meeting of creditors which allows for the adoption of an arrangement already at the stage of the proceedings concerning the declaration of bankruptcy, or a new system of voting on the arrangement in the bankruptcy proceedings, based on so-called classes of the creditors' interests. The last mechanism should contribute to reducing the number of conflicts between the creditors.

The most important of the modified concepts and institutions seem to be the elimination of separate arrangement proceedings, a clearer specification of the grounds for declaring bankruptcy, as well as the change in the manner of satisfaction of creditors, including creditors secured in rem, in the proceedings to declare bankruptcy by liquidation of the bankrupt's assets.

Przedmowa

Pokreślić należy, że zarówno nowe, jak i zmodyfikowane instytucje Prawa upadłościowego i naprawczego, służyć mają wzmocnieniu pozycji wierzycieli, praktycznie na każdym etapie postępowania (od wstępnego zgromadzenia wierzycieli aż po możliwość zawarcia układu likwidacyjnego), przede wszystkim przez otwarcie katalogu czynności, które doprowadzić mają do optymalnego zaspokojenia wierzycieli. Jednocześnie, w pewnych sytuacjach – zwłaszcza w takich, w których niewypłacalność (upadłość) jest wynikiem obiektywnych okoliczności – zwiększona zostaje ochrona dłużnika (upadłego) i jego pracowników (chociażby przez wprowadzenie instytucji oddłużenia osób fizycznych). Kompromisowym rozwiązaniem, opartym na rozsądnej równowadze pomiędzy interesami dłużnika i jego wierzycieli, jest postępowanie naprawcze, dzięki któremu dłużnik może uniknąć niewypłacalności, a w konsekwencji – upadłości, a wierzyciele wciąż mogą się zaspokoić w większym stopniu niż w postępowaniu upadłościowym, bez wszelkich jego ograniczeń, zarówno o charakterze formalno- jak i materialnoprawnym, przewidzianych w ustawie.

Należy tylko żywić nadzieję, że nowoczesny i kompleksowy akt prawny, jakim jest ustawa – Prawo upadłościowe i naprawcze, dobrze funkcjonować będzie w realiach obrotu gospodarczego i w praktyce sądowej.

L

It should be emphasised that both new and modified concepts of the bankruptcy and reorganisation law should strengthen the position of the creditors at each stage of the proceedings (from the preliminary meeting of creditors until the possibility to reach a liquidation arrangement). This is mainly achieved through opening a catalogue of the actions aimed at optimum satisfaction of creditors. At the same time, in certain situations, especially those where the insolvency (bankruptcy) is a result of circumstances beyond the debtor's (bankrupt's) control – the protection of the debtor is increased (for example, the "fresh start" policy). The compromise, based on a reasonable balance between the interests of the debtor and its creditors, has been reached in the reorganisation proceedings. As a result of these proceedings the debtor may escape insolvency and the creditors may still get better satisfaction than in the bankruptcy proceedings which impose numerous material and formal restraints on the satisfaction of claims.

Let us hope that the Law on Bankruptcy and Reorganisation – a modern and complex legal act, will function properly in the business realities and in court practice.

Prawo upadłościowe i naprawcze

z dnia 28 lutego 2003 r. (Dz.U. Nr 60, poz. 535)

The Law on Bankruptcy and Reorganisation

of 28th February, 2003 (Journal of Laws No 60, Item 535)

Prawo upadłościowe i naprawcze

z dnia 28 lutego 2003 r. (Dz.U. Nr 60, poz. 535)

Spis treści

The Law on Bankruptcy and Reorganisation

of 28 February 2003 (Journal of Laws No. 60, Item 535 dated April 9, 2003)

Table of Contents

Spis treści

4

Spis treści

Część pierwsza. Przepisy ogólne o postępowaniu upadłościowym i jego skutkach

Tytuł I. Przepisy ogólne

Dział I. Przepisy wstępne

Art. 1. [Zakres ustawy] 1. Ustawa reguluje zasady wspólnego dochodzenia roszczeń wierzycieli od niewypłacalnych dłużników będących przedsiębiorcami oraz skutki ogłoszenia upadłości, a także zasady postępowania naprawczego wobec przedsiębiorców zagrożonych niewypłacalnością.

2. Przepisy ustawy stosuje się również do innych podmiotów określonych w ustawie.

Part One. General Provisions on Bankruptcy Proceedings and Their Effects

Title I. General Provisions

Division I. Preliminary Provisions

Art. 1. [Scope of regulation] 1. This Law shall govern the collective pursuit of claims by creditors against insolvent debtors who are entrepreneurs and the effects of declaring bankruptcy, as well as the conduct of reorganisation proceedings in respect of entrepreneurs threatened with insolvency.

2. This Law shall also apply to other entities specified herein.

Art. 2. [Zasada optymalizacji] Postępowanie uregulowane ustawą należy prowadzić tak, aby roszczenia wierzycieli mogły zostać zaspokojone w jak najwyższym stopniu, a jeśli racjonalne względy na to pozwolą – dotychczasowe przedsiębiorstwo dłużnika zostało zachowane.

Art. 3. [Wszczęcie na wniosek] Postępowanie uregulowane ustawą może być wszczęte tylko na wniosek złożony przez podmioty określone w ustawie.

Art. 4. [Zakres stosowania] Przepisy części pierwszej stosuje się odpowiednio do innych rodzajów postępowań unormowanych w ustawie, chyba że przepis szczególny stanowi inaczej.

Dział II. Podmiotowy zakres stosowania ustawy

Art. 5. [Podmioty] 1. Przepisy ustawy stosuje się do dłużników będących przedsiębiorcami, jeżeli ustawa nie stanowi inaczej.

2. „Przedsiębiorcą" w rozumieniu ustawy jest osoba fizyczna, osoba prawna albo jednostka organizacyjna nieposiadająca osobowości prawnej, której odrębna ustawa przyznaje zdolność prawną, prowadząca we własnym imieniu działalność gospodarczą lub zawodową.

3. Przepisy ustawy stosuje się także do:
1) spółek z ograniczoną odpowiedzialnością i spółek akcyjnych nieprowadzących działalności gospodarczej;
2) wspólników osobowych spółek handlowych, ponoszących odpowiedzialność za zobowiązania spółki bez ograniczenia całym swoim majątkiem;
3) wspólników spółki partnerskiej;
4) oddziałów banków zagranicznych w rozumieniu przepisów prawa bankowego.

Art. 6. [Wyłączenia] Nie można ogłosić upadłości:
1) Skarbu Państwa;
2) jednostek samorządu terytorialnego;
3) publicznych samodzielnych zakładów opieki zdrowotnej;
4) instytucji i osób prawnych utworzonych w drodze ustawy oraz utworzonych w wykonaniu obowiązku nałożonego ustawą;
5) osób fizycznych prowadzących gospodarstwo rolne;
6) uczelni.

Art. 2. [The principle of optimality] The proceedings governed by this Law should be conducted in a manner which provides for the maximum satisfaction of the creditors' claims and when rational – for the preservation of the debtor's enterprise.

Art. 3. [Opening upon a petition] The proceedings regulated by this Law may be opened solely upon a petition filed by the entities specified herein.

Art. 4. [Scope of application] The provisions of Part One of this Law shall apply accordingly to other proceedings regulated in this Law, unless special provisions state otherwise.

Division II. Scope of Application of This Law

Art. 5. [Entities to which this Law applies] 1. The provisions of this Law shall apply to debtors who are entrepreneurs, unless this Law states otherwise.

2. For the purpose of this Law "an entrepreneur" shall mean a natural person, a legal person or an unincorporated organisational unit, granted legal capacity by a separate law, conducting in its own name an economic or professional activity.

3. The provisions of this Law shall also apply to:
1) limited liability companies and joint-stock companies which do not carry on economic activity,
2) partners in commercial partnerships, liable without limitation with their whole property for the obligations of the partnership,
3) partners in a professional partnership,
4) branches of foreign banks within the meaning of the banking law.

Art. 6. [Exclusions] Bankruptcy cannot be declared in respect of:
1) the State Treasury,
2) units of local government,
3) independent public health institutions,
4) institutions and legal persons created by a law, as well as created in the performance of a duty imposed by a law,
5) natural persons operating an agricultural farm, and
6) higher education institutions.

Art. 7. [Śmierć dłużnika] W razie śmierci przedsiębiorcy można ogłosić jego upadłość, jeżeli wniosek o ogłoszenie upadłości został złożony w terminie roku od dnia jego śmierci. Wniosek o ogłoszenie upadłości może złożyć wierzyciel, a także spadkobierca, oraz małżonek i każde z dzieci lub rodziców zmarłego, chociażby nie dziedziczyli po nim spadku.

Art. 8. [Zaprzestanie działalności gospodarczej] Można żądać ogłoszenia upadłości osoby fizycznej, która była przedsiębiorcą, także po zaprzestaniu prowadzenia przez nią działalności gospodarczej, jeżeli od dnia wykreślenia z Krajowego Rejestru Sądowego albo innego właściwego rejestru nie upłynął rok.

Art. 9. [Niezarejestrowana działalność gospodarcza] Można żądać ogłoszenia upadłości osoby fizycznej, która faktycznie prowadziła działalność gospodarczą, nawet wówczas, gdy nie dopełniła obowiązku jej zgłoszenia w Krajowym Rejestrze Sądowym albo innym właściwym rejestrze.

Dział III. Podstawy ogłoszenia upadłości

Art. 10. [Podstawy ogłoszenia] Upadłość ogłasza się w stosunku do dłużnika, który stał się niewypłacalny.

Art. 11. [Niewypłacalność – pojęcie] 1. Dłużnik jest niewypłacalny, jeżeli nie wykonuje swoich wymagalnych zobowiązań.

2. Dłużnika będącego osobą prawną albo jednostką organizacyjną nieposiadającą osobowości prawnej, której odrębna ustawa przyznaje zdolność prawną, uważa się za niewypłacalnego także wtedy, gdy jego zobowiązania przekroczą wartość jego majątku, nawet wówczas, gdy na bieżąco te zobowiązania wykonuje.

Art. 12. [Oddalenie wniosku przez sąd] 1. Sąd może oddalić wniosek o ogłoszenie upadłości, jeżeli opóźnienie w wykonaniu zobowiązań nie przekracza trzech miesięcy, a suma niewykonanych zobowiązań nie przekracza 10% wartości bilansowej przedsiębiorstwa dłużnika.

2. Przepisu ust. 1 nie stosuje się, jeżeli niewykonanie zobowiązań ma charakter trwały albo gdy oddalenie wniosku może spowodować pokrzywdzenie wierzycieli.

Art. 13. [Inne przyczyny oddalenia wniosku] 1. Sąd oddali wniosek o ogłoszenie upadłości, jeżeli majątek niewypłacalnego dłużnika nie wystarcza na zaspokojenie kosztów postępowania.

Art. 7. [Death of a debtor] Bankruptcy may be declared in respect of a deceased entrepreneur, if the petition to declare bankruptcy has been filed within a year of the date of its death. The petition to declare bankruptcy may be filed by a creditor, as well as an heir, spouse and each of the children or parents of the deceased, even if they do not inherit the estate.

Art. 8. [Cessation of economic activity] Declaration of bankruptcy of a natural person, who was an entrepreneur, may also be sought following the termination of economic activity thereby, provided not more than one year has elapsed from the date the entrepreneur was deleted from the National Court Register or any other appropriate register.

Art. 9. [Unregistered economic activity] Declaration of bankruptcy of a natural person may be sought, provided that the person has carried out economic activity, even if the obligation to be recorded in the National Court Register or any other appropriate register was not fulfilled.

Division III. Basis for Declaring Bankruptcy

Art. 10. [Basis for declaring bankruptcy] Bankruptcy shall be declared with respect to a debtor who has become insolvent.

Art. 11. [Insolvency – definition] 1. A debtor is insolvent when it fails to perform its due obligations.

2. A debtor who is a legal person or an unincorporated organisational unit granted legal capacity by a separate law shall also be deemed insolvent when the sum of its obligations exceeds the value of its assets, even if the debtor duly performs these obligations.

Art. 12. [Dismissal of the petition by court] 1. The court may dismiss the petition to declare bankruptcy when the delay in performing the obligations does not exceed three months and the amount of unperformed obligations does not exceed 10% of the balance sheet value of the debtor's enterprise.

2. Section 1 shall not apply in the case of a continuous failure to perform the obligations or when the dismissal of the petition may be detrimental to the creditors.

Art. 13. [Other bases for dismissing the petition] 1. The court shall dismiss the petition to declare bankruptcy when the assets of the insolvent debtor are not sufficient to cover the cost of the proceedings.

2. Sąd może oddalić wniosek o ogłoszenie upadłości w razie stwierdzenia, że majątek dłużnika jest obciążony hipoteką, zastawem, zastawem rejestrowym, zastawem skarbowym lub hipoteką morską w takim stopniu, że pozostały jego majątek nie wystarcza na zaspokojenie kosztów postępowania.

3. Przepisów ust. 1 i 2 nie stosuje się, gdy zostanie uprawdopodobnione, że obciążenia majątku dłużnika są bezskuteczne według przepisów ustawy albo gdy dokonane zostały w celu pokrzywdzenia wierzycieli, jak również gdy zostanie uprawdopodobnione, że dłużnik dokonał innych czynności prawnych bezskutecznych według przepisów ustawy, którymi wyzbył się majątku wystarczającego na zaspokojenie kosztów postępowania.

Art. 14. **[Upadłość z możliwością zawarcia układu]** 1. Jeżeli zostanie uprawdopodobnione, że w drodze układu wierzyciele zostaną zaspokojeni w wyższym stopniu, niż zostaliby zaspokojeni po przeprowadzeniu postępowania upadłościowego obejmującego likwidację majątku dłużnika, ogłasza się upadłość dłużnika z możliwością zawarcia układu.

2. Postępowania upadłościowego z możliwością zawarcia układu nie prowadzi się, gdy z uwagi na dotychczasowe zachowanie się dłużnika nie ma pewności, że układ będzie wykonany, chyba że propozycje układowe przewidują układ likwidacyjny.

Art. 15. **[Likwidacja majątku dłużnika]** W razie gdy brak jest podstaw do ogłoszenia upadłości z możliwością zawarcia układu, ogłasza się upadłość obejmującą likwidację majątku dłużnika.

Art. 16. **[Podstawy zmieniające postanowienia sądu]** Sąd może zmienić postanowienie o ogłoszeniu upadłości obejmującej likwidację majątku dłużnika na postanowienie o ogłoszeniu upadłości z możliwością zawarcia układu, jeżeli podstawy przeprowadzenia takiego postępowania ujawniły się dopiero w toku postępowania.

Art. 17. **[Inne podstawy postępowania zmieniającego]** 1. Sąd może zmienić postanowienie o ogłoszeniu upadłości z możliwością zawarcia układu na postanowienie o ogłoszeniu upadłości obejmującej likwidację majątku dłużnika, jeżeli podstawy przeprowadzenia takiego postępowania ujawniły się dopiero w toku postępowania.

2. Na postanowienie, o którym mowa w ust. 1, przysługuje zażalenie.

3. Przepisu ust. 2 nie stosuje się, gdy obowiązek zmiany postanowienia o ogłoszeniu upadłości z możliwością zawarcia układu na postanowienie o ogłoszeniu upadłości obejmującej likwidację majątku dłużnika wynika z ustawy.

2. The court may dismiss the petition to declare bankruptcy if it ascertains that the debtor's assets are encumbered with a mortgage, pledge, registered pledge, tax lien or maritime mortgage to such a degree that the debtor's remaining assets are not sufficient to satisfy the cost of the proceedings.

3. Sections 1 and 2 shall not apply if it is determined likely that the encumbrances of the debtor's assets are ineffective under this Law or if such encumbrances have been established in order to cause detriment to the creditors, as well as if it is determined likely that the debtor has performed other legal acts, ineffective under this Law, by way of which it disposed of the assets otherwise sufficient to satisfy the cost of the proceedings.

Art. 14. [Bankruptcy with the possibility to make an arrangement]
1. If it is determined likely that under an arrangement the creditors will be satisfied to a higher degree than they would have been satisfied as a result of bankruptcy proceedings comprising the liquidation of the debtor's assets, bankruptcy with the possibility to make an arrangement shall be declared.

2. Bankruptcy proceedings with the possibility to make an arrangement shall not be conducted if in the view of the debtor's previous conduct it is not certain that the arrangement will be performed, unless the arrangement proposals include a liquidation arrangement.

Art. 15. [Liquidation of the debtor's assets] If no basis exists to declare bankruptcy with the possibility to make an arrangement, bankruptcy by liquidation of the debtor's assets shall be declared.

Art. 16. [Basis for converting court's decision] The court may convert the decision declaring bankruptcy by liquidation of the debtor's assets to a decision declaring bankruptcy with the possibility to make an arrangement if the basis for such proceedings is disclosed in the course of the proceedings.

Art. 17. [Other bases for converting the decision] 1. The court may convert the decision declaring bankruptcy with the possibility to make an arrangement to a decision declaring bankruptcy by liquidation of the debtor's assets if the basis justifying such proceedings is disclosed in the course of the proceedings.

2. The decision of the court, referred to in Section 1, is subject to appeal.

3. Section 2 shall not apply if the obligation to convert the decision declaring bankruptcy with the possibility to make an arrangement to a decision declaring bankruptcy by liquidation of the debtor's assets is provided for in this Law.

Tytuł II. Postępowanie w przedmiocie ogłoszenia upadłości

Dział I. Sąd

Art. 18. [Sąd upadłościowy] Sprawy o ogłoszenie upadłości rozpoznaje sąd upadłościowy w składzie trzech sędziów zawodowych. Sądem upadłościowym jest sąd rejonowy – sąd gospodarczy.

Art. 19. [Właściwość sądu] 1. Do rozpoznania spraw o ogłoszenie upadłości właściwy jest sąd upadłościowy, właściwy dla zakładu głównego przedsiębiorstwa dłużnika.

2. Jeżeli dłużnik ma zakłady w obszarach właściwości różnych sądów i trudno ustalić, który z nich jest zakładem głównym, właściwy jest każdy z tych sądów.

3. Jeżeli dłużnik nie ma w Rzeczypospolitej Polskiej przedsiębiorstwa, właściwy jest sąd miejsca zamieszkania albo siedziby dłużnika, a gdy dłużnik nie ma w Rzeczypospolitej Polskiej miejsca zamieszkania albo siedziby, właściwy jest sąd, w którego obszarze znajduje się majątek dłużnika.

Dział II. Wniosek o ogłoszenie upadłości

Art. 20. [Podmioty zgłaszające] 1. Wniosek o ogłoszenie upadłości może zgłosić dłużnik lub każdy z jego wierzycieli.

2. Wniosek mogą zgłosić również:
1) w stosunku do spółki jawnej, spółki partnerskiej, spółki komandytowej oraz spółki komandytowo-akcyjnej – każdy ze wspólników odpowiadających bez ograniczenia za zobowiązania spółki;
2) w stosunku do osób prawnych oraz jednostek organizacyjnych nieposiadających osobowości prawnej, którym odrębna ustawa przyznaje zdolność prawną – każdy, kto ma prawo je reprezentować sam lub łącznie z innymi osobami;
3) w stosunku do przedsiębiorstwa państwowego – także organ założycielski;
4) w stosunku do jednoosobowej spółki Skarbu Państwa – także minister właściwy do spraw Skarbu Państwa;
5) w stosunku do osoby prawnej, spółki jawnej, spółki partnerskiej oraz spółki komandytowej i komandytowo-akcyjnej, będących w stanie likwidacji – każdy z likwidatorów;

Title II. Proceedings on Declaring Bankruptcy

Division I. The Court

Art. 18. **[Bankruptcy court]** Cases concerning the declaration of bankruptcy shall be considered by the bankruptcy court in a panel of three professional judges. The district court – commercial court shall be the bankruptcy court.

Art. 19. **[Jurisdiction]** 1. Cases concerning the declaration of bankruptcy shall be decided by the bankruptcy court with jurisdiction over the principal establishment of the debtor's enterprise.

2. If the establishments of the debtor are located within the jurisdiction of different courts, thus causing uncertainty as to which location constitutes the debtor's principal establishment, each of these courts shall be deemed to have jurisdiction.

3. If the debtor does not have an enterprise located in the Republic of Poland, the court with jurisdiction over the debtor's domicile or registered office shall be competent; if the debtor does not have a domicile or registered office in the Republic of Poland, the court with jurisdiction over the district in which the debtor's assets are located shall be deemed competent.

Division II. Petition to Declare Bankruptcy

Art. 20. **[Entities entitled to file]** 1. The petition to declare bankruptcy may be filed by the debtor or by any of its creditors.

2. The petition may also be filed:
1) against a registered partnership, professional partnership, limited partnership and limited joint-stock partnership – by any of the partners with unlimited liability for the obligations of the partnership,
2) against legal persons and unincorporated organisational units, granted legal capacity by a separate law – by any person authorised to represent them solely or jointly with other persons,
3) against a state enterprise – additionally by the founding body,
4) against a single-member company of the State Treasury – additionally by the minister appropriate for the State Treasury,
5) against a legal person, registered partnership, professional partnership, limited partnership and limited joint-stock partnership, in liquidation – by any of the liquidators,

6) w stosunku do osoby prawnej wpisanej do Krajowego Rejestru Sądowego – kurator ustanowiony na podstawie art. 26 ust. 1 ustawy z dnia 20 sierpnia 1997 r. o Krajowym Rejestrze Sądowym (Dz.U. z 2001 r. Nr 17, poz. 209 i Nr 110, poz. 1189, z 2002 r. Nr 1, poz. 2 i Nr 113, poz. 984 oraz z 2003 r. Nr 49, poz. 408);

7) w stosunku do dłużnika, któremu została udzielona pomoc publiczna o wartości przekraczającej 100 000 euro – organ udzielający pomocy.

Art. 21. [Obowiązek zgłaszania wniosku] 1. Dłużnik jest obowiązany, nie później niż w terminie dwóch tygodni od dnia, w którym wystąpiła podstawa do ogłoszenia upadłości, zgłosić w sądzie wniosek o ogłoszenie upadłości.

2. Jeżeli dłużnikiem jest osoba prawna albo inna jednostka organizacyjna nieposiadająca osobowości prawnej, której odrębna ustawa przyznaje zdolność prawną, obowiązek, o którym mowa w ust. 1, spoczywa na każdym, kto ma prawo go reprezentować sam lub łącznie z innymi osobami.

3. Osoby, o których mowa w ust. 1 i 2, ponoszą odpowiedzialność za szkodę wyrządzoną wskutek niezłożenia wniosku w terminie określonym w ust. 1.

Art. 22. [Wymogi formalne wniosku] 1. Wniosek o ogłoszenie upadłości powinien zawierać:

1) imię i nazwisko dłużnika, jego nazwę albo firmę, miejsce zamieszkania albo siedzibę, a gdy dłużnikiem jest spółka osobowa lub osoba prawna – reprezentantów spółki lub osoby prawnej i likwidatorów, jeżeli są ustanowieni, a ponadto w przypadku spółki imiona i nazwiska oraz miejsce zamieszkania wspólników odpowiadających za zobowiązania spółki bez ograniczenia;

2) oznaczenie miejsca, w którym znajduje się przedsiębiorstwo lub inny majątek dłużnika;

3) wskazanie okoliczności, które uzasadniają wniosek i ich uprawdopodobnienie;

4) informację, czy dłużnik jest uczestnikiem systemu płatności lub systemu rozrachunku papierów wartościowych w rozumieniu ustawy z dnia 24 sierpnia 2001 r. o ostateczności rozrachunku w systemach płatności i systemach rozrachunku papierów wartościowych oraz zasadach nadzoru nad tymi systemami (Dz.U. Nr 123, poz. 1351);

5) informację, czy dłużnik jest spółką publiczną w rozumieniu przepisów prawa o publicznym obrocie papierami wartościowymi.

2. Jeżeli dłużnikiem jest przedsiębiorca wpisany do Krajowego Rejestru Sądowego lub innego właściwego rejestru, do wniosku należy dołączyć odpis z rejestru.

6) against a legal person registered in the National Court Register – by a curator established under Article 26.1 of the Law of 20 August 1997 on the National Court Register (Journal of Laws of 2001, No. 17, Item 209 and No. 110, Item 1189; and of 2002, No. 1, Item 2 and No. 113, Item 984; and of 2003, No. 49, Item 408),

7) against a debtor who has been granted public aid exceeding EURO 100,000 – by the authority granting aid.

Art. 21. [Duty to file the petition] 1. No later than within two weeks of the date on which the basis for declaring bankruptcy occurred, the debtor shall file with the court a petition to declare bankruptcy.

2. If the debtor is a legal person or another unincorporated organisational unit granted legal capacity by a separate law, the obligation, referred to in Section 1 shall rest with the person or persons vested with the right to represent such entity solely or jointly with other persons.

3. The Persons referred to in Sections 1 and 2 shall be liable for damages caused by a failure to file the petition within the time limit specified in Section 1.

Art. 22. [Formal requirements of the petition] 1. The petition to declare bankruptcy shall contain the following:

1) the first name and surname of the debtor, its name or business name, place of residence or registered office, and if the debtor is a commercial partnership or a legal person – the above data concerning the persons authorised to represent the commercial partnership or the legal person, and the liquidators, if appointed; additionally, in the case of a commercial partnership – first names, surnames and places of residence of the partners with unlimited liability for the obligations of the partnership,

2) the location of the debtor's enterprise or other assets of the debtor,

3) the circumstances justifying the petition, to be shown to be probable,

4) information on whether the debtor is a participant in a payment system or a securities settlement system within the meaning of the Law of 24 August 2001 on the Settlement Finality in Payment and Securities Settlement Systems and on the Rules for Supervising Such Systems (Journal of Laws No. 123, Item 1351),

5) information on whether the debtor is a public company within the meaning of the law on public trading in securities.

2. If the debtor is an entrepreneur registered in the National Court Register or any other appropriate register, an excerpt from the register shall be appended to the petition.

3. Jeżeli wniosek zgłasza wierzyciel, przepisu ust. 1 pkt 4 nie stosuje się.

Art. 23. [Dodatkowe dokumenty] 1. Jeżeli wniosek o ogłoszenie upadłości zgłasza dłużnik, powinien we wniosku dodatkowo określić, czy wnosi o ogłoszenie upadłości z możliwością zawarcia układu, czy też o ogłoszenie upadłości obejmującej likwidację jego majątku. Ponadto do wniosku powinien dołączyć:

1) aktualny wykaz majątku z szacunkową wyceną jego składników;

2) aktualne sprawozdanie finansowe, a jeżeli na podstawie odrębnych przepisów nie ma obowiązku sporządzania takiego sprawozdania – bilans sporządzony dla celów tego postępowania, na dzień nie późniejszy niż trzydzieści dni przed złożeniem wniosku;

3) spis wierzycieli z podaniem ich adresów i wysokości wierzytelności każdego z nich oraz terminów zapłaty, a także listę zabezpieczeń dokonanych przez wierzycieli na jego majątku wraz z datami ich ustanowienia;

4) oświadczenie o spłatach wierzytelności lub innych długów dokonanych w terminie sześciu miesięcy przed dniem złożenia wniosku;

5) spis podmiotów zobowiązanych majątkowo wobec dłużnika wraz z adresami, z określeniem wierzytelności, daty ich powstania i terminów zapłaty;

6) wykaz tytułów egzekucyjnych oraz tytułów wykonawczych przeciwko dłużnikowi;

7) informację o postępowaniach dotyczących ustanowienia na majątku dłużnika hipotek, zastawów, zastawów rejestrowych i zastawów skarbowych oraz innych obciążeń podlegających wpisowi w księdze wieczystej lub w rejestrach, jak również o prowadzonych innych postępowaniach sądowych lub administracyjnych dotyczących majątku dłużnika;

8) miejsce zamieszkania i adresy reprezentantów spółki lub osoby prawnej i likwidatorów, jeżeli są ustanowieni.

2. Jeżeli dłużnik wnosi o ogłoszenie upadłości z możliwością zawarcia układu, powinien ponadto dołączyć do wniosku:

1) propozycje układowe wraz z propozycjami finansowania wykonania układu;

2) rachunek przepływów pieniężnych za ostatnie dwanaście miesięcy, jeżeli obowiązany był do prowadzenia dokumentacji umożliwiającej sporządzenie takiego rachunku.

3. Jeżeli dłużnik nie może dołączyć do wniosku dokumentów, o których mowa w ust. 1 i 2, powinien podać przyczyny ich niedołączenia oraz je uprawdopodobnić.

3. Section 1 Subsection 4 shall not apply if the petition is filed by a creditor.

Art. 23. [Additional documents] 1. If the petition to declare bankruptcy is filed by the debtor, the debtor shall additionally specify in the petition whether the debtor applies for a declaration of bankruptcy with the possibility to make an arrangement or for declaration of bankruptcy by liquidation of its assets. Additionally, the debtor shall append the following to the petition:

1) a current list of the debtor's assets, including their estimated value,
2) current financial report, and if separate provisions do not require that such a report be prepared, a balance sheet drawn up for the purpose of these proceedings, valid as at the day falling no earlier than 30 days prior to filing the petition
3) a list of all creditors, including addresses and the amount of their respective claims and dates of payment, as well as a list of securities established by the creditors on the assets of the debtor including the dates of their establishment,
4) a declaration on the payment of the claims or other debts, effected within the six-month period prior to filing the petition,
5) a list of entities who have proprietary liabilities towards the debtor, together with their addresses, description of liabilities, dates of their creation and dates of payment,
6) a list of enforcement titles and writs of execution issued against the debtor,
7) information on proceedings regarding the establishment of the following on the assets of the debtor: mortgages, pledges, registered pledges, tax liens and other encumbrances, recordable in the land and mortgage register or other registers, as well as on any other pending court or administrative proceedings concerning the debtor's assets,
8) places of residence and addresses of the persons authorised to represent the partnership or legal person and liquidators, if appointed.

2. If the debtor applies for a declaration of bankruptcy with the possibility to make an arrangement, it shall additionally append:

1) arrangement proposals, together with proposals to finance the performance of the arrangement,
2) cash-flow report for the previous twelve months, if the debtor was required to keep the records necessary to prepare such a report.

3. If the debtor is unable to append to the petition the documents referred to in Sections 1 and 2, it shall specify the reasons for not appending such documents and show such reasons to be probable.

Art. 24. **[Wymóg uprawdopodobnienia wierzytelności]** Jeżeli wniosek o ogłoszenie upadłości zgłasza wierzyciel, powinien uprawdopodobnić swoją wierzytelność, a ponadto, jeżeli wnosi o ogłoszenie upadłości z możliwością zawarcia układu, powinien dołączyć wstępne propozycje układowe.

Art. 25. **[Oświadczenie co do prawdziwości danych]** 1. Wraz z wnioskiem o ogłoszenie upadłości dłużnik jest obowiązany złożyć oświadczenie na piśmie co do prawdziwości danych zawartych we wniosku.

2. Jeżeli oświadczenie, o którym mowa w ust. 1, nie jest zgodne z prawdą, dłużnik ponosi odpowiedzialność za szkodę wyrządzoną na skutek podania nieprawdziwych danych we wniosku o ogłoszenie upadłości.

3. W razie niezłożenia oświadczenia, o którym mowa w ust. 1, wniosek zwraca się bez wzywania dłużnika do jego uzupełnienia.

Dział III. Przepisy o postępowaniu

Art. 26. **[Uczestnicy postępowania]** 1. Uczestnikiem postępowania o ogłoszenie upadłości jest każdy, kto złożył wniosek o ogłoszenie upadłości, oraz dłużnik.

2. O złożeniu wniosku o ogłoszenie upadłości przedsiębiorstwa państwowego albo jednoosobowej spółki Skarbu Państwa sąd niezwłocznie zawiadamia odpowiednio organ założycielski albo ministra właściwego do spraw Skarbu Państwa, który w terminie dwóch tygodni może złożyć sądowi opinię w sprawie.

Art. 27. **[Niejawność posiedzenia]** 1. Sąd rozpoznaje sprawę na posiedzeniu niejawnym. Może jednak wyznaczyć rozprawę, jeżeli uzna to za konieczne.

2. Sąd może na posiedzeniu niejawnym przeprowadzić postępowanie dowodowe w całości lub w części także wówczas, gdy wyznaczono rozprawę.

3. Postanowienie w sprawie ogłoszenia upadłości sąd wydaje w terminie dwóch miesięcy od daty złożenia wniosku.

Art. 28. **[Zwrot z powodu braków formalnych]** 1. Wniosek dłużnika o ogłoszenie upadłości nieodpowiadający wymogom określonym w ustawie lub nienależycie opłacony zwraca się bez wzywania o uzupełnienie lub opłacenie wniosku.

2. Przepis ust. 1 stosuje się odpowiednio, jeżeli wniosek o ogłoszenie upadłości zgłasza wierzyciel reprezentowany przez adwokata lub radcę prawnego albo wierzyciel będący przedsiębiorcą.

Art. 24. [**Requirement to show claims probable**] If the petition to declare bankruptcy is filed by a creditor, such creditor shall give ewidence to support its claim probable, and additionally, if the creditor applies for a declaration of bankruptcy with the possibility to make an arrangement, it shall append preliminary arrangement proposals.

Art. 25. [**Statement as to the truthfulness of data**] 1. With the petition to declare bankruptcy the debtor shall submit a written statement as to the truthfulness of the data included in the petition.

2. If the statement referred to in Section 1 is not true, the debtor shall be liable for damages caused as a result of giving false data in the petition to declare bankruptcy.

3. If the statement referred to in Section 1 is not submitted, the petition shall be returned without summoning the debtor to supplement it.

Division III. Provisions on Proceedings

Art. 26. [**Parties to proceedings**] 1. The party to proceedings on declaring bankruptcy shall be each of the petitioners and the debtor.

2. In the case of the filing of the petition to declare bankruptcy of a state enterprise or a single-member company of the State Treasury, the court shall immediately notify thereof the founding body or the minister appropriate for the State Treasury, who within two weeks may submit an opinion in the case to the court.

Art. 27. [**Closed session**] 1. The court shall consider the case in closed session. The court may order a trial, when deemed necessary.

2. The court may conduct the evidentiary hearing in full or in part in closed session, even if a trial has been ordered.

3. The court shall issue a decision on the declaration of bankruptcy within two months of the date of the filing of the petition to declare bankruptcy.

Art. 28. [**Return due to formal defects**] 1. The debtor's petition to declare bankruptcy which does not comply with the requirements set forth in this Law or which has been improperly paid for shall be returned without summoning the debtor to supplement the petition or to pay the fee.

2. Section 1 shall apply accordingly when the petition to declare bankruptcy is filed by a creditor, represented by an attorney-at-law or a legal advisor, or by a creditor who is an entrepreneur.

Art. 29. [**Zwrot wniosku**] Jeżeli na skutek braku lub wskazania nieprawidłowego adresu dłużnika lub niewykonania innych zarządzeń nie można nadać sprawie dalszego biegu, wniosek o ogłoszenie upadłości zwraca się.

Art. 30. [**Przesłuchanie dłużnika**] 1. Sąd może w razie potrzeby wysłuchać dłużnika oraz wierzyciela będącego wnioskodawcą, a w sprawie upadłości przedsiębiorstwa państwowego albo jednoosobowej spółki Skarbu Państwa także odpowiednio organ założycielski albo przedstawiciela ministra właściwego do spraw Skarbu Państwa.

2. Sąd wysłuchuje dłużnika z zachowaniem przepisów Kodeksu postępowania cywilnego o przesłuchaniu stron, po odebraniu od niego przyrzeczenia.

3. Gdyby wysłuchanie, o którym mowa w ust. 2, było niemożliwe lub nadmiernie utrudnione, sąd może zażądać od dłużnika złożenia wyjaśnień na piśmie z podpisem notarialnie poświadczonym, pod rygorem odpowiedzialności karnej za złożenie fałszywych zeznań. Wyjaśnienia te są dowodem w sprawie.

4. Do wysłuchania innych osób stosuje się przepis art. 217.

Art. 31. [**Dowód z opinii biegłego**] Sąd może dopuścić dowód z opinii biegłego w celu zbadania stanu przedsiębiorstwa oraz zachowania terminu, o którym mowa w art. 21 ust. 1.

Art. 32. [**Zwolnienie od kosztów sądowych**] 1. W stosunku do dłużnika nie stosuje się przepisów o zwolnieniu od kosztów sądowych.

2. Jeżeli wierzyciel cofnął wniosek o ogłoszenie upadłości po wykonaniu przez dłużnika zobowiązań, o których mowa w art. 11, kosztami sądowymi obciąża się dłużnika.

3. Kosztami sądowymi obciąża się dłużnika w razie oddalenia wniosku na podstawie art. 12 ust. 1 albo art. 13.

4. W sprawach, o których mowa w ust. 2 i 3, dłużnik obowiązany jest również do zwrotu kosztów poniesionych przez wierzyciela.

Art. 33. [**Zażalenia na postanowienie**] 1. Zażalenie przysługuje na postanowienie sądu kończące postępowanie oraz w przypadkach określonych w ustawie.

2. Od postanowienia sądu drugiej instancji kasacja nie przysługuje.

Art. 29. [Return of the petition] The petition to declare bankruptcy shall be returned if due to a lack of the debtor's address or an improper indication of the debtor's address or if due to the non-performance of other court instructions the case cannot be duly continued.

Art. 30. [Hearing of the debtor] 1. The court may, when necessary, hear the debtor and the creditor who filed the petition, and in cases of bankruptcy of a state enterprise or a single-member company of the State Treasury, the founding body or the representative of a minister appropriate for the State Treasury.

2. The court shall hear the debtor according to the provisions of the Civil Proceedings Code on testimony of parties, after taking an oath from the debtor.

3. If the hearing referred to in Section 2 proves to be impossible or excessively burdensome, the court may demand that the debtor submit written explanations, the signature to be certified by a notary public, under penalty of criminal liability for giving false testimony. These explanations shall be evidence in the case.

4. Article 217 hereof shall apply to the hearing of other persons.

Art. 31. [Expert evidence] The court may admit expert evidence in order to examine the condition of the debtor's enterprise and the observation of the time limit referred to in Article 21.1.

Art. 32. [Exemption from court fees] 1. The provisions on exemption from court costs shall not apply with respect to the debtor.

2. If the creditor withdraws the petition to declare bankruptcy after the debtor has performed the obligations referred to in Article 11, the court costs shall be charged to the debtor.

3. The court costs shall be charged to the debtor if the petition has been dismissed under Article 12.1 or Article 13.

4. In matters referred to in Sections 2 and 3 the debtor shall reimburse the expenses borne by the creditor.

Art. 33. [Appeal against decisions] 1. An appeal may be brought against the decision of the court ending the proceedings, as well as in other cases specified in this Law.

2. The decision of the court of second instance shall not be subject to appeal to the Supreme Court.

Art. 34. [Skutki wniosku złożonego w złej wierze] 1. W przypadku złożenia przez wierzyciela wniosku w złej wierze, sąd, oddalając wniosek o ogłoszenie upadłości, obciąży wierzyciela kosztami postępowania i może nakazać wierzycielowi złożenie publicznego oświadczenia odpowiedniej treści i w odpowiedniej formie.

2. W przypadku oddalenia wniosku wierzyciela o ogłoszenie upadłości złożonego w złej wierze, dłużnikowi, a także osobie trzeciej przysługuje przeciwko wierzycielowi roszczenie o naprawienie szkody.

Art. 35. [Odesłanie do KPC] W sprawach nieuregulowanych w ustawie do postępowania w przedmiocie ogłoszenia upadłości stosuje się odpowiednio przepisy księgi pierwszej części pierwszej Kodeksu postępowania cywilnego, z wyjątkiem przepisów o zawieszeniu i wznowieniu postępowania.

Dział IV. Postępowanie zabezpieczające

Rozdział 1. Przepisy ogólne

Art. 36. [Działanie z urzędu] W postępowaniu o ogłoszenie upadłości sąd z urzędu przeprowadza postępowanie zabezpieczające.

Art. 37. [Odpowiednie stosowanie przepisów KPC] W sprawach nieuregulowanych w ustawie do postępowania zabezpieczającego stosuje się odpowiednio przepisy Kodeksu postępowania cywilnego o postępowaniu zabezpieczającym.

Rozdział 2. Zabezpieczenie majątku dłużnika

Art. 38. [Tymczasowy nadzór sądowy] 1. Po złożeniu wniosku o ogłoszenie upadłości przez dłużnika sąd niezwłocznie dokonuje zabezpieczenia jego majątku.

2. Sąd zabezpiecza majątek dłużnika przez ustanowienie tymczasowego nadzorcy sądowego. Do tymczasowego nadzorcy sądowego stosuje się przepisy art. 157, art. 159–162, art. 164–168, art. 170–172, art. 180 i art. 181.

Art. 39. [Czynności zabezpieczające sądu] 1. Sąd może w ramach zabezpieczenia zawiesić prowadzone przeciwko dłużnikowi egzekucje, zmienić lub uchylić zarządzenia tymczasowe wydane w celu zabezpieczenia roszczeń pieniężnych, w szczególności przez uchylenie dokonanych zajęć.

2. Przepisu ust. 1 nie stosuje się do egzekucji świadczeń alimentacyjnych, rent za wywołanie choroby, niezdolności do pracy, kalectwa lub śmierci oraz należności za pracę.

Art. 34. **[The effects of the petition filed in bad faith]** 1. If the creditor filed the petition in bad faith, the court, when dismissing the petition to declare bankruptcy, shall charge the cost of the proceedings to the creditor and may order the creditor to make a public retraction with appropriate contents and in an appropriate form.

2. Upon the dismissal of a petition to declare bankruptcy filed in bad faith by the creditor, the debtor, as well as a third party shall be entitled to a claim against the creditor to have the damage redressed.

Art. 35. **[Reference to Civil Proceedings Code]** In matters not regulated herein, the provisions of Book One Part One of the Civil Proceedings Code shall apply accordingly to proceedings on declaring bankruptcy, excluding the provisions regarding the stay and reopening of proceedings

Division IV. Proceedings to Secure the Assets

Chapter 1. General Provisions

Art. 36. **[Actions undertaken *ex officio*]** In proceedings to declare bankruptcy the court shall *ex officio* conduct the proceedings to secure the assets.

Art. 37. **[*Mutatis mutandis* applicability of Civil Proceedings Code]** In matters not regulated herein, the provisions of the Civil Proceedings Code on the proceedings to secure the claims shall apply accordingly to the proceedings to secure the assets.

Chapter 2. Securing the Debtor's Assets

Art. 38. **[Interim court supervision]** 1. Upon the filing of a petition to declare bankruptcy by the debtor, the court shall immediately secure its assets.

2. The court shall secure the debtor's assets by appointing an interim court supervisor. Articles 157, 159–162, 164–168, 170–172, 180 and 181 shall apply to the interim court supervisor.

Art. 39. **[Court's actions to secure assets]** 1. When securing the debtor's assets, the court may suspend the execution proceedings pending against the debtor and amend or revoke interim orders issued to secure pecuniary claims, in particular by revoking any seizures made.

2. Section 1 shall not apply to the execution of alimony, disease-related pensions, workers' compensation, disability or death benefits, or remuneration for work.

Art. 40. [Zarząd przymusowy nad majątkiem] 1. Sąd może stosować inne sposoby zabezpieczenia, w tym także zabezpieczenie przez ustanowienie zarządu przymusowego nad majątkiem dłużnika, jeżeli zachodzi obawa, że dłużnik będzie ukrywał swój majątek lub w inny sposób działał na szkodę wierzycieli, a także gdy dłużnik nie wykonuje poleceń tymczasowego nadzorcy sądowego.

2. Ustanawiając zabezpieczenie przez zarząd przymusowy, sąd wyznacza zarządcę przymusowego oraz określa zakres i sposób wykonywania tego zarządu. Zarządca przymusowy niezwłocznie składa wniosek o wpis w Krajowym Rejestrze Sądowym.

3. W razie ustanowienia zabezpieczenia przez zarząd przymusowy, dłużnik zachowuje prawo wykonywania czynności zwykłego zarządu oraz korzystania ze swego mienia. Czynności dłużnika przekraczające zakres zwykłego zarządu są nieważne.

4. Do zarządcy, o którym mowa w ust. 2, stosuje się przepisy art. 164–167 oraz przepisy Kodeksu postępowania cywilnego o zarządcy w postępowaniu egzekucyjnym.

Art. 41. [Uprawdopodobnienie przez wierzyciela] Jeżeli wniosek o ogłoszenie upadłości złożył wierzyciel, sąd może uzależnić dokonanie zabezpieczenia od uprawdopodobnienia przez niego, że istnieją podstawy do ogłoszenia upadłości.

Art. 42. [Zażalenie na postanowienie] Na postanowienie co do sposobu zabezpieczenia przysługuje zażalenie.

Art. 43. [Zabezpieczenia po ogłoszeniu upadłości] Po ogłoszeniu upadłości zabezpieczenia w postaci ustanowienia tymczasowego nadzorcy sądowego albo zarządu przymusowego upadają z chwilą objęcia majątku upadłego dłużnika w zarząd przez syndyka albo zarządcę albo objęcia nadzoru przez nadzorcę sądowego. Inne zabezpieczenia zastosowane przez sąd po złożeniu wniosku o ogłoszenie upadłości upadają z dniem ogłoszenia upadłości.

Art. 40. [Mandatory administration] 1. The court may apply other measures to secure the assets of the debtor, in particular it may order mandatory administration of the debtor's assets, if reason exists to fear that the debtor may conceal its assets or otherwise act to the detriment of the creditors, or if the debtor does not comply with the instructions of the interim court supervisor.

2. If the court secures the debtor's assets by ordering mandatory administration, the court shall appoint a mandatory administrator and determine the scope and the manner of administration. The mandatory administrator shall immediately submit a petition to make a relevant record in the National Court Register.

3. In the case that the debtor's assets are secured by ordering mandatory administration, the debtor shall retain the right to exercise regular administration and to use the assets. The debtor's actions exceeding the scope of regular administration shall be null and void.

4. Articles 164–167 of this Law, as well as the provisions of the Civil Proceedings Code on the administrator in execution proceedings shall apply to the mandatory administrator, referred to in Section 2.

Art. 41. [Justification by the creditor] If the petition to declare bankruptcy has been filed by a creditor, the court may make the establishment of a security contingent upon the creditor providing adequate justification that there exists a basis for declaring bankruptcy.

Art. 42. [Appeal against decisions] The decision on the type of security shall be subject to appeal.

Art. 43. [Securing assets after the declaration of bankruptcy] Upon declaring bankruptcy, security in the form of appointing an interim court supervisor or ordering mandatory administration shall be revoked at the moment the administration of the bankrupt debtor's assets is taken over by the trustee or administrator or at the moment the supervision is taken over by the court supervisor. Other security ordered by the court after the petition to declare bankruptcy is filed shall be revoked upon the date bankruptcy is declared.

Dział V. Wstępne zgromadzenie wierzycieli

Rozdział 1. Przepisy ogólne

Art. 44. [Podstawy zwołania] 1. Sąd zwołuje wstępne zgromadzenie wierzycieli, jeżeli istnieją podstawy do ogłoszenia upadłości, chyba że oczywiste jest, że dalsze postępowanie może być prowadzone tylko w celu likwidacji majątku upadłego.

2. Nie zwołuje się wstępnego zgromadzenia wierzycieli, jeżeli z okoliczności sprawy wynika, że jego przeprowadzenie pociągałoby za sobą nadmierne koszty, jak również gdy suma spornych wierzytelności przekracza 15% ogólnej sumy wierzytelności.

Art. 45. [Uchwały podjęte przez wierzycieli] 1. Wstępne zgromadzenie wierzycieli może podjąć uchwały co do prowadzenia dalszego postępowania upadłościowego z możliwością zawarcia układu albo likwidacji majątku (sposób prowadzenia postępowania) oraz wyboru rady wierzycieli; może także wyrazić opinię co do wyboru osoby syndyka, nadzorcy sądowego albo zarządcy.

2. Na wstępnym zgromadzeniu wierzycieli można także zawrzeć układ, jeżeli uczestniczy w nim co najmniej połowa wierzycieli mających łącznie trzy czwarte ogólnej sumy wierzytelności stwierdzonych tytułami egzekucyjnymi albo bezspornych lub uprawdopodobnionych.

3. Przed podjęciem uchwał, o których mowa w ust. 1, oraz przed zawarciem układu, o którym mowa w ust. 2, na wstępnym zgromadzeniu wierzycieli sporządza się spis wierzytelności. Spis wierzytelności sporządza pod nadzorem sędziego tymczasowy nadzorca sądowy albo zarządca, jeżeli był ustanowiony. Do spisu wierzytelności stosuje się odpowiednio przepisy art. 245 ust. 1 oraz art. 246–251.

Art. 46. [Przewodniczący] 1. Wstępnemu zgromadzeniu wierzycieli przewodniczy sędzia.

2. Wstępne zgromadzenie wierzycieli nie ulega odroczeniu. Ponowne jego wyznaczenie możliwe jest tylko w szczególnie uzasadnionych przypadkach. Nieobecność dłużnika, nawet usprawiedliwiona, nie stanowi przeszkody do podjęcia uchwał.

Art. 47. [Przebieg postępowania] 1. Sąd prowadzi postępowanie zgodnie z uchwałą wstępnego zgromadzenia wierzycieli co do sposobu prowadzenia postępowania oraz wyboru rady wierzycieli, chyba że uchwała jest sprzeczna z prawem.

Division V. Preliminary Meeting of Creditors

Chapter 1. General Provisions

Art. 44. [Basis for convening] 1. The court shall convene a preliminary meeting of creditors if a basis exists to declare bankruptcy, unless it is evident that further proceedings may be conducted only in order to liquidate the bankrupt's assets.

2. A preliminary meeting of creditors shall not be convened if from the facts of the case it appears that such proceedings would involve excessive costs, as well as when the sum of the challenged claims exceeds 15% of the total sum of claims.

Art. 45. [Resolutions adopted by creditors] 1. The preliminary meeting of creditors may adopt resolutions on the conduct of further bankruptcy proceedings as bankruptcy proceedings with the possibility to make an arrangement or as bankruptcy proceedings by liquidation of the assets (manner of conducting the proceedings), and on the election of the creditors' committee; it may also issue an opinion on the appointment of the trustee, court supervisor or administrator.

2. An arrangement may be made at the preliminary meeting of creditors provided that at least half of the creditors participate who altogether represent three quarters of the total sum of claims confirmed by enforcement titles or that are not challenged or have been shown to be probable.

3. Prior to adopting the resolutions referred to in Section 1 and prior to adopting the arrangement referred to in Section 2, a record of claims shall be drawn up at the preliminary meeting of creditors. The record of claims shall be drawn up, under supervision of the judge, by the interim court supervisor or administrator, if appointed. Articles 245.1, 246–251 shall apply accordingly to the record of claims.

Art. 46. [Chairman] 1. A judge shall chair the preliminary meeting of creditors.

2. The preliminary meeting of creditors may not be adjourned. The reconvening of the meeting is possible only in particularly justified cases. The absence of the debtor, even if justified, shall not bar the adoption of resolutions.

Art. 47. [Conduct of proceedings] 1. The court shall conduct the proceedings in accordance with the resolution of the preliminary meeting of creditors on the manner of conducting the proceedings and on election of the creditors' committee, unless the resolution is contrary to the law.

2. Sprzeczność z prawem uchwały wstępnego zgromadzenia wierzycieli sąd stwierdza postanowieniem.

Art. 48. [Odpowiednie stosowanie przepisów] W sprawach nieuregulowanych w niniejszym dziale do wstępnego zgromadzenia wierzycieli stosuje się odpowiednio przepisy ustawy o zgromadzeniu wierzycieli, a w sprawach dotyczących zawarcia układu i skutków układu – przepisy tytułu VI, z tym że listę wierzytelności zastępuje spis wierzytelności, o którym mowa w art. 45 ust. 3.

Rozdział 2. Uczestnicy

Art. 49. [Uczestnicy wstępnego zgromadzenia wierzycieli] We wstępnym zgromadzeniu wierzycieli mają prawo uczestniczyć dłużnik, tymczasowy nadzorca sądowy albo zarządca przymusowy ustanowieni w postępowaniu zabezpieczającym oraz wierzyciele, których wierzytelności stwierdzone są tytułami egzekucyjnymi.

Art. 50. [Dopuszczenie innych wierzycieli] We wstępnym zgromadzeniu wierzycieli mają prawo uczestniczyć także inni wierzyciele, jeżeli ich wierzytelności są bezsporne lub uprawdopodobnione i zostali dopuszczeni przez sąd.

Dział VI. Orzeczenie o ogłoszeniu upadłości

Art. 51. [Postanowienie; forma i skuteczność] 1. Uwzględniając wniosek o ogłoszenie upadłości, sąd wydaje postanowienie o ogłoszeniu upadłości, w którym:
1) wymienia imię i nazwisko, nazwę albo firmę, miejsce zamieszkania albo siedzibę upadłego dłużnika (upadłego);
2) określa sposób prowadzenia postępowania;
3) określa, czy i w jakim zakresie upadły będzie sprawował zarząd swoim majątkiem, jeżeli postępowanie będzie prowadzone z możliwością zawarcia układu;
4) wzywa wierzycieli upadłego do zgłoszenia wierzytelności w wyznaczonym terminie, nie krótszym niż miesiąc i nie dłuższym niż trzy miesiące;
5) wzywa osoby, którym przysługują prawa oraz prawa i roszczenia osobiste ciążące na nieruchomości należącej do upadłego, jeżeli nie zostały ujawnione przez wpis w księdze wieczystej, do ich zgłoszenia w wyznaczonym terminie nie krótszym niż miesiąc i nie dłuższym niż trzy miesiące, pod rygorem utraty prawa powoływania się na nie w postępowaniu upadłościowym;

2. Whether a resolution of the preliminary meeting of creditors contradicts the law shall be determined by the court in a decision.

Art. 48. [*Mutatis mutandis* **applicability of other provisions**] In matters not regulated in this Division, the provisions of this Law on the meeting of creditors shall apply accordingly to the preliminary meeting of creditors, and in matters concerning the adoption of the arrangement and the effects thereof – the provisions of Title VI; however, the list of claims shall be replaced by the record of claims referred to in Article 45.3.

Chapter 2. Participants

Art. 49. [**Participants of the preliminary meeting of creditors**] The right to participate in the preliminary meeting of creditors shall be vested in the debtor, interim court supervisor or mandatory administrator, who have been appointed in the course of proceedings to secure the assets, as well as the creditors whose claims have been confirmed by enforcement titles.

Art. 50. [**Admitting other creditors**] The right to participate in the preliminary meeting of creditors shall also be vested in other creditors, provided that their claims are not challenged or have been shown to be probable and that the creditors have been admitted by the court.

Division VI. Decision Declaring Bankruptcy

Art. 51. [**Decision; form and effectiveness**] 1. Allowing the petition to declare bankruptcy, the court shall issue a decision declaring bankruptcy, in which it shall:
1) specify the first name and surname, name or business name, place of residence or registered office of the debtor (the bankrupt),
2) determine the manner of conducting the proceedings,
3) determine if, and to what extent, the bankrupt shall administer its assets if the proceedings are conducted with the possibility to make an arrangement,
4) summon the creditors of the bankrupt to file claims within a specified time limit, not shorter than one month and not longer than three months,
5) summon the persons who have rights and personal rights and claims encumbering the real property belonging to the bankrupt, if they have not been recorded in the land and mortgage register, to file such rights and claims within a specified time limit, not shorter than one month and not longer than three months, under penalty of losing the right to invoke them in the bankruptcy proceedings,

6) wyznacza sędziego-komisarza oraz syndyka albo nadzorcę sądowego, albo zarządcę;
7) oznacza godzinę wydania postanowienia, jeżeli upadły jest uczestnikiem systemu płatności lub systemu rozrachunku papierów wartościowych w rozumieniu ustawy, o której mowa w art. 22 ust. 1 pkt 4.

2. Postanowienie o ogłoszeniu upadłości jest skuteczne i wykonalne z dniem jego wydania, chyba że przepis szczególny stanowi inaczej.

Art. 52. [Data upadłości] Data wydania postanowienia sądu o ogłoszeniu upadłości jest datą upadłości.

Art. 53. [Ogłoszenie upadłości] 1. Postanowienie o ogłoszeniu upadłości podaje się niezwłocznie do publicznej wiadomości przez obwieszczenie w Monitorze Sądowym i Gospodarczym oraz opublikowanie w dzienniku o zasięgu lokalnym.

2. Postanowienie w przedmiocie ogłoszenia upadłości doręcza się syndykowi, nadzorcy sądowemu albo zarządcy, upadłemu albo jego spadkobiercy oraz wierzycielowi, który żądał ogłoszenia upadłości. Postanowienie w przedmiocie upadłości przedsiębiorstwa państwowego albo jednoosobowej spółki Skarbu Państwa doręcza się także odpowiednio organowi założycielskiemu albo ministrowi właściwemu do spraw Skarbu Państwa.

3. Jeżeli upadły jest uczestnikiem systemu płatności lub systemu rozrachunku papierów wartościowych w rozumieniu ustawy, o której mowa w art. 22 ust. 1 pkt 4, postanowienie o ogłoszeniu upadłości doręcza się także Prezesowi Narodowego Banku Polskiego, po uprzednim powiadomieniu go o godzinie wydania postanowienia o ogłoszeniu upadłości.

4. Jeżeli upadły jest spółką publiczną w rozumieniu przepisów prawa o publicznym obrocie papierami wartościowymi, postanowienie o ogłoszeniu upadłości doręcza się także Przewodniczącemu Komisji Papierów Wartościowych i Giełd.

5. O ogłoszeniu upadłości powiadamia się Komisję Papierów Wartościowych i Giełd, a także właściwą izbę skarbową i właściwy oddział Zakładu Ubezpieczeń Społecznych. Powiadomienie Komisji Papierów Wartościowych i Giełd następuje w dniu ogłoszenia upadłości i dokonuje się go przy zastosowaniu środków bezpośredniego przekazu informacji, takich jak telefon, faks, poczta elektroniczna.

Art. 54. [Zażalenie na postanowienie] 1. Na postanowienie o ogłoszeniu upadłości zażalenie przysługuje wyłącznie upadłemu, a na postanowienie oddalające wniosek o ogłoszenie upadłości – wyłącznie wnioskodawcy.

6) appoint the judge-commissioner and trustee or court supervisor or administrator,
7) indicate the exact time the decision is issued, if the bankrupt is a participant in a payment system or a securities settlement system within the meaning of the law referred to in Article 22.1.4.

2. The decision declaring bankruptcy shall be effective and enforceable from the date of its issuance, unless a special provision states otherwise.

Art. 52. [Date of bankruptcy] The date the court's decision declaring bankruptcy was issued shall be considered the date of bankruptcy.

Art. 53. [Declaration of bankruptcy] 1. The decision declaring bankruptcy shall be immediately made public by an announcement in *Monitor Sądowy i Gospodarczy* (Court and Business Gazette) and by a notice in a local daily newspaper.

2. The decision declaring bankruptcy shall be served upon the trustee, court supervisor or administrator, the bankrupt or the bankrupt's heir, and the creditor who requested the declaration of bankruptcy. The decision declaring bankruptcy of a state enterprise or a single-member company of the State Treasury shall also be served accordingly upon the founding body or the minister appropriate for the State Treasury.

3. If the bankrupt is a participant in a securities payment system or a settlement system within the meaning of the law referred to in Article 22.1.4, the decision declaring bankruptcy shall also be served upon the President of the National Bank of Poland, who shall first be notified of the exact time the decision declaring bankruptcy was issued.

4. If the bankrupt is a public company within the meaning of the provisions on the law on public trading in securities, the decision on declaring bankruptcy shall also be served upon the Chairman of the Securities and Exchange Commission.

5. The Securities and Exchange Commission, the appropriate fiscal chamber and the appropriate branch of the Social Security Office shall be notified of the declaration of bankruptcy. The notification of the Securities and Exchange Commission shall be effected on the date bankruptcy is declared and shall be made by means of instantaneous communication, such as telephone, fax, electronic mail.

Art. 54. [Appeal against decisions] 1. The decision declaring bankruptcy may be appealed against only by the bankrupt, whereas the decision dismissing the petition to declare bankruptcy may be appealed against only by the petitioner.

2. Sąd drugiej instancji nie może orzec o ogłoszeniu upadłości.

Art. 55. **[Układ]** 1. Jeżeli na wstępnym zgromadzeniu wierzycieli zawarto układ, sąd wydaje postanowienie o ogłoszeniu upadłości z możliwością zawarcia układu wraz z postanowieniem o zatwierdzeniu układu.

2. Do postanowienia, o którym mowa w ust. 1, stosuje się przepisy art. 51 ust. 1 pkt 1, 2, 7 i art. 53.

Art. 56. **[Zażalenie na postanowienie o zatwierdzeniu układu]** 1. Wierzyciele upadłego, którzy nie zostali zawiadomieni o wstępnym zgromadzeniu wierzycieli, oraz wierzyciele, którzy głosowali przeciw układowi, mogą w terminie dwóch tygodni od dnia obwieszczenia o zatwierdzeniu układu w Monitorze Sądowym i Gospodarczym wnieść zażalenie na postanowienie o zatwierdzeniu układu.

2. Sąd uchyla postanowienie o zatwierdzeniu układu, jeżeli układ jest sprzeczny z prawem albo jeżeli jest oczywiste, że układ nie będzie wykonany, jak również gdy jest rażąco krzywdzący dla wierzycieli, którzy wnieśli zażalenie.

3. W razie uchylenia postanowienia o zatwierdzeniu układu sąd prowadzi postępowanie według przepisów tytułu II, bez ponownego zwoływania wstępnego zgromadzenia wierzycieli.

Tytuł III. Skutki ogłoszenia upadłości

Dział I. Skutki ogłoszenia upadłości co do osoby upadłego

Art. 57. **[Obowiązek wskazania i wydania majątku]** 1. Jeżeli ogłoszono upadłość obejmującą likwidację majątku upadłego, upadły jest obowiązany wskazać i wydać syndykowi cały swój majątek, a także wydać wszystkie dokumenty dotyczące jego działalności, majątku oraz rozliczeń, w szczególności księgi rachunkowe, inne ewidencje prowadzone dla celów podatkowych i korespondencję. Wykonanie tego obowiązku upadły potwierdza w formie oświadczenia na piśmie, które składa sędziemu-komisarzowi.

2. Upadły jest obowiązany udzielać sędziemu-komisarzowi i syndykowi wszelkich potrzebnych wyjaśnień dotyczących swojego majątku.

3. Sędzia-komisarz może postanowić, aby upadły będący osobą fizyczną nie opuszczał terytorium Rzeczypospolitej Polskiej bez jego zezwolenia.

2. The court of second instance may not issue a decision declaring bankruptcy.

Art. 55. [Arrangement] 1. If an arrangement has been made at the preliminary meeting of creditors, the court shall issue the decision declaring bankruptcy with the possibility to make an arrangement, together with the decision approving the arrangement.

2. Articles 51.1.1, 51.1.2, 51.1.7 and 53 shall apply the decision referred to in Section 1.

Art. 56. [Appeal against the decision approving the arrangement] 1. Creditors of the bankrupt who were not notified about the preliminary meeting of creditors and creditors who voted against the arrangement may file an appeal against the decision approving the arrangement within two weeks of the date the approval of the arrangement is announced in *Monitor Sądowy i Gospodarczy*.

2. The court shall annul the decision approving the arrangement if the arrangement is contrary to the law or if it is obvious that the arrangement will not be performed or if such arrangement is grossly detrimental to the creditors who filed the appeal.

3. If the decision approving the arrangement is annulled, the court shall conduct the proceedings pursuant to Title II, without reconvening the preliminary meeting of creditors.

Title III. Effects of Declaring Bankruptcy

Division I. Effects of Declaring Bankruptcy with Respect to the Bankrupt

Art. 57. [Duty to indicate and release assets] 1. If bankruptcy by liquidation of the bankrupt's assets has been declared, the bankrupt shall indicate and release all of its assets to the trustee, as well as surrender all documents related to its activity, assets and accounts, including but not limited to book accounts, other records maintained for tax purposes, and correspondence. The bankrupt shall confirm the performance of this obligation by submitting a written declaration to the judge-commissioner.

2. The bankrupt shall provide all necessary explanations concerning its assets to the judge-commissioner and the trustee.

3. The judge-commissioner may decide that the bankrupt who is a natural person cannot leave the territory of the Republic of Poland without its permission.

4. Przepis ust. 3 stosuje się odpowiednio do członków organu zarządzającego upadłego niebędącego osobą fizyczną.

5. Na postanowienie sędziego-komisarza, o którym mowa w ust. 3 i 4, przysługuje zażalenie.

Art. 58. [Zastosowanie środków przymusu] 1. Jeżeli upadły ukrywa się lub ukrywa swój majątek w sprawie, w której wydano postanowienie o ogłoszeniu upadłości obejmującej likwidację jego majątku, sędzia-komisarz może zastosować wobec upadłego środki przymusu określone w Kodeksie postępowania cywilnego dla egzekucji świadczeń niepieniężnych.

2. Sędzia-komisarz może zastosować środki przymusu wobec upadłego, który uchybia swoim obowiązkom albo po ogłoszeniu upadłości dopuszcza się czynów mających na celu ukrycie majątku, obciążenie go pozornymi zobowiązaniami lub w jakikolwiek sposób utrudnia ustalenie składu masy upadłości.

3. Sędzia-komisarz uchyli środki przymusu, gdy ustanie potrzeba ich stosowania.

4. Na postanowienie w sprawie środków przymusu przysługuje zażalenie.

Art. 59. [Inne obowiązki upadłego] 1. W razie ogłoszenia upadłości z możliwością zawarcia układu, jeżeli sąd nie nałoży na upadłego dalej idących obowiązków, upadły jest obowiązany udzielać sędziemu-komisarzowi i nadzorcy sądowemu wszelkich potrzebnych wyjaśnień dotyczących jego majątku objętego postępowaniem, jak również umożliwić nadzorcy sądowemu zapoznanie się z przedsiębiorstwem upadłego, a w szczególności z jego księgami rachunkowymi.

2. Wobec upadłego, który nie wykonuje obowiązków określonych w ust. 1, sędzia-komisarz może stosować środki przymusu określone w Kodeksie postępowania cywilnego dla egzekucji świadczeń niepieniężnych.

Art. 60. [Odpowiednie stosowanie przepisów] W razie ogłoszenia upadłości z możliwością zawarcia układu, przepisy art. 57 i art. 58 stosuje się odpowiednio, jeżeli upadły pozbawiony został prawa zarządu swoim majątkiem.

4. Section 3 shall apply accordingly to the members of the managing body of the bankrupt who is not a natural person.

5. The decision of the judge-commissioner referred to in Sections 3 and 4 shall be subject to appeal.

Art. 58. [Imposing coercive measures] 1. If a bankrupt goes into hiding or conceals its assets in the case in which a decision declaring bankruptcy by liquidation of the bankrupt's assets was issued, the judge-commissioner may impose on the bankrupt coercive measures to execute non-pecuniary performances, as specified in the Civil Proceedings Code.

2. The judge-commissioner may impose coercive measures on a bankrupt who breaches his duties or who, after bankruptcy has been declared, commits acts intended to conceal its assets or encumber the assets with ostensible obligations or who in any other manner obstructs the identification of the property of the bankruptcy estate.

3. The judge-commissioner shall revoke the coercive measures if the need for such action ceases to exist.

4. The decision imposing coercive measures shall be subject to appeal.

Art. 59. [Other duties of the bankrupt] 1. If bankruptcy with the possibility to make an arrangement has been declared, unless the court imposes on the bankrupt any harsher measures, the bankrupt shall provide the judge-commissioner and the court supervisor with all necessary explanations concerning his assets subject to the proceedings, as well as enable the court supervisor to examine his enterprise, in particular his book accounts.

2. In respect of a bankrupt who does not perform the duties, referred to in Section 1, the judge-commissioner may impose coercive measures for execution of non-pecuniary performances, as specified in the Civil Proceedings Code.

Art. 60. [*Mutatis mutandis* applicability of other provisions] If bankruptcy with the possibility to make an arrangement has been declared, Articles 57 and 58 shall apply accordingly when the bankrupt has been deprived of the right to administer his assets.

Dział II. Skutki ogłoszenia upadłości co do majątku upadłego

Rozdział 1. Masa upadłości

Oddział 1. Przepisy ogólne

Art. 61. [Masa upadłości] Z dniem ogłoszenia upadłości majątek upadłego staje się masą upadłości, która służy zaspokojeniu wierzycieli upadłego.

Art. 62. [Skład masy upadłości] W skład masy upadłości wchodzi majątek należący do upadłego w dniu ogłoszenia upadłości oraz nabyty przez upadłego w toku postępowania upadłościowego, z zastrzeżeniem art. 63–67.

Art. 63. [Wyłączenia] Nie wchodzi do masy upadłości:
1) mienie, które jest wyłączone od egzekucji według przepisów Kodeksu postępowania cywilnego;
2) wynagrodzenie za pracę upadłego w części niepodlegającej zajęciu;
3) mienie wyłączone uchwałą zgromadzenia wierzycieli;
4) nieściągalne wierzytelności oraz niezbywalne ruchomości wyłączone przez sędziego-komisarza.

Art. 64. [Środki na pomoc socjalną] 1. Mienie przeznaczone na pomoc dla pracowników upadłego i ich rodzin, stanowiące zgromadzone na odrębnym rachunku bankowym środki pieniężne zakładowego funduszu świadczeń socjalnych, tworzonego na podstawie przepisów o zakładowym funduszu świadczeń socjalnych, wraz z przypadającymi po ogłoszeniu upadłości kwotami pochodzącymi ze zwrotu udzielonych pożyczek na cele mieszkaniowe, wpłatami odsetek bankowych od środków tego funduszu oraz opłatami pobieranymi od korzystających z usług i świadczeń socjalnych finansowanych z tego funduszu organizowanych przez upadłego, nie wchodzi w skład masy upadłości. Składniki tego mienia oznaczy sędzia-komisarz.

2. Mieniem, o którym mowa w ust. 1, zarządza upadły, chyba że został ustanowiony likwidator, kurator bądź przedstawiciel albo reprezentant upadłego ustanowiony na podstawie przepisów o przedsiębiorstwach państwowych, wydatkując zgromadzone na odrębnym rachunku bankowym funduszu środki na cele i według zasad określonych w przepisach o zakładowym funduszu świadczeń socjalnych.

Division II. Effects of Declaring Bankruptcy with Respect to the Bankrupt's Assets

Chapter 1. Bankruptcy Estate

Subchapter 1. General Provisions

Art. 61. [Bankruptcy estate] On the day bankruptcy tis declared he bankrupt's assets shall become the bankruptcy estate which shall serve to satisfy the claims of the bankrupt's creditors.

Art. 62. [Property of the bankruptcy estate] The bankruptcy estate shall comprise assets belonging to the bankrupt on the date bankruptcy is declared and assets acquired by the bankrupt in the course of the bankruptcy proceedings, subject to Articles 63–67.

Art. 63. [Exemptions] The bankruptcy estate shall not comprise the following:
1) property exempt from execution pursuant to the Civil Proceedings Code,
2) remuneration for work of the bankrupt in the part not subject to seizure,
3) property exempt by resolution of the meeting of creditors,
4) irrecoverable claims and non-transferable movables exempted by the judge-commissioner.

Art. 64. [Assets assigned for social support] 1. Assets assigned for the support of the employees of the bankrupt and their families, constituting the funds of the employee welfare fund, established under the provisions on employee welfare fund deposited in a separate bank account, together with the amounts from the repayment of loans extended for housing purposes, due after the declaration of bankruptcy, payments of bank interest accrued on the monies of this fund, as well as fees collected from those who benefit from services and allowances financed from this fund, organised by the bankrupt, shall not be included in the bankruptcy estate. These assets shall be indicated by the judge-commissioner.

2. Unless a liquidator, curator or an agent or representative of the bankrupt, employed under the provisions on state enterprises, has been appointed, the assets referred to in Section 1 shall be administered by the bankrupt by expending the monies of the employees' welfare fund deposited in a separate bank account, for the purpose and in accordance with the rules defined in the provisions on employee welfare fund.

3. Niewykorzystane środki, o których mowa w ust. 1, zwiększają Fundusz Gwarantowanych Świadczeń Pracowniczych.

Art. 65. [Włączenie do masy upadłości] 1. Jeżeli syndyk masy upadłości, nadzorca sądowy albo zarządca odmówił wstąpienia do postępowania sądowego lub administracyjnego dotyczącego mienia upadłego lub gdy wystąpił z tego postępowania, domniemywa się, że mienie objęte postępowaniem nie wchodzi do masy upadłości.

2. Po zakończeniu postępowania, o którym mowa w ust. 1, sędzia-komisarz może polecić syndykowi, nadzorcy sądowemu albo zarządcy włączenie do masy upadłości mienia zasądzonego upadłemu w tym postępowaniu.

Art. 66. [Mienie uczestnika systemu płatności] 1. W skład masy upadłości uczestnika systemu płatności lub systemu rozrachunku papierów wartościowych, o którym mowa w art. 22 ust. 1 pkt 4, nie wchodzi mienie upadłego wymienione w art. 80, a także inne aktywa niezbędne do wykonania obowiązków wynikających z uczestnictwa w systemie, które powstały przed ogłoszeniem upadłości, z zastrzeżeniem ust. 3.

2. W celu wykonania obowiązków określonych w ust. 1 podmiot prowadzący system jest upoważniony do dysponowania tym mieniem.

3. Mienie, o którym mowa w ust. 1, pozostałe po wykonaniu obowiązków wynikających z uczestnictwa w systemie, wchodzi do masy upadłości.

Art. 67. [Przedmiot zabezpieczenia] W razie ogłoszenia upadłości uczestnika systemu płatności lub systemu rozrachunku papierów wartościowych, o którym mowa w art. 22 ust. 1 pkt 4, a także podmiotu dokonującego operacji z Narodowym Bankiem Polskim, bankiem centralnym innego państwa członkowskiego w rozumieniu przepisów ustawy, o której mowa w art. 22 ust. 1 pkt 4, lub Europejskim Bankiem Centralnym, przedmiot zabezpieczenia ustanowionego na rzecz innego uczestnika systemu w związku z jego uczestniczeniem w systemie lub na rzecz tych banków nie wchodzi do masy upadłości, z zastrzeżeniem przepisów art. 12 ustawy, o której mowa w art. 22 ust. 1 pkt 4.

Oddział 2. Ustalanie składu masy upadłości

Art. 68. [Podstawy do ustalania] 1. Syndyk, nadzorca sądowy albo zarządca ustala skład masy upadłości na podstawie wpisów w księgach upadłego oraz dokumentów bezspornych.

3. Unused amounts referred to in Section 1 shall be added to the Guaranteed Employee Benefits Fund.

Art. 65. [Including assets into the bankruptcy estate] 1. If the trustee of the bankruptcy estate, court supervisor or administrator has refused to join in the court or administrative proceedings concerning the assets of the bankrupt or has withdrawn from such proceedings, it shall be presumed that the assets subject to these proceedings shall not be included in the bankruptcy estate.

2. After the closure of the proceedings referred to in Section 1 the judge-commissioner may order the trustee, court supervisor or administrator to include the assets awarded to the bankrupt in these proceedings in the bankruptcy estate.

Art. 66. [Assets of participants in payment systems] 1. The bankruptcy estate of a participant in a payment system or a securities settlement system within the meaning of the law referred to in Article 22.1.4 shall not include the assets of the bankrupt listed in Article 80, as well as other assets necessary to perform obligations resulting from the participation in the system, which arose prior to the declaration of bankruptcy, subject to Section 3.

2. In order to perform the obligations, specified in Section 1 the operator of the system shall be empowered to dispose of such assets.

3. The assets referred to in Section 1, which survived the performance of obligations resulting from the participation in the system, shall be included in the bankruptcy estate.

Art. 67. [Collateral security] In the case of a declaration of bankruptcy of a participant in a payment system or a securities settlement system within the meaning of the law, referred to in Article 22.1.4, as well as of a counterparty of the National Bank of Poland, the central bank of another member state within the meaning of the law referred to in Article 22.1.4, or the European Central Bank, the collateral security provided to another participant in the system in connection with its participation in the system, or to these banks, shall not be included in the bankruptcy estate, subject to Article 12 of the law referred to in Article 22.1.4.

Subchapter 2. Identification of the Property of the Bankruptcy Estate

Art. 68. [Basis for identification] 1. The trustee, court supervisor or administrator shall identify the property of the bankruptcy estate on the basis of entries in the books of the bankrupt and on unchallenged documents.

2. W razie ogłoszenia upadłości z możliwością zawarcia układu sędzia-komisarz może postanowić, aby ustalenia składu masy dokonał upadły pod nadzorem nadzorcy sądowego.

Art. 69. [Spis inwentarza] 1. Ustalenie składu masy upadłości następuje przez sporządzenie spisu inwentarza.

2. Wraz ze spisem inwentarza dokonuje się oszacowania majątku wchodzącego do masy upadłości.

3. Domniemywa się, że rzeczy znajdujące się w posiadaniu upadłego w dniu ogłoszenia upadłości należą do majątku upadłego.

Oddział 3. Wyłączenia z masy upadłości

Art. 70. [Składniki podlegające wyłączeniu] Składniki mienia nienależące do majątku upadłego podlegają wyłączeniu z masy upadłości.

Art. 71. [Prawo do świadczenia] 1. W razie zbycia przez upadłego mienia, które podlega wyłączeniu, świadczenie otrzymane za zbyte mienie wydaje się osobie, do której mienie to należało, jeżeli świadczenie jest wyodrębnione w masie upadłości.

2. W razie zbycia przez syndyka albo zarządcę mienia, które podlegało wyłączeniu, osoba, do której prawo to należało, może żądać wydania świadczenia wzajemnego uzyskanego w zamian za to mienie.

3. Jeżeli świadczenie, o którym mowa w ust. 1 i 2, nie zostało spełnione przed zgłoszeniem żądania wydania, prawo do świadczenia przechodzi na mającego prawo do wyłączonego mienia.

Art. 72. [Żądanie wydania mienia] Osoba, do której należy mienie podlegające wyłączeniu, może żądać jego wydania lub świadczenia wzajemnego za jednoczesnym zwrotem wydatków na utrzymanie tego mienia lub na uzyskanie świadczenia wzajemnego, poniesionych przez upadłego lub z masy upadłości.

Art. 73. [Wniosek o wyłączenie z masy] 1. We wniosku o wyłączenie z masy upadłości należy zgłosić wszelkie twierdzenia, zarzuty i dowody na ich poparcie pod rygorem utraty prawa powoływania ich w toku dalszego postępowania, chyba że powołanie ich we wniosku było niemożliwe.

2. Sędzia-komisarz rozpoznaje wniosek o wyłączenie z masy upadłości w terminie jednego miesiąca od dnia jego złożenia po wysłuchaniu syndyka, nadzorcy sądowego albo zarządcy.

2. In the event of a declaration of bankruptcy with the possibility to make an arrangement, the judge-commissioner may decide that the property of the bankruptcy estate will be identified by the bankrupt under the supervision of the court supervisor.

Art. 69. **[Inventory]** 1. The property of the bankruptcy estate shall be identified by preparing an inventory.

2. The inventory shall be accompanied by an appraisal of the property of the bankruptcy estate.

3. It shall be presumed that things in the possession of the bankrupt as at the date bankruptcy is declared are the assets of the bankrupt.

Subchapter 3. Exemptions from the Bankruptcy Estate

Art. 70. **[Assets subject to exemption]** Assets which do not belong to the bankrupt shall be exempted from the bankruptcy estate.

Art. 71. **[Entitlement to receive consideration]** 1. If the bankrupt has alienated an asset subject to exemption, the consideration received for the alienated asset shall be released to the person to whom the asset belonged, if such consideration is specifically identified in the bankruptcy estate.

2. If the trustee or administrator has alienated an asset subject to exemption, the person in whom that right was vested may demand that the consideration obtained for the asset be released to that person.

3. If the consideration referred to in Section 1 and 2 has not been rendered prior to the filing of the request for releasing the asset, the right to receive such consideration shall pass to the person entitled to the exempted asset.

Art. 72. **[Demanding the release of assets]** The person to whom an asset subject to exemption belongs may demand the release of this asset or the consideration obtained therefor, simultaneously reimbursing the cost expended by the bankrupt or from the bankruptcy estate on maintaining this asset or to obtain the consideration.

Art. 73. **[Motion to have assets exempted]** 1. In the motion to have an asset exempted from the bankruptcy estate, all claims, pleas and evidence in support thereof must be submitted, under penalty of losing the right to invoke them in further proceedings, unless it was impossible to submit them in the motion.

2. The judge-commissioner shall consider the motion to have an asset exempted from the bankruptcy estate within one month of the filing of the motion, having heard the trustee, court supervisor or administrator.

3. W postanowieniu o wyłączeniu określa się kwotę z tytułu zwrotu wydatków na utrzymanie mienia, które podlega wyłączeniu, lub na uzyskanie świadczenia wzajemnego oraz termin, w jakim kwotę tę należy wpłacić do masy upadłości przed wydaniem mienia wyłączanego.

4. Należność, o której mowa w ust. 3, może być za zgodą sędziego-komisarza potrącona z sumy uzyskanej ze sprzedaży mienia, które podlega wyłączeniu z masy upadłości.

5. Postanowienie sędziego-komisarza o wyłączeniu z masy upadłości podlega obwieszczeniu.

6. Na postanowienie o wyłączeniu z masy upadłości zażalenie przysługuje upadłemu i wierzycielom.

Art. 74. [Powództwo o wyłączenie] 1. W razie oddalenia wniosku o wyłączenie z masy upadłości wnioskodawca może w drodze powództwa żądać wyłączenia mienia z masy upadłości.

2. Powództwo wnosi się do sądu upadłościowego w terminie miesiąca od dnia doręczenia postanowienia sędziego-komisarza o odmowie wyłączenia z masy upadłości.

3. Powództwo może być oparte wyłącznie na twierdzeniach i zarzutach zgłoszonych we wniosku o wyłączenie z masy upadłości. Inne twierdzenia i zarzuty mogą być zgłoszone tylko wtedy, gdy powód wykaże, że ich wcześniejsze zgłoszenie było niemożliwe. Niezależnie od wyniku sprawy sąd obciąży powoda kosztami procesu, jeżeli powołał nowe dowody istotne dla rozstrzygnięcia sprawy, których nie zgłosił we wniosku o wyłączenie.

4. Sąd może zabezpieczyć powództwo przez ustanowienie zakazu zbywania lub obciążania mienia objętego żądaniem wyłączenia z masy upadłości.

Oddział 4. Czynności upadłego dotyczące mienia wchodzącego w skład masy upadłości

Art. 75. [Prawo zarządu] 1. Jeżeli ogłoszono upadłość obejmującą likwidację majątku upadłego, upadły traci prawo zarządu oraz możliwość korzystania i rozporządzania mieniem wchodzącym do masy upadłości.

2. Sędzia-komisarz określa zakres i czas korzystania przez upadłego lub osoby mu bliskie, którzy w dacie ogłoszenia upadłości zamieszkiwali w mieszkaniu znajdującym się w lokalu lub w budynku wchodzącym do masy upadłości, z tego mieszkania.

3. The decision exempting the asset shall specify the amount due as the reimbursement of the cost expended on maintaining the exempted asset or to obtain the consideration, as well as the date by which this amount should be paid to the bankruptcy estate before the exempted asset is released.

4. The amount referred to in Section 3 may be, upon the consent of the judge-commissioner, deducted from the proceeds of the sale of the asset exempted from the bankruptcy estate.

5. The decision of the judge-commissioner on exemption from the bankruptcy estate shall be subject to announcement.

6. The decision on exemption from the bankruptcy estate shall be subject to appeal by the bankrupt and creditors.

Art. 74. [Civil action to have assets exempted] 1. If the motion to have an asset exempted from the bankruptcy estate is dismissed, the applicant may bring a civil action to have the asset exempted from the bankruptcy estate.

2. The action shall be brought to the bankruptcy court within one month of the date the decision of the judge-commissioner refusing to exempt the asset from the bankruptcy estate was served.

3. The action shall be based exclusively upon the claims and pleas included in the motion to have the asset exempted from the bankruptcy estate. Other claims and pleas may be submitted only if the plaintiff proves that it was impossible to submit them earlier. Regardless of the outcome of the case, the court shall charge the costs of the proceedings to the plaintiff, if the plaintiff submitted new evidence, material to the resolution of the case, which had not been submitted in the motion to have the asset exempted.

4. The court may secure the action by imposing a ban on alienating or encumbering the asset, the exemption of which is demanded under the action.

Subchapter 4. Acts of the Bankrupt with Respect to the Assets Included in the Bankruptcy Estate

Art. 75. [Right to administer] 1. If bankruptcy by liquidation of the bankrupt's assets has been declared, the bankrupt shall lose the right to administer and the possibility to use and dispose of the assets included in the bankruptcy estate.

2. The judge-commissioner shall determine the manner and time period during which the apartment located in the premises or in the building included in the bankruptcy estate, may be occupied by the bankrupt and his close associates, who occupied this apartment at the time bankruptcy was declared.

3. W przypadku ogłoszenia upadłości z możliwością zawarcia układu, jeżeli pozbawiono upadłego prawa zarządu nad całością lub częścią mienia wchodzącego do masy upadłości, przepis ust. 2 stosuje się odpowiednio.

Art. 76. **[Ustanowienie zarządcy przez sąd]** 1. Jeżeli ogłoszono upadłość z możliwością zawarcia układu, zarząd mieniem wchodzącym do masy upadłości sprawuje zarządca. Sąd może ustanowić zarząd sprawowany przez upadłego (zarząd własny) co do całości lub części majątku upadłego, jeżeli z okoliczności sprawy wynika, że upadły daje rękojmię należytego jego sprawowania, a jego niewypłacalność powstała wskutek wyjątkowych i niezależnych od niego okoliczności. Zarząd własny upadły sprawuje pod nadzorem nadzorcy sądowego.

2. Sąd z urzędu uchyla zarząd własny upadłego i ustanawia zarządcę, jeżeli:
1) upadły choćby nieumyślnie naruszył prawo w zakresie sprawowania zarządu;
2) sposób sprawowania przez niego zarządu nie daje gwarancji wykonania układu.

3. Jeżeli ustawa nie stanowi inaczej, upadły sprawujący zarząd własny uprawniony jest do dokonywania czynności zwykłego zarządu. Na dokonanie czynności przekraczających zakres zwykłego zarządu wymagana jest zgoda nadzorcy sądowego.

Art. 77. **[Nieważność czynności upadłego]** 1. Czynności prawne upadłego dotyczące mienia wchodzącego do masy upadłości, wobec którego upadły utracił prawo zarządu, są nieważne.

2. Na wniosek osoby trzeciej sędzia-komisarz może nakazać zwrot na jej rzecz z masy upadłości jej świadczenia wzajemnego, które osoba ta świadczyła w związku z dokonaniem przez nią z upadłym czynności prawnej, o której mowa w ust. 1. Do zwrotu tego świadczenia stosuje się odpowiednio przepisy o nienależnym świadczeniu.

3. Zwrot świadczenia, o którym mowa w ust. 2, można nakazać, jeżeli czynność prawna została podjęta po ogłoszeniu upadłości i przed obwieszczeniem w Monitorze Sądowym i Gospodarczym postanowienia o ogłoszeniu upadłości, a osoba trzecia przy zachowaniu należytej staranności nie mogła wiedzieć o ogłoszeniu upadłości. Na postanowienie sędziego-komisarza osobie tej przysługuje zażalenie.

3. If in the case of a declaration of bankruptcy with the possibility to make an arrangement the bankrupt has been deprived of the right to administer a part or all of its assets included in the bankruptcy estate, Section 2 shall apply accordingly.

Art. 76. [Appointment of the administrator by the court] 1. If bankruptcy with the possibility to make an arrangement has been declared, the assets included in the bankruptcy estate shall be administered by the administrator. The court may allow the bankrupt to administer a part or all of the assets included in the bankruptcy estate (self-administration), if from the facts of the case it results that the bankrupt is able to assure proper administration, and that the bankrupt's insolvency resulted from exceptional circumstances beyond its control. The self-administration shall be exercised by the bankrupt under the supervision of the court supervisor.

2. The court shall ex officio revoke self-administration and appoint an administrator, if:
1) the bankrupt has violated the law, even unintentionally, within the scope of exercising administration, or
2) the manner of exercising administration by the bankrupt does not guarantee the performance of the arrangement.

3. Unless this Law states otherwise, the bankrupt exercising self-administration may only perform acts of regular administration. For acts exceeding the scope of regular administration the approval of the court supervisor shall be required.

Art. 77. [Invalidity of the bankrupt's acts] 1. Legal acts of the bankrupt concerning the assets included in the bankruptcy estate, with regard to which the bankrupt has lost the right of administration, shall be null and void.

2. Upon the motion of a third party, the judge-commissioner may order that the consideration rendered thereby in connection with the legal act referred to in Section 1, performed by the bankrupt and the third party, be returned to the third party from the bankruptcy estate. Provisions on undue consideration shall apply accordingly to the return of such consideration.

3. The return of the consideration referred to in Section 2 may be ordered, if the legal act was made after the bankruptcy had been declared and before the decision declaring bankruptcy was made public by an announcement in *Monitor Sądowy i Gospodarczy* and the third party could not have known about the declaration of bankruptcy, even if it had shown due diligence. The decision of the judge-commissioner shall be subject to appeal by that party.

Art. 78. **[Obowiązek spełnienia świadczenia]** Spełnienie świadczenia do rąk upadłego pozbawionego prawa zarządu masą upadłości dokonane po obwieszczeniu o ogłoszeniu upadłości w Monitorze Sądowym i Gospodarczym nie zwalnia z obowiązku spełnienia świadczenia do masy upadłości, chyba że równowartość świadczenia została przekazana przez upadłego do masy upadłości.

Art. 79. **[Stosowanie]** Przepisy art. 77 i 78 stosuje się również do czynności, które podlegają ujawnieniu w księdze wieczystej i rejestrach, jeżeli przepisy szczególne nie stanowią inaczej.

Art. 80. **[Zobowiązania wynikające ze zleceń rozrachunku]** Ogłoszenie upadłości uczestnika systemu płatności lub systemu rozrachunku papierów wartościowych, o którym mowa w art. 22 ust. 1 pkt 4, bez względu na to, czy orzeczone zostało z możliwością zawarcia układu, czy w celu likwidacji majątku, nie wstrzymuje możliwości wykorzystania:

1) środków pieniężnych i papierów wartościowych, zgromadzonych i zapisanych na jego rachunku rozliczeniowym, nieobciążonych prawem rzeczowym lub niebędących przedmiotem zabezpieczenia,

2) papierów wartościowych zapisanych na rachunku rozliczeniowym upadłego, jako przedmiotu zabezpieczenia kredytu uzyskanego w ramach systemu płatności lub systemu rozrachunku papierów wartościowych, jeżeli kredyt taki może być udostępniony w ramach istniejącej umowy o kredyt – w celu wykonania zobowiązań upadłego wynikających ze zleceń rozrachunku wprowadzonych do systemu najpóźniej w dniu ogłoszenia upadłości.

Oddział 5. Zakaz obciążania masy upadłości

Art. 81. **[Zastaw; wpis w księdze wieczystej]** 1. Po ogłoszeniu upadłości nie można obciążyć składników masy upadłości prawem zastawu, zastawu rejestrowego i zastawu skarbowego ani dokonać wpisu w księdze wieczystej lub rejestrze dotyczącego tych składników celem zabezpieczenia wierzytelności, chociażby powstała ona przed ogłoszeniem upadłości.

2. Przepisu ust. 1 nie stosuje się, jeżeli ogłoszono upadłość z możliwością zawarcia układu i pozostawiono upadłemu prawo zarządu całością lub częścią majątku, a nadzorca sądowy wyraził zgodę na obciążenie majątku upadłego, oraz gdy zarząd masą upadłości sprawuje zarządca, a na obciążenie składników mienia wchodzącego w skład masy upadłości zgodę wyraziła rada wierzycieli.

Art. 78. [Obligation to render performance] The rendering of the performance for the benefit of the bankrupt who has been deprived of the right to administer the bankruptcy estate, effected after the bankruptcy has been made public by an announcement in Monitor Sądowy i Gospodarczy, shall not extinguish the duty to render the performance to the bankruptcy estate, unless the equivalent of the performance has been passed by the bankrupt to the bankruptcy estate.

Art. 79. [*Mutatis mutandis* applicability of other provisions] Articles 77 and 78 shall also apply to the acts recordable in the land and mortgage register and in other registers, unless special provisions state otherwise.

Art. 80. [Obligations arising from transfer orders] The declaration of bankruptcy of a participant in a payment system or a securities settlement system within the meaning of the law referred to in Article 22.1.4, irrespective of whether bankruptcy with the possibility to make an arrangement or by liquidation of the bankrupt's assets has been declared, shall not prevent the use of:
1) funds and securities, deposited and recorded on the participant's settlement account, which are not encumbered with a right in rem or which are not subject to collateral security,
2) securities recorded on the bankrupt's settlement account as a collateral security for a bank credit extended within the payment system or securities settlement system if such credit may be disbursed under an existing loan agreement for the purpose of performing the bankrupt's obligations that arise from transfer orders entered into the system at the latest on the date bankruptcy is declared.

Subchapter 5. Ban on Encumbering the Bankruptcy Estate

Art. 81. [Pledge; entries in land and mortgage registers] 1. After bankruptcy has been declared, the assets included in the bankruptcy estate may not be encumbered with a pledge, registered pledge or tax lien, nor may any entries in the land and mortgage register or in any register concerning such assets be made in order to secure a claim, even if such claim arose prior to the declaration of bankruptcy.

2. Section 1 shall not apply if bankruptcy has been declared with the possibility to make an arrangement and the bankrupt has retained the right to administer all or a part of the assets and the court supervisor has consented to the bankrupt's assets being encumbered, or if the bankruptcy estate is administered by the administrator and the creditors' committee has consented to the assets included in the bankruptcy estate being encumbered.

3. Przepisu ust. 1 nie stosuje się, jeżeli wniosek o wpis hipoteki został złożony w sądzie w ciągu sześciu miesięcy przed złożeniem wniosku o ogłoszenie upadłości.

Art. 82. [**Postanowienie o wykreśleniu wpisu z urzędu**] Wpis w księdze wieczystej lub rejestrze dokonany z naruszeniem przepisów art. 81 podlega wykreśleniu z urzędu. Podstawą wykreślenia jest postanowienie sędziego-komisarza stwierdzające niedopuszczalność wpisu.

Rozdział 2. Skutki ogłoszenia upadłości co do zobowiązań upadłego

Oddział 1. Przepisy ogólne

Art. 83. [**Nieważność postanowień**] Nieważne są postanowienia umowy zastrzegające na wypadek ogłoszenia upadłości zmianę lub rozwiązanie stosunku prawnego, którego stroną jest upadły.

Art. 84. [**Bezskuteczność czynności prawnej**] Po ogłoszeniu upadłości zmiana lub wygaśnięcie stosunku prawnego, którego stroną jest upadły, są możliwe tylko według przepisów ustawy, a czynność prawna dokonana z naruszeniem ustawy jest bezskuteczna wobec masy upadłości, nawet jeżeli umowa stron przewiduje inny skutek.

Art. 85. [**Umowa ramowa**] 1. Jeżeli umowa ramowa, której jedną ze stron jest upadły, zastrzega, że poszczególne umowy szczegółowe, których przedmiotem są terminowe operacje finansowe lub sprzedaż papierów wartościowych ze zobowiązaniem do ich odkupu, będą zawierane w wykonaniu umowy ramowej oraz że rozwiązanie umowy ramowej powoduje rozwiązanie wszystkich umów szczegółowych zawartych w wykonaniu tej umowy:
1) wierzytelności z tytułu poszczególnych umów szczegółowych zawartych w jej wykonaniu nie są obejmowane układem;
2) syndykowi nie przysługuje uprawnienie do odstąpienia od umowy ramowej, o którym mowa w art. 98.

2. Przez terminowe operacje finansowe, o których mowa w ust. 1, rozumie się operacje, w których ustalono cenę, kurs, stopę procentową lub indeks – a w szczególności nabywanie walut, papierów wartościowych, złota lub innych metali szlachetnych, towarów lub praw, w tym umowy obliczone tylko na różnicę cen, opcje i prawa pochodne – zawarte na umówioną datę lub umówiony termin, w obrocie rynkowym.

3. Section 1 shall not apply if the motion to record a mortgage has been filed with the court within six months prior to the filing of a petition to declare bankruptcy.

Art. 82. [Decision to delete the entry ex officio] An entry in the land and mortgage register or in any other register made contrary to Article 81 shall be deleted ex officio. The basis for deleting the entry shall be the decision of the judge-commissioner on the inadmissibility of the entry.

Chapter 2. Effects of Declaring Bankruptcy with Respect to the Bankrupt's Obligations

Subchapter 1. General Provisions

Art. 83. [Invalidity of provisions] Any provision in a contract stipulating that the legal relation, to which the bankrupt is a party, is to be changed or terminated in the case of a declaration of bankruptcy, shall be null and void.

Art. 84. [Ineffectiveness of legal acts] After bankruptcy has been declared, any change or expiry of a legal relation to which the bankrupt is a party shall be possible only in accordance with the provisions of this Law; any legal act made contrary to this Law shall be ineffective towards the bankruptcy estate, even if the contract between the parties provides otherwise.

Art. 85. [Frame agreement] 1. If a frame agreement, to which the bankrupt is a party, stipulates that specific contracts for futures or securities buybacks, shall be concluded within the frame agreement and that the termination of the frame agreement shall result in the termination of all specific contracts concluded within the frame agreement:
1) the claims arising under the specific contracts concluded within the frame agreement shall not be included in the arrangement; and
2) the trustee shall not have the right, referred to in Article 98, to renounce the frame agreement.

2. The futures referred to in Section 1 shall be understood as transactions, in which the price, rate, interest rate or index have been fixed – and in particular the purchase of currencies, securities, gold or other precious metals, goods or rights, including the agreements aimed only at price differences, options and derivatives – entered into for a fixed date or term on the market.

3. Każda ze stron może wypowiedzieć umowę, o której mowa w ust. 1, z zachowaniem ustalonego w tej umowie sposobu rozliczenia stron na wypadek rozwiązania umowy.

4. Dopuszczalne jest potrącenie wierzytelności wynikającej z rozliczenia stron.

5. Do poszczególnych umów szczegółowych mających za przedmiot terminowe operacje finansowe lub sprzedaż papierów wartościowych ze zobowiązaniem do ich odkupu – nawet jeżeli nie zostały one zawarte w wykonaniu umowy ramowej, o której mowa w ust. 1 – nie stosuje się przepisów art. 98 i 99.

Art. 86. **[Upadłość spółdzielni mieszkaniowej]** 1. Po ogłoszeniu upadłości spółdzielni mieszkaniowej obejmującej likwidację majątku upadłego albo z możliwością zawarcia układu, gdy odebrano zarząd majątkiem upadłemu, czynności określone w art. 41–43 ustawy z dnia 15 grudnia 2000 r. o spółdzielniach mieszkaniowych (Dz.U. z 2001 r. Nr 4, poz. 27, Nr 57, poz. 601 i Nr 154, poz. 1802 oraz z 2002 r. Nr 240, poz. 2058) wykonuje syndyk albo zarządca.

2. Na syndyku albo zarządcy ciąży obowiązek zawarcia umowy, o której mowa w art. 11^1, 12, 17^{14}, 17^{15}, 39 i 48 ustawy wskazanej w ust. 1, jeżeli żądanie zostało złożone spółdzielni przed ogłoszeniem upadłości albo po ogłoszeniu upadłości na podstawie art. 54^1 ust. 2 tej ustawy.

Oddział 2. Skutki ogłoszenia upadłości co do zobowiązań upadłego w razie ogłoszenia upadłości z możliwością zawarcia układu

Art. 87. **[Świadczenia objęte układem]** Po ogłoszeniu upadłości z możliwością zawarcia układu, upadły ani zarządca nie mogą spełniać świadczeń, które z mocy ustawy są objęte układem, z zastrzeżeniem art. 88.

Art. 88. **[Spełnianie niezbędnych świadczeń]** Za zgodą sędziego-komisarza mogą być spełniane świadczenia wynikające z zobowiązań powstałych po dniu ogłoszenia upadłości oraz tych zobowiązań powstałych przed ogłoszeniem upadłości, które są objęte układem za zgodą wierzycieli, jeżeli jest to niezbędne do prowadzenia działalności gospodarczej lub podniesienia efektywności przedsiębiorstwa upadłego.

3. Either party may terminate the agreement described in Section 1, subject to the settlement of accounts between the parties, as set forth in the agreement.

4. A setoff of the claims resulting from the settling of accounts between the parties is admissible.

5. Art. 98 and 99 shall not apply to specific contracts for futures or securities buybacks, even if they were not concluded within the frame agreement mentioned in Section 1.

Art. 86. [Bankruptcy of housing co-operatives] 1. After the declaration of bankruptcy of a housing co-operative, whether by liquidation of the bankrupt's assets or with the possibility to make an arrangement, if the bankrupt has been deprived of the right to administer its assets, the actions specified in Articles 41–43 of the Law on Housing Co-operatives of 15 December 2000 (Journal of Laws of 2001, No. 4, Item 27, No. 57, Item 601, and No. 154, item 1802; and of 2002, No. 240, Item 2058), shall be undertaken by the trustee or administrator.

2. The trustee or the administrator shall conclude the agreement referred to in Articles 11^1, 12, 17^{14}, 17^{15}, 39 and 48 of the law mentioned in Section 1, if the demand has been submitted to the co-operative prior to the declaration of bankruptcy, or after the declaration of bankruptcy under Article 54^1.2 of that law.

Subchapter 2. Effects of Declaring Bankruptcy with Respect to the Bankrupt's Obligations in the Case of a Declaration of Bankruptcy with the Possibility to Make an Arrangement

Art. 87. [Performances included in the arrangement] After the declaration of bankruptcy with the possibility to make an arrangement, neither the bankrupt nor the administrator may render performances which, by virtue of this Law, are included in the arrangement, subject to Article 88.

Art. 88. [Rendering indispensable performances] Upon the consent of the judge-commissioner performances may be rendered which result either from obligations that arose after the declaration of bankruptcy or from obligations that had arisen prior to the declaration of bankruptcy and which are included in the arrangement upon the consent of the creditors, if it is indispensable to continue the economic activity of the bankrupt or to improve the effectiveness of his enterprise.

Art. 89. [Potrącenia wzajemnych wierzytelności] 1. W czasie trwania postępowania aż do jego umorzenia lub zakończenia albo zmiany postanowienia o ogłoszeniu upadłości z możliwością zawarcia układu na postanowienie o ogłoszeniu upadłości obejmującej likwidację majątku upadłego, potrącenie wzajemnych wierzytelności między upadłym i wierzycielem nie jest dopuszczalne, jeżeli wierzyciel:

1) stał się dłużnikiem upadłego po ogłoszeniu upadłości;
2) będąc dłużnikiem upadłego, stał się po ogłoszeniu upadłości jego wierzycielem przez nabycie wierzytelności w drodze przelewu lub indosu wierzytelności powstałej przed ogłoszeniem upadłości.

2. Potrącenie wzajemnych wierzytelności jest jednak dopuszczalne, jeżeli nabycie wierzytelności nastąpiło wskutek zapłaty długu, za który nabywca odpowiadał osobiście albo pewnymi przedmiotami majątkowymi, i jeżeli odpowiedzialność nabywcy za dług powstała przed dniem złożenia wniosku o ogłoszenie upadłości.

3. Wierzyciel, który chce skorzystać z potrącenia, składa o tym oświadczenie nie później niż przy zgłoszeniu wierzytelności.

Art. 90. [Umowa najmu lub dzierżawy] 1. W czasie trwania postępowania aż do jego umorzenia lub zawarcia układu albo zmiany postanowienia o ogłoszeniu upadłości z możliwością zawarcia układu na postanowienie o ogłoszeniu upadłości obejmującej likwidację majątku upadłego, wierzyciel, bez zgody rady wierzycieli, nie może wypowiedzieć umowy najmu lub dzierżawy lokalu lub nieruchomości, w których prowadzone jest przedsiębiorstwo upadłego. Układ może ustanowić zakaz wypowiedzenia tych umów do czasu wykonania układu.

2. Przepis ust. 1 stosuje się odpowiednio do umów leasingu, ubezpieczeń majątkowych, umów rachunku bankowego, umów poręczeń i gwarancji bankowych oraz akredytyw, jak również umów obejmujących licencje udzielone upadłemu.

Oddział 3. Skutki ogłoszenia upadłości co do zobowiązań upadłego w razie ogłoszenia upadłości obejmującej likwidację majątku upadłego

Art. 91. [Wymagalność zobowiązań] 1. Zobowiązania pieniężne upadłego, których termin płatności świadczenia jeszcze nie nastąpił, stają się wymagalne z dniem ogłoszenia upadłości.

Art. 89. [Setoff of reciprocal claims] 1. In the course of bankruptcy proceedings, until the discontinuance or closure thereof or until the decision declaring bankruptcy with the possibility to make an arrangement is converted into the decision declaring bankruptcy by liquidation of the bankrupt's assets, the setoff of reciprocal claims between the bankrupt and the creditor shall not be admissible, if the creditor:

1) has become a debtor to the bankrupt after the declaration of bankruptcy,
2) being a debtor to the bankrupt, has become a creditor to the bankrupt after the declaration of bankruptcy, by acquiring, through an assignment or endorsement, a claim which arose prior to the declaration of bankruptcy.

2. However, the setoff of reciprocal claims shall be admissible if the acquisition of the claim has been effected as a result of paying the debt, for which the acquirer was liable personally or with certain proprietary items and if the acquirer's liability for the debt had arisen before the day the petition to declare bankruptcy was filed.

3. A creditor that intends to exercise the right of setoff shall make a relevant declaration at the time of filing its claim at the latest.

Art. 90. [Agreement for lease or tenancy] 1. In the course of bankruptcy proceedings, until the discontinuance thereof or until the arrangement is made or until the decision declaring bankruptcy with the possibility to make an arrangement is converted into the decision declaring bankruptcy by liquidation of the bankrupt's assets, a creditor cannot, without the consent of the creditors' committee, terminate the agreement for the lease or tenancy of the premises or real property where the bankrupt operates his enterprise. The arrangement may introduce a ban on such termination until such time as the arrangement has been performed.

2. Section 1 shall apply accordingly to leasing, property insurance, bank account, suretyship and bank guarantee agreements, letters of credit, as well as licence agreements, under which licences have been granted to the bankrupt.

Subchapter 3. Effects of Declaring Bankruptcy with Respect to the Bankrupt's Obligations in the Case of a Declaration of Bankruptcy by Liquidation of the Bankrupt's Assets

Art. 91. [Due date of obligations] 1. Pecuniary obligations of the bankrupt, the payment date of which has not yet become due, shall become due on the date of declaring bankruptcy.

2. Zobowiązania majątkowe niepieniężne zmieniają się z dniem ogłoszenia upadłości na zobowiązania pieniężne i z tym dniem stają się płatne, chociażby termin ich wykonania jeszcze nie nastąpił.

Art. 92. [Odsetki od wierzytelności] 1. Z masy upadłości mogą być zaspokojone odsetki od wierzytelności, należne od upadłego, za okres do dnia ogłoszenia upadłości.

2. Przepis ust. 1 nie dotyczy odsetek od wierzytelności zabezpieczonych hipoteką, wpisem w rejestrze, zastawem, zastawem rejestrowym, zastawem skarbowym albo hipoteką morską. Odsetki te mogą być zaspokojone tylko z przedmiotu zabezpieczenia.

Art. 93. [Potrącenie wierzytelności] 1. Potrącenie wierzytelności upadłego z wierzytelnością wierzyciela jest dopuszczalne, jeżeli obie wierzytelności istniały w dniu ogłoszenia upadłości, chociażby termin wymagalności jednej z nich jeszcze nie nastąpił.

2. Do potrącenia przedstawia się całkowitą sumę wierzytelności upadłego, a wierzytelność wierzyciela tylko w wysokości wierzytelności głównej wraz z odsetkami naliczonymi do dnia ogłoszenia upadłości.

3. Jeżeli termin płatności nieoprocentowanego długu upadłego w dniu ogłoszenia upadłości nie nastąpił, do potrącenia przyjmuje się sumę należności zmniejszoną o odsetki ustawowe, nie wyższe jednak niż sześć procent, za czas od dnia ogłoszenia upadłości do dnia płatności i nie więcej niż za okres dwóch lat.

Art. 94. [Dopuszczalność potrącenia] 1. Potrącenie nie jest dopuszczalne, jeżeli dłużnik upadłego nabył wierzytelność w drodze przelewu lub indosu po ogłoszeniu upadłości albo nabył ją w ciągu ostatniego roku przed dniem ogłoszenia upadłości, wiedząc o istnieniu podstawy do ogłoszenia upadłości.

2. Potrącenie jest dopuszczalne, jeżeli nabywca stał się wierzycielem upadłego wskutek spłacenia jego długu, za który odpowiadał osobiście albo określonymi przedmiotami majątkowymi, i jeżeli nabywca w czasie, gdy przyjął odpowiedzialność za dług upadłego, nie wiedział o istnieniu podstaw do ogłoszenia upadłości. Potrącenie jest zawsze dopuszczalne, jeżeli przyjęcie odpowiedzialności nastąpiło na rok przed dniem ogłoszenia upadłości.

Art. 95. [Dopuszczalność potrącenia] Potrącenie nie jest dopuszczalne, jeżeli wierzyciel stał się dłużnikiem upadłego po dniu ogłoszenia upadłości.

2. Non-pecuniary proprietary obligations shall – on the date bankruptcy is declared – be converted into pecuniary obligations and on that date they shall become payable, even if the date of their performance has not yet become due.

Art. 92. [Interests accrued on claims] 1. Interest accrued on claims due from the bankrupt, computed until the declaration of bankruptcy, may be satisfied from the bankruptcy estate.

2. Section 1 shall not concern the interest accrued on claims secured by a mortgage, an entry in a register, pledge, registered pledge, tax lien or maritime mortgage. Such interest may only be satisfied from the object of security.

Art. 93. [Setoff of claims] 1. A setoff of the bankrupt's claim against the creditor's claim shall be admissible if both claims existed on the date bankruptcy was declared, even if one of them is not yet due.

2. The total amount of the bankrupt's claim shall be subject to setoff, whereas the creditor's claim – only in the amount of the principal sum together with interest computed until the date bankruptcy is declared.

3. When the date of payment of an interest-free debt of the bankrupt has not become due on the date bankruptcy is declared, this debt may be set off in its total amount decreaed by statutory interest, not higher however than six per cent, computed from the date bankruptcy is declared until the date of payment, not exceeding, however, a period of two years.

Art. 94. [Admissibility of setoff] 1. A setoff shall not be admissible if the debtor of the bankrupt has acquired the claim through an assignment or endorsement after the declaration of bankruptcy or if it has acquired the claim within the last year prior to the date bankruptcy is declared, knowing that basis existed for declaring bankruptcy.

2. A setoff shall be admissible if the acquirer of the claim has become a creditor of the bankrupt as a result of paying off the debt owed by the bankrupt, for which the acquirer was liable personally or with certain proprietary items, and if the acquirer, at the time of assuming the liability for the bankrupt's obligation, did not know that basis existed for declaring bankruptcy. A setoff shall always be admissible if the assumption of liability was effected at least one year prior to the declaration of bankruptcy.

Art. 95. [Admissibility of setoff] A setoff shall not be admissible if the creditor has become a debtor of the bankrupt after the date bankruptcy is declared.

Art. 96. [Oświadczenie wierzyciela] Wierzyciel, który chce skorzystać z prawa potrącenia, składa o tym oświadczenie nie później niż przy zgłoszeniu wierzytelności.

Art. 97. [Dochodzenie roszczenia] Roszczenie wynikające z umowy zawartej w wyniku przyjęcia oferty złożonej przez upadłego może być przez wierzyciela dochodzone w postępowaniu upadłościowym tylko wtedy, gdy oświadczenie o przyjęciu oferty zostało złożone upadłemu przed dniem ogłoszenia upadłości.

Art. 98. [Wykonanie zobowiązania przez syndyka] 1. Jeżeli w dniu ogłoszenia upadłości zobowiązania z umowy wzajemnej nie zostały wykonane w całości lub w części, syndyk może wykonać zobowiązanie upadłego i zażądać od drugiej strony spełnienia świadczenia wzajemnego lub od umowy odstąpić.

2. Na żądanie drugiej strony złożone w formie pisemnej z datą pewną, syndyk w terminie trzech miesięcy oświadczy na piśmie, czy od umowy odstępuje, czy też żąda jej wykonania. Niezłożenie w tym terminie oświadczenia przez syndyka uważa się za odstąpienie od umowy.

3. Druga strona, która ma obowiązek spełnić świadczenie wcześniej, może wstrzymać się ze spełnieniem świadczenia, do czasu spełnienia lub zabezpieczenia świadczenia wzajemnego. Prawo to drugiej stronie nie przysługuje, jeżeli w czasie zawarcia umowy wiedziała lub wiedzieć powinna o istnieniu podstaw do ogłoszenia upadłości.

Art. 99. [Odstąpienie syndyka od umowy] Jeżeli syndyk odstępuje od umowy, druga strona nie ma prawa do zwrotu spełnionego świadczenia, chociażby świadczenie to znajdowało się w masie upadłości. Strona może dochodzić w postępowaniu upadłościowym należności z tytułu wykonania zobowiązania i poniesionych strat, zgłaszając te wierzytelności sędziemu-komisarzowi.

Art. 100. [Prawo żądania zwrotu] 1. Sprzedawca może żądać zwrotu rzeczy ruchomej – także papierów wartościowych – wysłanej upadłemu bez otrzymania ceny, jeżeli rzecz ta nie została objęta przed ogłoszeniem upadłości przez upadłego lub przez osobę upoważnioną przez niego do rozporządzania rzeczą. Prawo żądania zwrotu służy także komisantowi, który wysłał rzecz upadłemu.

Art. 96. [**Declaration of the creditor**] A creditor who intends to exercise the right of setoff shall make a relevant declaration at the time of filing the claim at the latest.

Art. 97. [**Pursuit of claims**] The claim resulting from an agreement concluded through acceptance of the offer made by the bankrupt may be pursued by the creditor in the bankruptcy proceedings only if the acceptance of the offer was communicated to the bankrupt before the date bankruptcy was declared.

Art. 98. [**Performance of obligations by the trustee**] 1. If on the date bankruptcy is declared the obligations arising under a reciprocal agreement have not been performed in part or in full, the trustee may perform the obligation of the bankrupt and request that the other party render the reciprocal performance or the trustee may rescind the agreement.

2. Upon the demand of the other party, submitted in writing with a date certain, the trustee shall, within three months, declare in writing whether he rescinds the agreement or requests that it be performed. The failure of the trustee to submit the declaration within the specified timeframe shall be deemed a rescission of the agreement.

3. The other party, obliged to perform first, may delay rendering the performance until such time as the reciprocal performance has been rendered or secured. This right shall not be vested in the other party, if at the time of concluding the agreement the party knew or should have known that basis existed for declaring bankruptcy.

Art. 99. [**Rescission of agreements by the trustee**] If the trustee rescinds the agreement, the other party shall not be entitled to the return of the rendered performance, even if the performance remains in the bankruptcy estate. The party may, however, pursue in the bankruptcy proceedings both the remuneration for the performed obligation and compensation for the damage suffered, filing those claims with the judge-commissioner.

Art. 100. [**Requesting the return**] 1. A seller may request the return of a movable – and also securities – sent to the bankrupt without the receipt of the price, provided that the sent movable was not seized before the declaration of bankruptcy by the bankrupt or by a person authorised thereby to dispose of the movable. This right shall also be vested in the commission agent who sent the movable to the bankrupt.

2. Sprzedawca lub komisant, któremu rzecz została zwrócona, zwraca koszty, które zostały poniesione lub mają być poniesione, oraz otrzymane zaliczki.

3. Syndyk może jednak rzecz zatrzymać, jeżeli zapłaci lub zabezpieczy należną od upadłego cenę i koszty. Prawo to przysługuje syndykowi w terminie miesiąca od dnia żądania zwrotu.

Art. 101. **[Skuteczność zastrzeżenia prawa własności]** 1. Zastrzeżone w umowie sprzedaży na rzecz sprzedawcy prawo własności nie wygasa z powodu ogłoszenia upadłości nabywcy, jeżeli jest skuteczne wobec jego wierzycieli według przepisów Kodeksu cywilnego.

2. Umowa przeniesienia własności rzeczy, wierzytelności lub innego prawa zawarta w celu zabezpieczenia wierzytelności jest skuteczna wobec masy upadłości, jeżeli została zawarta w formie pisemnej z datą pewną.

Art. 102. **[Wygaśnięcie umowy zlecenia]** 1. Zawarte przez upadłego umowy zlecenia lub komisu, w których upadły był dającym zlecenie lub komitentem, a także umowy o zarządzanie papierami wartościowymi upadłego wygasają z dniem ogłoszenia upadłości. Wierzytelność z tytułu poniesionej wskutek tego straty może być dochodzona w postępowaniu upadłościowym.

2. Od zawartych przez upadłego umów zlecenia lub komisu, w których upadły był przyjmującym zlecenie lub komisantem, można odstąpić z dniem ogłoszenia upadłości bez odszkodowania.

Art. 103. **[Wygaśnięcie umowy agencyjnej; skutki]** 1. Umowa agencyjna wygasa z dniem ogłoszenia upadłości jednej ze stron.

2. W razie upadłości dającego zlecenie agent ma prawo dochodzić w postępowaniu upadłościowym swojej wierzytelności powstałej z tytułu straty poniesionej wskutek wygaśnięcia umowy.

Art. 104. **[Wygaśnięcie umowy użyczenia]** 1. W razie ogłoszenia upadłości użyczającego lub biorącego do używania, umowa użyczenia, jeżeli rzecz już została wydana, ulega rozwiązaniu na żądanie jednej ze stron.

2. Jeżeli rzecz nie była jeszcze wydana, umowa wygasa.

2. The seller or the commission agent, to whom the movable has been returned shall reimburse the expenses that have been borne or are to be borne and any received advance payments.

3. The trustee may, however, keep the movable provided that the trustee pays or secures the payment of the price due from the bankrupt and related costs. The trustee may exercise this right within one month of the date the return has been requested.

Art. 101. [The effectiveness of reservation of ownership] 1. The reservation of the right of ownership stipulated in a sale agreement for the benefit of the seller shall not expire due to the declaration of bankruptcy of the purchaser, provided that such reservation is effective towards the bankrupt's creditors under the provisions of the Civil Code.

2. The agreement for the transfer of ownership of a thing, a claim or other right, entered into to secure a claim, shall be effective towards the bankruptcy estate, provided such agreement has been concluded in writing with a date certain.

Art. 102. [Expiry of mandate agreements] 1. Mandate and commission agreements, entered into by the bankrupt, under which the bankrupt acted as the mandator or principal, as well as agreements on management of the bankrupt's securities, shall expire with the declaration of bankruptcy. The claim for any loss suffered therefrom may be pursued in the bankruptcy proceedings.

2. Mandate and commission agreements, entered into by the bankrupt, under which the bankrupt acted as the agent, may be rescinded with the declaration of bankruptcy, without compensation.

Art. 103. [Expiry of agency agreements; effects] 1. An agency agreement shall expire with the declaration of bankruptcy of either party.

2. In the case of bankruptcy of the principal, the agent shall be entitled to pursue in the bankruptcy proceedings a claim for compensation for any loss suffered thereby as a result of the expiry of the agreement.

Art. 104. [Expiry of loan for use agreements] 1. In the case of a declaration bankruptcy of a lender or the borrower, the loan for use agreement shall be terminated upon request of either party, if the thing has already been delivered.

2. The agreement shall expire if the thing has not yet been delivered.

Art. 105. [Wygaśnięcie umowy pożyczki] W razie upadłości jednej ze stron umowy pożyczki, umowa pożyczki wygasa, gdy przedmiot pożyczki nie został jeszcze wydany.

Art. 106. [Obowiązek zapłaty czynszu za najem rzeczy ruchomej] Pobranie z góry przez upadłego przed ogłoszeniem upadłości czynszu najmu rzeczy ruchomej za czas dłuższy niż sześć miesięcy, licząc od dnia ogłoszenia upadłości, nie zwalnia najemcy od obowiązku zapłaty czynszu do masy upadłości.

Art. 107. [Umowa najmu lub dzierżawy nieruchomości] 1. Umowa najmu lub dzierżawy nieruchomości upadłego wiąże strony, jeżeli przedmiot umowy przed ogłoszeniem upadłości został wydany najemcy lub dzierżawcy.

2. Pobranie z góry przez upadłego przed ogłoszeniem upadłości czynszu najmu za czas dłuższy niż trzy miesiące, a czynszu dzierżawy za czas dłuższy niż sześć miesięcy, licząc w obu przypadkach od dnia ogłoszenia upadłości, jak również rozporządzanie tym czynszem, nie zwalnia najemcy lub dzierżawcy od obowiązku zapłaty czynszu do masy upadłości.

Art. 108. [Skutki sprzedaży nieruchomości] Sprzedaż przez syndyka w toku postępowania upadłościowego nieruchomości upadłego wywołuje takie same skutki w stosunku do umowy najmu lub dzierżawy, jak sprzedaż w postępowaniu egzekucyjnym.

Art. 109. [Wypowiedzenie umowy najmu lub dzierżawy nieruchomości] 1. Na podstawie zarządzenia sędziego-komisarza syndyk wypowiada umowę najmu lub dzierżawy nieruchomości upadłego z zachowaniem trzymiesięcznego okresu wypowiedzenia, także wtedy, gdy wypowiedzenie tej umowy przez upadłego nie było dopuszczalne. Zarządzenie sędzia-komisarz może wydać, jeżeli trwanie umowy utrudnia likwidację masy upadłości albo gdy czynsz najmu lub dzierżawy odbiega od przeciętnych czynszów za najem lub dzierżawę nieruchomości tego samego rodzaju.

2. Druga strona rozwiązanej umowy może dochodzić w postępowaniu upadłościowym odszkodowania z powodu rozwiązania umowy najmu lub dzierżawy przed terminem przewidzianym w umowie, zgłaszając te wierzytelności sędziemu-komisarzowi.

Art. 105. [Expiry of loan agreements] In the case of bankruptcy of either party to a loan agreement, the loan agreement shall expire if the object of the loan has not yet been disbursed or delivered.

Art. 106. [Duty to pay the rent for the lease of a movable] Even if the bankrupt has collected rent due under an agreement for the lease of a movable, in advance for at least six months, counting from the day bankruptcy is declared, the lessee shall not be released from the obligation to pay the rent to the bankruptcy estate.

Art. 107. [Agreement for lease or tenancy of a real property] 1. An agreement for the lease or tenancy of the bankrupt's real property shall bind the parties, provided that the vacant possession of the real property was delivered to the lessee or tenant before the declaration of bankruptcy.

2. Even if the bankrupt has collected lease rent in advance for at least three months, and the tenancy rent – in advance for at least six months, in both cases counting from the day bankruptcy is declared, as well as if it has disposed of this rent, the lessee or the tenant shall not be released from the obligation to pay the rent to the bankruptcy estate.

Art. 108. [Effects of selling a real property] A sale of the real property effected by the trustee in the course of the bankruptcy proceedings produces the same effect with respect to the lease or tenancy agreement as the sale effected in the execution proceedings.

Art. 109. [Termination of a lease or tenancy agreement with a notice] 1. Under an order of the judg-commissioner, the trustee shall terminate the agreement for lease or tenancy of the bankrupt's real property, with a three-month notice, even if termination by the bankrupt was inadmissible. The judge-commissioner may issue such order when the continuation of the agreement impedes the liquidation of the bankruptcy estate or when the lease or tenancy rent differs from average rent for the lease or tenancy of real property of the same kind.

2. The other party to the terminated agreement may pursue in the bankruptcy proceedings a claim for compensation for the termination of the lease or tenancy agreement before the date set forth in the terminated agreement, filing the claim with the judge-commissioner.

Art. 110. [Odstąpienie od umowy] 1. Jeżeli w dniu ogłoszenia upadłości przedmiot najmu lub dzierżawy nie był jeszcze wydany upadłemu, każda ze stron może odstąpić od umowy najmu lub dzierżawy nieruchomości zawartej przez upadłego jako najemcę lub dzierżawcę. Oświadczenie o odstąpieniu powinno być złożone w terminie dwóch miesięcy od dnia ogłoszenia upadłości.

2. Odstąpienie od umowy nie pociąga za sobą obowiązku odszkodowania.

3. Jeżeli przedmiot najmu lub dzierżawy w dniu ogłoszenia upadłości był już wydany upadłemu, syndyk może wypowiedzieć umowę najmu lub dzierżawy, także wtedy, gdy wypowiedzenie tej umowy przez upadłego nie było dopuszczalne. Jeżeli umowa dotyczy nieruchomości, w której prowadzone było przedsiębiorstwo upadłego, wypowiedzenie następuje z zachowaniem sześciomiesięcznego terminu wypowiedzenia, w innych zaś przypadkach – z zachowaniem terminu ustawowego, chyba że terminy wypowiedzenia przewidziane w umowie są krótsze.

4. Rozwiązanie umowy nie może nastąpić przed upływem terminu, za który czynsz zapłacono z góry. Na zarządzenie sędziego-komisarza syndyk wypowiada umowę najmu lub dzierżawy przed tym terminem, jeżeli dalsze trwanie umowy utrudniałoby prowadzenie postępowania upadłościowego, w szczególności gdy prowadzi do zwiększenia kosztów upadłości.

5. Wynajmujący lub wydzierżawiający może dochodzić w postępowaniu upadłościowym odszkodowania z powodu rozwiązania najmu lub dzierżawy przed terminem przewidzianym w umowie, jednak za czas nie dłuższy niż dwa lata.

Art. 111. [Wygaśnięcie umowy kredytu] 1. Z dniem ogłoszenia upadłości umowa kredytu wygasa, jeżeli przed tym terminem kredytodawca nie przekazał środków pieniężnych do dyspozycji upadłego. Kredytodawca może dochodzić naprawienia szkody w postępowaniu upadłościowym, zgłaszając te wierzytelności sędziemu-komisarzowi.

2. W razie oddania do dyspozycji upadłego przed dniem ogłoszenia upadłości części środków pieniężnych, upadły traci prawo do żądania wypłaty części nieprzekazanej.

Art. 112. [Wygaśnięcie umowy rachunku papierów wartościowych] 1. Z dniem ogłoszenia upadłości wygasa umowa rachunku papierów wartościowych upadłego.

Art. 110. [Rescission of agreements] 1. If on the date bankruptcy is declared the possession of the object of lease or tenancy has not yet been delivered to the bankrupt, either party may rescind the agreement for the lease or tenancy of real property, entered into by the bankrupt acting as lessee or tenant. The rescission notice should be made within two months of the date bankruptcy is declared.

2. Rescission of the agreement shall not result in a duty to compensate the damage.

3. If on the date bankruptcy is declared the object of lease or tenancy has already been delivered to the bankrupt, the trustee may terminate the lease or tenancy agreement, even if termination by the bankrupt was inadmissible. If the agreement concerns the real property where the bankrupt operated its enterprise, the termination shall be made with a six-month notice, whereas in other cases – with the statutory termination notice, unless the agreement provides for a shorter termination notice.

4. The agreement may not be terminated before the end of the period for which the rent has been paid in advance. Under an order of the judge-commissioner, the trustee shall terminate the lease or tenancy agreement before the end of that period, if the continuation of the agreement were to impede the conduct of the bankruptcy proceedings, and in particular when it increases the costs of bankruptcy.

5. The lessor or landlord may pursue a claim in the bankruptcy proceedings for compensation for the termination of the lease or tenancy before the date set forth in the agreement, for a period no longer than two years.

Art. 111. [Expiry of bank credit agreements] 1. A bank credit agreement shall expire on the date bankruptcy is declared if prior to that date the creditor did not disburse the funds to the bankrupt. The creditor may pursue a claim in the bankruptcy proceedings for compensation, filing the claim with the judge-commissioner.

2. If only a portion of the funds was disbursed to the bankrupt prior to the date of declaring bankruptcy, the bankrupt shall lose the right to request the disbursement of the remaining balance.

Art. 112. [Expiry of securities account agreements] 1. The bankrupt's securities account agreement shall expire on the date bankruptcy is declared.

2. Ogłoszenie upadłości nie ma wpływu na umowy rachunku bankowego upadłego.

Art. 113. [Wygaśnięcie umowy przechowania] 1. Z dniem ogłoszenia upadłości wygasają umowy o udostępnienie skrytek sejfowych oraz umowy przechowania zawarte przez upadłego z bankiem. Wydanie złożonych w skrytkach przedmiotów lub papierów wartościowych następuje w terminie uzgodnionym z syndykiem, jednak nie później niż w terminie trzech miesięcy od dnia ogłoszeniu upadłości.

2. Za okres korzystania ze skrytek i innych form przechowania po ogłoszeniu upadłości bank pobiera opłaty według stawek obowiązujących strony w ostatnim miesiącu przed dniem ogłoszenia upadłości.

3. Roszczenia banku, o których mowa w ust. 2, mogą być dochodzone w postępowaniu upadłościowym, według zasad określonych dla dochodzenia zwrotu kosztów postępowania.

Art. 114. [Wypowiedzenie umowy leasingu] 1. W razie ogłoszenia upadłości korzystającego z rzeczy na podstawie umowy leasingu syndyk może w terminie dwóch miesięcy od dnia ogłoszenia upadłości, za zgodą sędziego-komisarza, wypowiedzieć umowę leasingu ze skutkiem natychmiastowym.

2. W razie ogłoszenia upadłości finansującego leasing przepisów art. 98 i 99 nie stosuje się.

Art. 115. [Umowa obowiązkowego ubezpieczenia majątkowego] 1. Ogłoszenie upadłości ubezpieczonego nie ma wpływu na umowy obowiązkowego ubezpieczenia majątkowego.

2. Do umów ubezpieczeń majątkowych zawartych przez upadłego przed dniem ogłoszenia upadłości stosuje się odpowiednio przepisy art. 98 i 99.

Art. 116. [Majątkowe roszczenia małżonka] Roszczenia małżonka upadłego wynikające z umowy majątkowej małżeńskiej mogą być uwzględnione tylko wówczas, gdy była ona zawarta wcześniej niż dwa lata przed dniem złożenia wniosku o ogłoszenie upadłości.

Art. 117. [Skutki zmiany postanowienia] W razie zmiany postanowienia o ogłoszeniu upadłości obejmującej likwidację majątku upadłego na postanowienie o ogłoszeniu upadłości z możliwością zawarcia układu, skutki prawne ogłoszenia upadłości oraz czynności określonych w niniejszym rozdziale pozostają w mocy. Za zgodą obu stron mogą jednak być uchylone.

2. The declaring of bankruptcy shall not affect the bankrupt's bank account agreement.

Art. 113. [Expiry of safe-keeping agreements] 1. Agreements on providing safe-deposit boxes and on safe-keeping concluded by the bankrupt with a bank shall expire on the date bankruptcy is declared. Items and securities deposited in the safe-deposit boxes shall be returned on the date agreed upon with the trustee, not later, however, than within three months of the date bankruptcy is declared.

2. For the period of use of the safe-deposit boxes and other forms of safe-keeping after the declaration of bankruptcy, the bank shall charge fees according to the rates in force as between the parties in the month prior to the date of bankruptcy is declared.

3. The claims of the bank referred to in Section 2 may be pursued in the bankruptcy proceedings according to the rules concerning the reimbursement of the costs of the proceedings.

Art. 114. [Termination of leasing agreements] 1. In the case of a declaration of bankruptcy of a lessee using a thing under a leasing agreement, within two months of the date bankruptcy is declared the trustee may, upon the consent of the judge-commissioner, terminate the leasing agreement with immediate effect.

2. In the case of a declaration of bankruptcy of the lessor, Articles 98 and 99 shall not apply.

Art. 115. [Contracts of compulsory property insurance] 1. The declaration of bankruptcy of an insured entity shall not affect the contracts of compulsory property insurance.

2. Articles 98 and 99 shall apply accordingly to the contracts of property insurance, concluded by the bankrupt prior to the date bankruptcy is declared.

Art. 116. [Proprietary claims of the spouse] Claims of the bankrupt's spouse, which arise from the marriage contract, may only be allowed if the contract was concluded at least two years prior to the filing of the petition to declare bankruptcy.

Art. 117. [Effects of converting the decision] If the decision declaring bankruptcy by liquidation of the bankrupt's assets is converted into the decision declaring bankruptcy with the possibility to make an arrangement, the legal effects of declaring bankruptcy and of the acts described in this Chapter shall remain in force. However, they may be waived upon the consent of both parties.

Art. 118. **[Skutki zmiany postanowienia]** W razie zmiany postanowienia o ogłoszeniu upadłości z możliwością zawarcia układu na postanowienie o ogłoszeniu upadłości obejmującej likwidację majątku upadłego, skutki ogłoszenia upadłości wymienione w przepisach niniejszego oddziału powstają z dniem wydania postanowienia o jego zmianie.

Rozdział 3. Skutki ogłoszenia upadłości co do spadków nabytych przez upadłego

Art. 119. **[Wejście spadku do masy upadłości]** 1. Jeżeli do spadku otwartego po ogłoszeniu upadłości powołany zostaje upadły, spadek wchodzi do masy upadłości. Syndyk, nadzorca sądowy albo zarządca nie składają oświadczenia o przyjęciu spadku, a spadek uważa się za przyjęty z dobrodziejstwem inwentarza.

2. Jeżeli otwarcie spadku nastąpiło przed ogłoszeniem upadłości, a do chwili jej ogłoszenia nie upłynął jeszcze termin do złożenia oświadczenia o przyjęciu lub odrzuceniu spadku i powołany spadkobierca oświadczenia takiego nie złożył, przepis ust. 1 stosuje się odpowiednio.

3. Przepisy ust. 1 i 2 stosuje się odpowiednio w razie ustanowienia zapisów na rzecz upadłego.

Art. 120. **[Nieważność umowy zbycia spadku]** Umowa zbycia całości lub części spadku albo całości lub części udziału spadkowego zawarta przez upadłego po ogłoszeniu upadłości jest nieważna. Nieważna jest też dokonana przez niego czynność rozporządzająca udziałem w przedmiocie należącym do spadku, jak i jego zgoda na rozporządzenie udziałem w przedmiocie należącym do spadku przez innego spadkobiercę.

Art. 121. **[Wyłączenie spadku z masy]** 1. Jeżeli w skład spadku wchodzą wierzytelności i prawa wątpliwe co do istnienia lub możliwości ich wykonania, można wyłączyć spadek z masy upadłości.

2. Spadek podlega wyłączeniu, jeżeli składniki majątkowe wchodzące w skład spadku są trudno zbywalne albo z innych przyczyn wejście spadku do masy upadłości nie byłoby korzystne dla postępowania upadłościowego.

3. Postanowienie o wyłączeniu spadku z masy upadłości wydaje z urzędu sędzia-komisarz. Postanowienie to podlega ogłoszeniu przez obwieszczenie. Na postanowienie przysługuje zażalenie upadłemu i wierzycielom.

Art. 118. [Effects of converting the decision] If the decision declaring bankruptcy with the possibility to make an arrangement is converted into the decision declaring bankruptcy by liquidation of the bankrupt's assets, the effects of declaring bankruptcy set forth in this Subchapter shall arise on the date the decision on conversion is issued.

Chapter 3. Effects of Declaring Bankruptcy with Respect to an Estate Inherited by the Bankrupt

Art. 119. [Including the inheritance estate into the bankruptcy estate] 1. If the bankrupt is entitled to inherit an estate opened after the declaration of bankruptcy, this estate shall be included in the bankruptcy estate. The trustee, court supervisor or administrator need not make a declaration on acceptance of the succession, and the succession shall be presumed to be accepted with the benefit of inventory.

2. If the inheritance estate was opened before the declaration of bankruptcy and until the moment of declaration of bankruptcy the time limit to make a declaration on acceptance or renunciation of the succession has not yet lapsed and if the entitled heir has not made such a declaration, Section 1 shall apply accordingly.

3. Sections 1 and 2 shall apply accordingly when legacies have been given to the bankrupt.

Art. 120. [Invalidity of agreements to alienate the inheritance estate] An agreement to alienate the entire inheritance estate or a portion thereof or the entire share in the inheritance estate or a portion thereof, entered into by the bankrupt after the declaration of bankruptcy, shall be null and void. An act under which the bankrupt disposed of a share in an item included in the inheritance estate, as well as his consent to the disposition of such share by another heir, shall also be null and void.

Art. 121. [Exemption of the inheritance estate from the bankruptcy estate] 1. When claims and rights, the existence or the feasibility of performance of which are doubtful, are included in the inheritance estate, this estate may then be exempted from the bankruptcy estate.

2. The inheritance estate shall be subject to exemption, if the assets included in the inheritance estate are difficult to dispose of, or if due to other reasons the inclusion of the inheritance estate in the bankruptcy estate would not be beneficial to the bankruptcy proceeding.

3. The decision to exclude the inheritance estate from the bankruptcy estate shall be issued ex officio by the judge-commissioner. The decision shall be made public by an announcement. The decision shall be subject to appeal by the bankrupt and the creditors.

Art. 122. [Oświadczenie o przyjęciu lub odrzuceniu spadku] Jeżeli spadek zostanie wyłączony z masy upadłości, oświadczenie o przyjęciu lub odrzuceniu spadku składa spadkobierca. Termin do złożenia oświadczenia zaczyna biec od chwili uprawomocnienia się postanowienia o wyłączeniu.

Art. 123. [Bezskuteczność oświadczenia] Oświadczenie upadłego o odrzuceniu spadku jest bezskuteczne w stosunku do masy upadłości, jeżeli zostało złożone po ogłoszeniu upadłości.

Rozdział 4. Wpływ ogłoszenia upadłości na stosunki majątkowe małżeńskie upadłego

Art. 124. [Ustanie wspólności majątkowej] 1. W razie ogłoszenia upadłości jednego z małżonków wspólność ustawowa między małżonkami ustaje z mocy prawa z dniem ogłoszenia upadłości, a majątek wspólny wchodzi do masy upadłości. Podział majątku wspólnego po ogłoszeniu upadłości jednego z małżonków jest wyłączony.

2. Przepis ust. 1 stosuje się odpowiednio, gdy na podstawie umowy majątkowej małżeńskiej wspólność została ograniczona lub rozszerzona.

3. Małżonek upadłego może dochodzić w postępowaniu upadłościowym należności z tytułu udziału w majątku wspólnym, zgłaszając tę wierzytelność sędziemu-komisarzowi.

4. Domniemywa się, że majątek wspólny powstały w okresie prowadzenia przedsiębiorstwa przez upadłego został nabyty ze środków pochodzących z dochodów tego przedsiębiorstwa.

Art. 125. [Zniesienie wspólności majątkowej] 1. Zniesienie wspólności majątkowej na podstawie orzeczenia sądu w ciągu roku przed dniem złożenia wniosku o ogłoszenie upadłości jest bezskuteczne w stosunku do wierzycieli upadłego.

2. Po ogłoszeniu upadłości nie można znieść wspólności ustawowej z datą wcześniejszą w stosunku do daty ogłoszenia upadłości.

3. Przepis ust. 1 stosuje się odpowiednio, gdy wspólność majątkowa ustała w wyniku ubezwłasnowolnienia jednego z małżonków orzeczonego w ciągu roku przed dniem złożenia wniosku o ogłoszenie upadłości.

Art. 122. [Declaration on acceptance or renunciation of succession] If the inheritance estate has been exempted from the bankruptcy estate, the heir shall make a declaration on acceptance or renunciation of the succession. The time period to make the declaration shall start on the moment when the exemption decision has become final.

Art. 123. [Ineffectiveness of the declaration] The bankrupt's declaration on renunciation of the succession shall be ineffective towards the bankruptcy estate, if made after the declaration of bankruptcy.

Chapter 4. Effects of Declaring Bankruptcy with Respect to the Marital Proprietary Regime of the Bankrupt

Art. 124. [Dissolution of the joint property regime by virtue of law] 1. If bankruptcy of one of the spouses has been declared, the joint (indivisible) property regime of the spouses shall cease to exist by virtue of law on the date bankruptcy is declared and the joint marital estate shall be included in the bankruptcy estate. The division of the joint marital estate after the declaration of bankruptcy of one of the spouses shall be excluded.

2. Section 1 shall apply accordingly when the joint property regime has been limited or extended under a marriage contract.

3. The bankrupt's spouse can pursue, in the bankruptcy proceedings, amounts resulting from its share in the joint marital estate, filing the claim with the judge-commissioner.

4. It shall be presumed that the joint marital estate, accumulated during the period of time when the bankrupt operated its enterprise, was purchased with the resources derived from the income of that enterprise.

Art. 125. [Dissolution of the joint property regime by a court judgement] 1. Dissolution of the joint property regime, decreed by a court judgement, effected within one year prior to the filing of the petition to declare bankruptcy, shall be ineffective towards the bankrupt's creditors.

2. After the declaration of bankruptcy, the joint property regime may not be dissolved as at a date earlier than the date of declaring bankruptcy.

3. Section 1 shall apply accordingly if the joint property regime has been dissolved as a result of incapacitation of one of the spouses, decreed within one year prior to the filing of the petition to declare bankruptcy.

Art. 126. [Umowa majątkowa znosząca wspólność] 1. Zniesienie wspólności majątkowej umową majątkową jest skuteczne w stosunku do masy upadłości tylko wtedy, gdy umowa zawarta została co najmniej dwa lata przed dniem złożenia wniosku o ogłoszenie upadłości.

2. Przepis ust. 1 stosuje się odpowiednio, gdy umową majątkową ograniczono wspólność majątkową.

Dział III. Bezskuteczność i zaskarżanie czynności upadłego

Art. 127. [Bezskuteczność czynności prawnych upadłego] 1. Bezskuteczne w stosunku do masy upadłości są czynności prawne dokonane przez upadłego w ciągu roku przed dniem złożenia wniosku o ogłoszenie upadłości, którymi rozporządził on swoim majątkiem, jeżeli dokonane zostały nieodpłatnie albo odpłatnie, ale wartość świadczenia upadłego przewyższa w rażącym stopniu wartość świadczenia otrzymanego przez upadłego lub zastrzeżonego dla upadłego lub dla osoby trzeciej.

2. Przepis ust. 1 stosuje się odpowiednio do ugody sądowej, uznania powództwa i zrzeczenia się roszczenia.

3. Bezskuteczne są również zabezpieczenie i zapłata długu niewymagalnego, dokonane przez upadłego w terminie dwóch miesięcy przed dniem złożenia wniosku o ogłoszenie upadłości. Jednak ten, kto otrzymał zapłatę lub zabezpieczenie, może w drodze powództwa lub zarzutu żądać uznania tych czynności za skuteczne, jeżeli w czasie ich dokonania nie wiedział o istnieniu podstawy do ogłoszenia upadłości.

4. Przepisów ust. 1–3 nie stosuje się do zabezpieczeń ustanowionych przed dniem ogłoszenia upadłości w związku z terminowymi operacjami finansowymi lub sprzedażą papierów wartościowych ze zobowiązaniem do ich odkupu, o których mowa w art. 85 ust. 1.

Art. 128. [Bezskuteczność czynności prawnych odpłatnych] 1. Czynności prawne odpłatne dokonane przez upadłego w terminie sześciu miesięcy przed dniem złożenia wniosku o ogłoszenie upadłości z małżonkiem, krewnym lub powinowatym w linii prostej, krewnym lub powinowatym w linii bocznej do drugiego stopnia włącznie albo z przysposobionym lub przysposabiającym są bezskuteczne w stosunku do masy upadłości.

2. Przepis ust. 1 stosuje się odpowiednio do czynności upadłego, będącego spółką lub osobą prawną, dokonanej z jej wspólnikami, ich reprezentantami lub ich małżonkami, jak również ze spółkami powiązanymi, ich wspólnikami, reprezentantami lub małżonkami tych osób.

Art. 126. [Dissolution of the joint property regime under a marriage contract] 1. Dissolution of the joint property regime under a marriage contract shall be effective towards the bankruptcy estate only if the marriage contract was concluded at least two years prior to the filing of the petition to declare bankruptcy.

2. Section 1 shall apply accordingly when the joint property regime was limited under a marriage contract.

Division III. Ineffectiveness of and Challenging the Bankrupt's Acts

Art. 127. [Ineffectiveness of legal acts of the bankrupt] 1. All legal acts performed by the bankrupt within one year prior to the filing of the petition to declare bankruptcy, on the basis of which the bankrupt has disposed of its assets, shall be ineffective towards the bankruptcy estate if such acts were performed gratuitously or for consideration, but where the value of the bankrupt's performance significantly exceeds the value of the consideration received by the bankrupt or reserved for the bankrupt or a third party.

2. Section 1 shall apply accordingly to a court settlement, acknowledgement of action and waiver of claim.

3. Securing and payment of an undue debt, effected by the bankrupt within two months prior to the filing of the petition to declare bankruptcy, shall also be ineffective. However, the recipient of the payment or security may, by way of bringing an action or making a plea, request the recognition of these acts as effective provided that at the time of effecting them the recipient did not know that basis existed for declaring bankruptcy.

4. Sections 1–3 shall not apply to any collateral securities established prior to the declaration of bankruptcy in connection with futures and securities buybacks, described in Article 85.1.

Art. 128. [Ineffectiveness of legal acts for consideration] 1. Legal acts for consideration, performed by the bankrupt within six months prior to the filing of the petition to declare bankruptcy, shall be ineffective towards the bankruptcy estate when performed with the spouse, with a relative by blood or marriage in the direct line, with a relative by blood or marriage in the collateral line up to within the second degree, or with an adopted child or adoptive parent.

2. Section 1 shall apply accordingly to a legal act of a bankrupt which is a partnership or a legal person, performed with its partners, shareholders, representatives or their spouses, as well as with affiliated companies, their shareholders, representatives or their spouses.

3. Przepis ust. 1 stosuje się także do czynności upadłego będącego spółką, których dokonał z inną spółką, jeżeli jedna z nich była spółką dominującą.

Art. 129. [Bezskuteczność wynagrodzenia umownego] 1. Jeżeli wynagrodzenie za pracę pracownika upadłego wykonującego zadania w zakresie zarządu przedsiębiorstwem lub wynagrodzenie osoby świadczącej usługi związane z zarządem przedsiębiorstwem upadłego, określone w umowie o pracę lub umowie o świadczenie usług zawartej przed ogłoszeniem upadłości, jest rażąco wyższe od wynagrodzenia za danego rodzaju pracę lub świadczenie usług i nie jest uzasadnione nakładem pracy, sędzia-komisarz na wniosek syndyka, nadzorcy sądowego, zarządcy lub z urzędu może uznać, że określona część wynagrodzenia umownego jest bezskuteczna w stosunku do masy upadłości.

2. W przypadku, o którym mowa w ust. 1, sędzia-komisarz określa podlegające zaspokojeniu z masy upadłości wynagrodzenia w wysokości odpowiedniej do pracy wykonanej przez pracownika lub świadczącego usługę. Sędzia-komisarz wydaje postanowienie po wysłuchaniu upadłego, syndyka, nadzorcy sądowego lub zarządcy oraz pracownika lub świadczącego usługę.

3. Przepis ust. 1 i 2 stosuje się odpowiednio do świadczeń przysługujących w związku z rozwiązaniem stosunku pracy albo umowy o usługi związane z zarządem przedsiębiorstwem, z tym że ograniczenie wysokości tych świadczeń następuje do wysokości określonych według zasad powszechnie obowiązujących.

4. Na postanowienie sędziego-komisarza przysługuje zażalenie.

Art. 130. [Bezskuteczność hipoteki, zastawu] 1. Sędzia-komisarz na wniosek syndyka, nadzorcy sądowego, zarządcy lub z urzędu uzna za bezskuteczne w stosunku do masy upadłości obciążenie majątku upadłego hipoteką, zastawem, zastawem rejestrowym, zastawem skarbowym lub innym obciążeniem rzeczowym, gdy upadły nie był dłużnikiem osobistym, jeżeli obciążenie to ustanowione zostało na rok przed dniem złożenia wniosku o ogłoszenie upadłości, a w związku z ustanowieniem tego zabezpieczenia upadły nie otrzymał żadnego świadczenia.

2. Przepis ust. 1 stosuje się odpowiednio, jeżeli obciążenie rzeczowe ustanowione zostało w zamian za świadczenie, które jest niewspółmiernie niskie do wartości udzielanego zabezpieczenia.

3. Section 1 shall also apply to a legal act of a bankrupt which is a partnership or a company, performed with another partnership or company, provided one of these was dominant over the other.

Art. 129.[Ineffectiveness of contractual remuneration] 1. If the remuneration paid to an employee of the bankrupt, performing tasks related to the management of the enterprise or the remuneration of a person rendering services connected with the management of the enterprise of the bankrupt, specified in an employment contract or a service agreement, concluded prior to the declaration of bankruptcy, is significantly higher than the remuneration paid for similar work or services and, furthermore, it is not justified by the work input, the judge-commissioner may decree *ex officio* or upon a motion of the trustee, court supervisor or administrator, that a certain part of the contractual remuneration is ineffective towards the bankruptcy estate.

2. In the case referred to in Section 1, the judge-commissioner shall specify the remuneration which will be satisfied from the bankruptcy estate, in an amount corresponding to the work accomplished by the employee or the person rendering services. The judge-commissioner shall issue a decision after hearing the debtor, trustee, court supervisor or administrator and the employee or the person rendering such services.

3. Sections 1 and 2 shall apply accordingly to the compensation due in connection with the termination of the employment relationship or the service agreement, related to the management of the enterprise; however, the limitation of the amount of this compensation shall be determined according to applicable rules.

4. The decision of the judge-commissioner shall be subject to appeal.

Art. 130. [Ineffectiveness of a mortgage, pledge] 1. The judge-commissioner shall *ex officio* or upon a motion of the trustee, court supervisor or administrator, declare as ineffective towards the bankruptcy estate any encumbrance of the bankrupt's property with a mortgage, pledge, registered pledge, tax lien or any other encumbrance in rem, if the bankrupt was not a personal debtor, provided that this encumbrance was established one year prior to the filing of the petition to declare bankruptcy and the bankrupt did not receive any consideration for the creation of that security.

2. Section 1 shall apply accordingly, if the encumbrance in rem has been established in return for a consideration of a significantly lower value than the value of the created security.

3. Bez względu na wysokość świadczenia otrzymanego przez upadłego sędzia-komisarz uzna za bezskuteczne obciążenia, o których mowa w ust. 1 i 2, jeżeli obciążenia te zabezpieczają długi osób, o których mowa w art. 128.

4. Na postanowienie sędziego-komisarza przysługuje zażalenie.

Art. 131. [Odesłanie] W sprawach nieuregulowanych przepisami art. 127–130 do zaskarżenia czynności prawnych upadłego, dokonanych z pokrzywdzeniem wierzycieli, stosuje się odpowiednio przepisy art. 132–134 oraz przepisy Kodeksu cywilnego o ochronie wierzyciela w razie niewypłacalności dłużnika.

Art. 132. [Prawo do wniesienia powództwa] 1. Powództwo może wytoczyć syndyk, nadzorca sądowy albo zarządca.

2. Syndyk, nadzorca sądowy albo zarządca nie ponosi opłat sądowych.

3. Nie można żądać uznania czynności za bezskuteczną po upływie dwóch lat od dnia ogłoszenia upadłości, chyba że na podstawie przepisów Kodeksu cywilnego uprawnienie to wygasło wcześniej. Termin ten nie ma zastosowania, gdy żądanie uznania czynności za bezskuteczną zgłoszone zostało w drodze zarzutu.

Art. 133. [Wejście na miejsce powoda] 1. Syndyk, nadzorca sądowy albo zarządca może wejść na miejsce powoda w sprawie wszczętej przez wierzyciela, który zaskarżył czynności upadłego. W tym przypadku, jeżeli pozwanym był także upadły, postępowanie w stosunku do niego umarza się po uprawomocnieniu się postanowienia o ogłoszeniu upadłości.

2. Z odzyskanej części majątku syndyk, nadzorca sądowy albo zarządca zwraca wierzycielowi poniesione przez niego koszty procesu.

3. W razie umorzenia postępowania upadłościowego lub uchylenia postępowania upadłościowego przed zakończeniem sprawy, o której mowa w ust. 1, sąd zawiadamia o toczącym się procesie wierzyciela, który może w ciągu dwóch tygodni przystąpić do sprawy w charakterze powoda. Wierzyciel, który zgłosił swoje przystąpienie do sprawy, nie może żądać powtórzenia dotychczasowego postępowania.

4. Wierzyciel, który otrzymał przed ogłoszeniem upadłości jakiekolwiek świadczenie na mocy wyroku uznającego czynność upadłego za bezskuteczną, nie ma obowiązku wydania otrzymanego świadczenia masie upadłości.

3. Regardless of the amount of the consideration received by the bankrupt, the judge-commissioner shall declare as ineffective the encumbrances referred to in Sections 1 and 2 if such encumbrances secure the debts of the persons referred to in Article 128.

4. The decision of the judge-commissioner shall be subject to appeal.

Art. 131. [References] In matters not regulated in Articles 127–130, Articles 132–134 of this Law and the provisions of the Civil Code on the protection of the creditor in the case of the debtor's insolvency shall apply accordingly to the actions brought against the legal acts of the bankrupt performed to the detriment of the creditors.

Art. 132. [The right to bring the action] 1. The action may be brought by the trustee, court supervisor or administrator.

2. The trustee, court supervisor or administrator shall not be charged with court fees.

3. It is not possible to demand that a legal act be declared ineffective, if more than two years have elapsed from the date bankruptcy was declared, unless under the provisions of the Civil Code this claim expired earlier. The above time limit shall not apply when the demand to declare the legal act as ineffective has been raised by way of a plea.

Art. 133. [Replacing the plaintiff] 1. The trustee, court supervisor or administrator may replace the plaintiff in a lawsuit initiated by a creditor who challenged the bankrupt's acts. In such case, if the bankrupt was one of the defendants, the proceedings with respect to the bankrupt shall be discontinued after the decision declaring bankruptcy has become final.

2. The trustee, court supervisor or administrator shall reimburse the creditor for the costs of the proceedings borne thereby from the recovered part of the assets.

3. If the bankruptcy proceedings are discontinued or quashed prior to the closure of the case referred to in Section 1, the court shall notify the creditor of the pending action; the creditor may, within two weeks, join in the case as the plaintiff. The creditor who has declared its joining in the case may not request a repetition of the proceedings conducted so far.

4. A creditor who, prior to the declaration of bankruptcy, received any performance under a ruling declaring an act of the bankrupt as ineffective shall not be obliged to release the received performance to the bankruptcy estate.

Art. 134. [Przekazanie do masy upadłości] 1. Jeżeli czynność upadłego jest bezskuteczna z mocy prawa lub została uznana za bezskuteczną, to co wskutek tej czynności ubyło z majątku upadłego lub do niego nie weszło, podlega przekazaniu do masy upadłości, a gdy przekazanie w naturze jest niemożliwe, do masy upadłości powinna być wpłacona równowartość w pieniądzach.

2. W przypadkach, o których mowa w ust. 1, świadczenie wzajemne osoby trzeciej zwraca się tej osobie, jeżeli znajduje się w masie upadłości oddzielnie od innego majątku lub o ile masa upadłości jest nim wzbogacona. Jeżeli świadczenie nie podlega zwrotowi, osoba trzecia może dochodzić wierzytelności w postępowaniu upadłościowym.

Art. 135. [Wyłączenie stosowania] Przepisów umożliwiających zaskarżanie czynności prawnych lub określających bezskuteczność czynności prawnych dokonanych przez upadłego nie stosuje się do kompensowania i jego wyników dokonanych przez upadłego przed ogłoszeniem upadłości w związku z jego uczestnictwem w systemie płatności lub w systemie rozrachunku papierów wartościowych, w rozumieniu ustawy, o której mowa w art. 22 ust. 1 pkt 4.

Dział IV. Wpływ ogłoszenia upadłości na zlecenia rozrachunku w systemach płatności i systemach rozrachunku papierów wartościowych

Art. 136. [Skutki prawne zlecenia rozrachunku] W razie ogłoszenia upadłości uczestnika systemu płatności lub systemu rozrachunku papierów wartościowych, o którym mowa w art. 22 ust. 1 pkt 4, skutki prawne zlecenia rozrachunku wynikające z jego wprowadzenia do systemu oraz wyniki kompensowania są niepodważalne i wiążące dla osób trzecich, jeżeli zlecenie to zostało wprowadzone do systemu przed ogłoszeniem upadłości.

Art. 137. [Moc wiążąca zlecenia] Jeżeli zlecenie rozrachunku, o którym mowa w art. 136, zostało wprowadzone do systemu i jest wykonane w dniu ogłoszenia upadłości, skutki prawne wynikające z jego wprowadzenia do systemu są niepodważalne i wiążące dla osób trzecich jedynie wtedy, gdy po terminie rozrachunku agent rozrachunkowy, partner centralny lub izba rozliczeniowa wykażą, że nie wiedzieli ani nie mogli wiedzieć o ogłoszeniu upadłości.

Art. 134. [Transfer to the bankruptcy estate] 1. When an act of the bankrupt is ineffective by virtue of law or if it has been declared ineffective, all that as a result of this act has been transferred out of the bankrupt's estate or has not been contributed to it shall be transferred to the bankruptcy estate, and if an in-kind transfer is not possible, the monetary equivalent shall be paid to the bankruptcy estate.

2. In the cases referred to in Section 1, the reciprocal performance of a third party shall be returned to that person, if it is included in the bankruptcy estate separately from other assets, or if the bankruptcy estate is enriched thereby. When the performance is not subject to return, the third party may pursue its claim in the bankruptcy proceedings.

Art. 135. [Exclusion of application] The provisions which permit to bring actions against legal acts or which specify the ineffectiveness of the legal acts made by the bankrupt, shall not apply to netting and its results, performed by the bankrupt prior to the declaration of bankruptcy in connection with the bankrupt's participation in a payment system or a securities settlement system within the meaning of the law referred to in Article 22.1.4.

Division IV. Effects of Declaring Bankruptcy with Respect to a Transfer Order in a Payment System or a Securities Settlement System

Art. 136. [Legal effects of the transfer order] If the participant in a payment system or a securities settlement system referred to in Article 22.1.4 is declared bankrupt, the legal effects of the transfer order resulting from its entering into the system, and the results of netting, shall be legally enforceable and binding on third parties, only if the order was entered into the system prior to the declaration of bankruptcy.

Art. 137. [Binding force of the transfer order] If the transfer order referred to in Article 136 has been entered into the system and is carried out on the date bankruptcy is declared, it shall be legally enforceable and binding on third parties only if, after the time of settlement, the settlement agent, the central counterparty or the clearing house prove that they were not aware, nor should have been aware, of the declaration of bankruptcy.

Dział V. Wpływ ogłoszenia upadłości na postępowania sądowe i administracyjne

Rozdział 1. Wpływ ogłoszenia upadłości na inne postępowania w razie ogłoszenia upadłości z możliwością zawarcia układu

Art. 138. [Wstąpienie do postępowań sądowych] 1. Jeżeli ustanowiono zarząd własny upadłego, nadzorca sądowy wstępuje z mocy prawa do postępowań sądowych i administracyjnych dotyczących masy upadłości prowadzonych na rzecz lub przeciwko upadłemu.

2. W sprawach cywilnych nadzorca sądowy ma uprawnienia interwenienta ubocznego, do którego stosuje się odpowiednio przepisy o współuczestnictwie jednolitym.

3. W sprawach, o których mowa w ust. 1, uznanie roszczenia, zrzeczenie się roszczenia, zawarcie ugody lub przyznanie okoliczności istotnych dla sprawy przez upadłego, bez zgody nadzorcy sądowego, nie wywiera skutków prawnych.

Art. 139. [Wyłączne prawo zarządcy] 1. Jeżeli upadły pozbawiony został prawa zarządu masą upadłości, postępowania sądowe i administracyjne dotyczące masy upadłości mogą być wszczęte i prowadzone wyłącznie przez zarządcę. Postępowania te zarządca prowadzi na rzecz upadłego, lecz w imieniu własnym.

2. Przepisu ust. 1 nie stosuje się do postępowań w sprawach o alimenty należne od upadłego.

Art. 140. [Zawieszenie postępowań] 1. Z dniem ogłoszenia upadłości postępowania zabezpieczające i egzekucyjne – zarówno sądowe, jak i administracyjne – prowadzone przeciwko upadłemu w celu zaspokojenia należności, które z mocy prawa są objęte układem, ulegają zawieszeniu z mocy prawa. Sumy uzyskane w zawieszonych postępowaniach organ egzekucyjny z urzędu przekazuje do masy upadłości. Sędzia-komisarz może uchylić dokonane zajęcia lub zabezpieczenia, z wyjątkiem ustanowionych w postępowaniu zabezpieczającym hipotek przymusowych i hipotek morskich, jeżeli jest to niezbędne dla prowadzenia przedsiębiorstwa upadłego albo z innych ważnych przyczyn.

Division V. Effects of Declaring Bankruptcy with Respect to Court and Administrative Proceedings

Chapter 1. Effects of Declaring Bankruptcy with Respect to Other Proceedings in the Case of a Declaration of Bankruptcy with the Possibility to Make an Arrangement

Art. 138. [Joining court and administrative proceedings] 1. In the event self-administration has been decreed, the court supervisor shall – by virtue of law – join in the court and administrative proceedings concerning the bankruptcy estate, conducted for or against the bankrupt.

2. In civil cases the court supervisor shall have the powers of a secondary intervener, to whom the provisions on uniform participation shall apply accordingly.

3. In the cases referred to in Section 1, the bankrupt's acknowledgement and waiver of a claim, conclusion of a settlement or acknowledgement of facts material to the case, without the consent of the court supervisor, shall not have any legal effect.

Art. 139. [Exclusive right of the administrator] 1. If the bankrupt has been deprived of the right to administer the bankruptcy estate, court and administrative proceedings concerning the bankruptcy estate may be opened and conducted only by the administrator. In these proceedings the administrator shall act on behalf of the bankrupt, but in its own name.

2. Section 1 shall not apply to proceedings concerning alimony due from the bankrupt.

Art. 140. [Stay of proceedings] 1. From the date bankruptcy is declared, proceedings to secure claims and execution proceedings – both court and administrative – pending against the bankrupt in order to satisfy the amounts, which – by virtue of law – are included in the arrangement, shall be stayed by virtue of law. The enforcement officer shall ex officio contribute the amounts obtained in the stayed proceedings to the bankruptcy estate. The judge-commissioner may revoke the effected seizures or securities, save for compulsory and maritime mortgages established in the proceedings to secure claims, if it is necessary for operating the bankrupt's enterprise or due to other important reasons.

2. Jeżeli w okresie od dnia ogłoszenia upadłości do dnia ogłoszenia w Monitorze Sądowym i Gospodarczym postanowienia o ogłoszeniu upadłości, w ramach prowadzonych postępowań zabezpieczających albo egzekucji wypłacono już wierzycielom sumy uzyskane w egzekucji lub postępowaniu zabezpieczającym, otrzymane należności zalicza się na poczet należności określonych układem, a w razie zmiany orzeczenia na ogłoszenie upadłości obejmującej likwidację majątku upadłego, zalicza się na poczet sum uzyskanych z podziału funduszów masy upadłości.

Art. 141. [Zawieszenie egzekucji] 1. Sędzia-komisarz, na wniosek lub z urzędu, może zawiesić prowadzone przeciwko upadłemu postępowanie zabezpieczające albo egzekucyjne co do należności, które nie są z mocy prawa objęte układem. Zawieszenie to nie może trwać dłużej niż trzy miesiące.

2. Przepisu ust. 1 nie stosuje się do postępowań zabezpieczających i egzekucji alimentów i rent za wywołanie choroby, niezdolności do pracy, kalectwa lub śmierci, jak również egzekucji należności za pracę, do wysokości minimalnego wynagrodzenia za pracę.

Art. 142. [Zapis na sąd polubowny] Zapis na sąd polubowny dokonany przez upadłego traci moc z dniem ogłoszenia upadłości, a toczące się już postępowania ulegają umorzeniu.

Art. 143. [Odpowiednie stosowanie] W razie zmiany postanowienia o ogłoszeniu upadłości z możliwością zawarcia układu na postanowienie o ogłoszeniu upadłości obejmującej likwidację majątku upadłego, przepisy rozdziału 2 niniejszego działu stosuje się z dniem uprawomocnienia się postanowienia o zmianie sposobu prowadzenia postępowania upadłościowego.

Rozdział 2. Wpływ ogłoszenia upadłości na inne postępowania w razie ogłoszenia upadłości obejmującej likwidację majątku upadłego

Art. 144. [Postępowanie sądowe i administracyjne] 1. Jeżeli ogłoszono upadłość obejmującą likwidację majątku upadłego, postępowania sądowe i administracyjne dotyczące masy upadłości mogą być wszczęte i dalej prowadzone jedynie przez syndyka lub przeciwko niemu.

2. Postępowania, o których mowa w ust. 1, syndyk prowadzi na rzecz upadłego, lecz w imieniu własnym.

2. If, in the period between the date bankruptcy is declared and the date the decision declaring bankruptcy was made public by an announcement in *Monitor Sądowy i Gospodarczy*, in the pending proceedings to secure claims or execution proceedings the amounts obtained in the execution proceedings or proceedings to secure claims have already been paid out to the creditors, the received amounts shall be counted towards the amounts specified in the arrangement, and in the case the decision declaring bankruptcy with the possibility to make an arrangement is converted into the decision declaring bankruptcy by liquidation of the bankrupt's assets, such amounts shall be counted towards the amounts received from the distribution of the bankruptcy estate funds.

Art. 141. [Stay of execution] 1. The judge-commissioner may ex officio or upon a motion stay the proceedings to secure claims or the execution proceedings pending against the bankrupt in respect of the amounts which are not, by virtue of law, included in the arrangement. The stay of proceedings may not last longer than three months.

2. Section 1 shall not apply to proceedings to secure or enforce alimony claims, disease-related pensions, workers' compensation, disability or death benefits, and remuneration for work up to the amount of the minimum remuneration.

Art. 142. [Arbitration clause] Any arbitration clause concluded by the bankrupt shall lose its legal effect as at the date bankruptcy is declared and any pending arbitration proceedings shall be discontinued.

Art. 143. [*Mutatis mutandis* applicability of other provisions] If the decision declaring bankruptcy with the possibility to make an arrangement is converted into the decision declaring bankruptcy with liquidation of the bankrupt's assets, Chapter 2 of this Division shall apply from the date the decision converting the manner of conducting the bankruptcy proceedings becomes final.

Chapter 2. Effects of Declaring Bankruptcy with Respect to Other Proceedings in the Case of a Declaration of Bankruptcy by Liquidation of the Bankrupt's Assets

Art. 144. [Court and administrative proceedings] 1. If bankruptcy by liquidation of the bankrupt's assets has been declared, court and administrative proceedings concerning the bankruptcy estate may be opened and continued only by the trustee or against it.

2. In the proceedings referred to in Section 1, the trustee shall act on behalf of the bankrupt, but in its own name.

Art. 145. [Podjęcie postępowania] 1. Postępowanie sądowe lub administracyjne w sprawie wszczętej przeciwko upadłemu przed dniem ogłoszenia upadłości o wierzytelność lub inne należności, które podlegają zaspokojeniu z masy upadłości, może być podjęte przeciwko syndykowi, jednak tylko w przypadku, gdy w postępowaniu upadłościowym wierzytelności te po wyczerpaniu trybu określonego ustawą nie zostały umieszczone na liście wierzytelności.

2. Przepisu ust. 1 nie stosuje się do postępowań w sprawach o alimenty należne od upadłego.

Art. 146. [Zawieszenie egzekucji] 1. Postępowanie egzekucyjne – zarówno sądowe, jak i administracyjne – wszczęte przeciwko upadłemu przed ogłoszeniem jego upadłości ulega zawieszeniu z mocy prawa z datą ogłoszenia upadłości. Postępowanie egzekucyjne umarza się z mocy prawa po uprawomocnieniu się postanowienia o ogłoszeniu upadłości.

2. Sumy uzyskane w zawieszonym postępowaniu egzekucyjnym i niewydane przelewa się do masy upadłości, a wierzyciele, którzy prowadzili egzekucję, będą zaspokojeni według przepisów ustawy.

3. Przepisy ust. 1 i 2 stosuje się odpowiednio, gdy na majątku upadłego ustanowiono zabezpieczenie w ramach postępowania zabezpieczającego. Zaspokojenie wierzycieli, których roszczenie zabezpieczono hipoteką przymusową lub hipoteką morską, następuje według przepisów ustawy.

4. W czasie postępowania upadłościowego niedopuszczalne jest wszczęcie postępowań egzekucyjnych z masy upadłości przeciwko upadłemu. Orzeczenie zasądzające świadczenie od upadłego wydane po ogłoszeniu upadłości podlega wykonaniu według przepisów ustawy.

Art. 147. [Zapis na sąd polubowny] Zapis na sąd polubowny dokonany przez upadłego traci moc z dniem ogłoszenia upadłości, a toczące się już postępowania ulegają umorzeniu.

Art. 148. [Skutki zmiany postępowania] W razie zmiany postanowienia o ogłoszeniu upadłości obejmującej likwidację majątku upadłego na postanowienie o ogłoszeniu upadłości z możliwością zawarcia układu, skutki wymienione w rozdziale 1 niniejszego działu powstają z dniem wydania postanowienia o zmianie sposobu prowadzenia postępowania upadłościowego.

Art. 145. [Continuance of proceedings] 1. Court or administrative proceedings, opened against the bankrupt prior to the date bankruptcy is declared, with respect to a claim or other amounts to be satisfied from the bankruptcy estate, may be continued against the trustee, however only if these claims have not been recorded in the bankruptcy proceedings on the list of claims under the procedure set forth in this Law.

2. Section 1 shall not apply to proceedings concerning alimony due from the bankrupt.

Art. 146. [Stay of execution] 1. Execution proceedings – both court and administrative – opened against the bankrupt before its bankruptcy is declared, shall be stayed by virtue of law as at the date bankruptcy is declared. The execution proceedings shall be discontinued by virtue of law after the decision declaring bankruptcy becomes final.

2. The amounts obtained in the stayed execution proceedings and not yet released shall be contributed to the bankruptcy estate, and the creditors who conducted the execution shall be satisfied according to the provisions of this Law.

3. Sections 1 and 2 shall apply accordingly when, in the proceedings to secure claims, a security has been established on the bankrupt's assets. Creditors whose claims have been secured by a compulsory or maritime mortgage shall be satisfied according to the provisions of this Law.

4. In the course of the bankruptcy proceedings, proceedings against the bankrupt concerning execution from the bankruptcy estate shall be inadmissible. Any judgement awarding performance from the bankrupt, rendered after the declaration of bankruptcy, shall be performed in accordance with the provisions of this Law.

Art. 147. [Arbitration clause] Any arbitration clause concluded by the bankrupt shall lose its legal effect as at the date bankruptcy is declared and any pending arbitration proceedings shall be discontinued.

Art. 148. [The effects of converting the decision] If the decision declaring bankruptcy by liquidation of the bankrupt's assets is converted into the decision declaring bankruptcy with the possibility to make an arrangement, the effects specified in Chapter 1 of this Division shall arise on the date the decision converting the manner of conducting the bankruptcy proceedings is issued.

Tytuł IV. Przepisy ogólne o postępowaniu upadłościowym prowadzonym po ogłoszeniu upadłości

Dział I. Sąd i sędzia-komisarz

Rozdział 1. Sąd

Art. 149. [Właściwość sądu] 1. Po ogłoszeniu upadłości postępowanie upadłościowe toczy się w sądzie upadłościowym, który ogłosił upadłość.

2. Jeżeli postępowanie zostało wszczęte w kilku sądach właściwych, sprawa należy do właściwości sądu, który pierwszy wydał postanowienie o ogłoszeniu upadłości.

3. Jeżeli w toku postępowania okaże się, że właściwy jest inny sąd, sprawę przekazuje się temu sądowi. Na postanowienie o przekazaniu nie przysługuje zażalenie. Postanowienie wiąże sąd, któremu sprawa została przekazana. Czynności dokonane w sądzie niewłaściwym pozostają w mocy.

Art. 150. [Skład orzekający] 1. Sąd upadłościowy orzeka w składzie jednego sędziego zawodowego, z zastrzeżeniem ust. 2.

2. W przedmiocie wynagrodzenia i zwrotu wydatków syndyka, nadzorcy sądowego i zarządcy oraz rozpoznając zażalenie na postanowienie sędziego-komisarza sąd upadłościowy orzeka w składzie trzech sędziów zawodowych.

3. Jeżeli sąd rozpoznaje zażalenie na postanowienie sędziego-komisarza, w skład sądu nie może wchodzić sędzia-komisarz.

Rozdział 2. Sędzia-komisarz

Art. 151. [Wykonanie czynności] Po ogłoszeniu upadłości czynności postępowania upadłościowego wykonuje sędzia-komisarz, z wyjątkiem czynności, dla których właściwy jest sąd.

Art. 152. [Rola sędziego-komisarza w postępowaniu] 1. Sędzia-komisarz kieruje tokiem postępowania, sprawuje nadzór nad czynnościami syndyka, nadzorcy sądowego i zarządcy, oznacza czynności, których syndykowi, nadzorcy albo zarządcy nie wolno wykonywać bez jego zezwolenia lub bez zgody rady wierzycieli, jak również zwraca uwagę na popełnione przez nich uchybienia.

2. Sędzia-komisarz pełni ponadto inne czynności określone w ustawie.

Title IV. General Provisions on Bankruptcy Proceedings Conducted after the Declaration of Bankruptcy

Division I. Court and judge-commissioner

Chapter 1. Court

Art. 149. [Jurisdiction] 1. After bankruptcy has been declared, the bankruptcy proceedings shall be conducted by the bankruptcy court which declared bankruptcy.

2. When the proceedings have been opened in several competent courts, the court which first issued the decision declaring bankruptcy shall have jurisdiction.

3. If in the course of the proceedings it turns out that another court should have jurisdiction, the case shall be transferred to that court. The decision transferring the case shall not be subject to appeal. The decision shall bind the court to which the case has been transferred. Actions performed by the court of improper jurisdiction shall remain in force.

Art. 150. [Composition of the court] 1. The bankruptcy court shall adjudicate in a panel of one professional judge, subject to Section 2.

2. In cases on remuneration and reimbursement of expenses of the trustee, court supervisor and administrator, as well as when deciding an appeal against the decision of the judge-commissioner, the bankruptcy court shall adjudicate in a panel of three professional judges.

3. When the court decides an appeal against the decision of the judge-commissioner, the judge-commissioner may not be on the panel.

Chapter 2. The judge-commissioner

Art. 151. [Performance of acts] After bankruptcy has been declared, the acts within the bankruptcy proceedings shall be performed by the judge-commissioner, save for acts within the court's scope of duty.

Art. 152. [Duties of judge-commissioner in the proceedings] 1. The judge-commissioner shall direct the course of the proceedings, supervise the acts of the trustee, court supervisor and administrator, specify the acts which the trustee, court supervisor or administrator may not perform without his approval or without the consent of the creditors' committee, as well as point out mistakes committed by them.

2. The judge-commissioner shall also perform other acts set forth in this Law.

Art. 153. **[Skargi na czynności komornika]** Skargi na czynności komornika rozpoznaje w postępowaniu upadłościowym sędzia-komisarz.

Art. 154. **[Zakres uprawnień sędziego-komisarza]** Sędzia-komisarz w zakresie swych czynności ma prawa i obowiązki sądu i przewodniczącego.

Art. 155. **[Pomoc organów administracji]** 1. Organy administracji publicznej obowiązane są udzielać pomocy sędziemu-komisarzowi w wykonywaniu jego czynności.

2. Po ogłoszeniu postanowienia o ogłoszeniu upadłości w Monitorze Sądowym i Gospodarczym, banki, w których upadły ma rachunki bankowe, sejfy lub skrytki, zobowiązane są zawiadomić o tym sędziego-komisarza.

Dział II. Syndyk, nadzorca sądowy, zarządca i ich zastępcy

Rozdział 1. Przepisy ogólne

Art. 156. **[Okoliczności powołania]** 1. Syndyka powołuje się w razie ogłoszenia upadłości obejmującej likwidację majątku upadłego.

2. Nadzorcę sądowego powołuje się w razie ogłoszenia upadłości z możliwością zawarcia układu.

3. Zarządcę powołuje się w razie ogłoszenia upadłości z możliwością zawarcia układu, gdy odebrano zarząd majątkiem upadłemu. Zarządcę ustanawia się także, gdy ustanowiono nad częścią majątku zarząd własny upadłego. W sprawach objętych tym zarządem zarządca pełni czynności zastrzeżone dla nadzorcy sądowego.

Art. 157. **[Wymóg licencji]** 1. Syndykiem, nadzorcą sądowym albo zarządcą może być osoba fizyczna posiadająca odpowiednią licencję.

2. Syndykiem, nadzorcą sądowym albo zarządcą może być również spółka handlowa, której wspólnicy ponoszący odpowiedzialność za zobowiązania spółki bez ograniczenia całym swoim majątkiem albo członkowie zarządu reprezentujący spółkę posiadają taką licencję.

3. Zasady i tryb wydawania licencji, o której mowa w ust. 1, określi odrębna ustawa.

Art. 153. [Complaints against actions of an enforcement officer]
Complaints against the actions of the enforcement officer shall be decided
in the bankruptcy proceedings by the judge-commissioner.

Art. 154. [The scope of rights and duties of the judge-commissioner]
Within the scope of his actions, the judge-commissioner shall have the
rights and duties of the court and the presiding judge.

Art. 155. [Assistance of public administration authorities] 1. Public administration authorities shall provide assistance to the judge-commissioner
in the performance of his duties.

2. After the decision on declaring bankruptcy has been made public by
an announcement in the *Monitor Sądowy i Gospodarczy,* the banks, in
which the bankrupt maintains accounts and safe-deposit vaults or boxes,
shall notify the judge-commissioner thereof.

Division II. Trustee, Court Supervisor, Administrator and Their Deputies

Chapter 1. General Provisions

Art. 156. [Appointment] 1. A trustee shall be appointed in the case of
a declaration of bankruptcy by liquidation of the bankrupt's assets.

2. A court supervisor shall be appointed in the case of a declaration of
bankruptcy with the possibility to make an arrangement.

3. An administrator shall be appointed in the case of a declaration of
bankruptcy with the possibility to make an arrangement, when the bankrupt has been deprived of the right to administer his assets. The administrator shall also be appointed if self-administration over a portion of the assets
has been decreed. In matters falling within the scope of this administration,
the administrator shall act in lieu of the court supervisor.

Art. 157. [Requirement to have an appropriate licence] 1. A natural
person with an appropriate license may be appointed as the trustee, court
supervisor or administrator.

2. A commercial partnership or a company may also be appointed as
a trustee, court supervisor or administrator, if partners liable without limitation
with their whole property for the partnership's obligations or members of the
board representing the partnership or company have an appropriate license.

3. The conditions and the mode of issuing the licence referred to in
Section 1 shall be determined in a separate law.

4. Syndyk, nadzorca sądowy, zarządca będący osobą fizyczną jest osobą prowadzącą pozarolniczą działalność w rozumieniu przepisów o systemie ubezpieczeń społecznych oraz o powszechnym ubezpieczeniu zdrowotnym.

Art. 158. [Powołanie syndyka] 1. W razie zmiany postanowienia o ogłoszeniu upadłości z możliwością zawarcia układu na postanowienie o ogłoszeniu upadłości obejmującej likwidację majątku upadłego, sąd orzeka również o odwołaniu nadzorcy sądowego albo zarządcy i powołaniu syndyka. Dotychczasowy nadzorca sądowy lub zarządca może być powołany na stanowisko syndyka, jeżeli posiada licencję, o której mowa w art. 157 ust. 1.

2. W razie zmiany postanowienia o ogłoszeniu upadłości obejmującej likwidację majątku upadłego na postanowienie o ogłoszeniu upadłości z możliwością zawarcia układu, sąd orzeka również o odwołaniu syndyka i powołaniu nadzorcy sądowego albo zarządcy. Osoba pełniąca funkcję syndyka może być powołana na stanowisko nadzorcy sądowego albo zarządcy, jeżeli ma licencję, o której mowa w art. 157 ust. 1.

Art. 159. [Powołanie zastępcy] 1. Na wniosek syndyka, nadzorcy sądowego albo zarządcy lub z urzędu sędzia-komisarz może powołać zastępcę syndyka, zastępcę nadzorcy sądowego albo zastępcę zarządcy, jeżeli jest to potrzebne, zwłaszcza w razie wykonywania czynności w innym okręgu sądowym.

2. Sędzia-komisarz określa zakres czynności zastępcy syndyka, zastępcy nadzorcy sądowego albo zastępcy zarządcy.

3. Do zastępcy syndyka, zastępcy nadzorcy sądowego i zastępcy zarządcy stosuje się odpowiednio przepisy o posiadaniu licencji, o której mowa w art. 157 ust. 1, oraz o wynagrodzeniu, zwrocie wydatków i odpowiedzialności za szkodę odpowiednio syndyka, nadzorcy sądowego albo zarządcy.

Art. 160. [Czynności na rachunek upadłego] 1. W sprawach dotyczących masy upadłości syndyk, zarządca oraz nadzorca sądowy dokonują czynności na rachunek upadłego, lecz w imieniu własnym.

2. Syndyk, nadzorca sądowy i zarządca nie odpowiadają za zobowiązania zaciągnięte w sprawach dotyczących masy upadłości.

3. Syndyk, nadzorca sądowy i zarządca odpowiadają za szkodę wyrządzoną na skutek nienależytego wykonywania obowiązków.

4. The trustee, court supervisor, or administrator being a natural person shall be considered a person carrying out a non-agricultural business within the meaning of the provisions on the social security system and on the health insurance system.

Art. 158. [Appointment of the trustee] 1. If the decision declaring bankruptcy with the possibility to make an arrangement is converted into the decision declaring bankruptcy by liquidation of the bankrupt's assets, the court shall also decide on the dismissal of the court supervisor or administrator and the appointment of the trustee. The court supervisor or administrator acting so far in the proceedings may be appointed as the trustee, providedit he has the licence referred to in Article 157.1.

2. If the decision declaring bankruptcy by liquidation of the bankrupt's assets is converted into the decision declaring bankruptcy with the possibility to make an arrangement, the court shall also decide on the dismissal of the trustee and the appointment of the court supervisor or administrator. The trustee acting so far in the proceedings may be appointed as the court supervisor or administrator, provided he has the licence, referred to in Article 157.1.

Art. 159. [Appointment of the deputy] 1. The judge-commissioner may ex officio or upon a motion of the trustee, court supervisor or administrator appoint a deputy of the trustee, court supervisor or administrator, when it is deemed necessary, in particular when duties are performed in another court district.

2. The judge-commissioner shall determine the scope of duties of the deputy of the trustee, court supervisor or administrator.

3. The provisions on the licence referred to in Article 157.1 and on the remuneration and reimbursement of expenses, as well as on the liability for damage, of the trustee, court supervisor or administrator shall apply accordingly to their deputies.

Art. 160. [Acts on behalf of the bankrupt] 1. In matters concerning the bankruptcy estate the trustee, court supervisor and administrator shall act on behalf of the bankrupt but in their own name.

2. The trustee, court supervisor and administrator shall not be liable for obligations contracted in matters concerning the bankruptcy estate.

3. The trustee, court supervisor and administrator shall be liable for damage caused by improper performance of their duties.

Art. 161. [Pełnomocnictwa] 1. Syndyk, nadzorca sądowy i zarządca mogą udzielać pełnomocnictw do dokonywania czynności prawnych. Mogą też udzielać pełnomocnictw procesowych w postępowaniach sądowych i administracyjnych.

2. Za szkodę wyrządzoną przez pełnomocników syndyk, nadzorca sądowy i zarządca odpowiadają jak za działanie własne.

Art. 162. [Wysokość wynagrodzenia] 1. Syndyk, nadzorca sądowy i zarządca mają prawo do wynagrodzenia za swoje czynności odpowiadającego wykonanej pracy.

2. Wysokość wynagrodzenia nie może przekroczyć wartości 5% funduszów masy upadłości. Jeżeli wartość 5% funduszów masy upadłości nie jest wystarczająca dla ustalenia wynagrodzenia, o którym mowa w ust. 1, ustala się wynagrodzenie w wysokości nieprzekraczającej czterdziestokrotności przeciętnego miesięcznego wynagrodzenia w sektorze przedsiębiorstw bez wypłat nagród z zysku w czwartym kwartale roku poprzedniego, ogłoszonego przez Prezesa Głównego Urzędu Statystycznego.

3. Syndykowi, nadzorcy sądowemu i zarządcy przysługuje prawo do zwrotu wydatków koniecznych, poniesionych w związku z wykonywaniem czynności, jeżeli wydatki te zostały uznane przez sędziego-komisarza.

4. W razie śmierci syndyka, nadzorcy sądowego i zarządcy roszczenie o należne im wynagrodzenie oraz zwrot wydatków należy do spadku po nich.

5. W szczególnie uzasadnionych przypadkach sąd może określić wynagrodzenie wyższe niż określone w ust. 2 jednak nie więcej niż o 25%, jeżeli jest to uzasadnione zwiększonym nakładem pracy.

Art. 163. [Wynagrodzenie dodatkowe] Jeżeli syndyk bądź zarządca prowadzi przedsiębiorstwo upadłego, w przypadkach uzasadnionych szczególnym nakładem pracy, może otrzymać z tego tytułu dodatkowe wynagrodzenie nieprzekraczające 10% osiągniętego rocznego zysku.

Art. 164. [Orzeczenie sądu na wniosek; z urzędu] 1. O wynagrodzeniu i zwrocie wydatków syndyka, nadzorcy sądowego i zarządcy orzeka sąd na ich wniosek.

2. O wynagrodzeniu i zwrocie wydatków w przypadku, o którym mowa w art. 162 ust. 4, orzeka sąd z urzędu.

Art. 161. [Power of attorney] 1. The trustee, court supervisor and administrator may grant a power of attorney to perform legal acts. They may also grant a power of attorney to act in the court and administrative proceedings.

2. The trustee, court supervisor and administrator shall be liable for damage caused by the attorney-in-fact as for their own acts.

Art. 162. [Amount of remuneration] 1. The trustee, court supervisor and administrator shall be entitled to remuneration for the performance of their duties, corresponding to the work performed.

2. The total amount of remuneration may not exceed 5 per cent of the bankruptcy estate funds. If the amount of 5 per cent of the bankruptcy estate funds is not sufficient to determine the remuneration referred to in Section 1, the remuneration shall be fixed at a level not exceeding 40 times the average monthly salary in the enterprise sector, excluding payments from profit, in force in the fourth quarter of the preceding year, published by the President of the Main Statistical Office.

3. The trustee, court supervisor and administrator shall be entitled to receive reimbursement for any necessary expenses borne in relation to the performance of their duties, if these expenses have been accepted by the judge-commissioner.

4. In case of the death of the trustee, court supervisor or administrator, the claims for their remuneration and reimbursement of expenses shall be included in their respective inheritance estates.

5. In particularly justified cases, the court may award remuneration in an amount higher than that set forth in Section 2, such increase not exceeding 25 per cent, if it is justified by the increased work input.

Art. 163. [Additional remuneration] If the trustee or administrator administers the bankrupt's enterprise, in cases justified by extraordinary work input, the trustee may receive additional remuneration therefor, such remuneration not exceeding 10 per cent of the earned annual profit.

Art. 164. [Decision of the court made upon a motion or *ex officio*] 1. The court shall issue its decision on the remuneration and reimbursement of expenses of the trustee, court supervisor or administrator upon their motion.

2. The court shall *ex officio* issue its decision on the remuneration and reimbursement of expenses referred to in Article 162.4.

3. Syndyk traci prawo do wynagrodzenia i do zwrotu wydatków, jeżeli nie zażąda ich przed upływem terminu do wniesienia zarzutów przeciwko planowi ostatniego podziału, a gdy odwołanie syndyka nastąpiło wcześniej – jeżeli nie zażądał ich w terminie tygodnia od dnia doręczenia mu postanowienia o jego odwołaniu.

4. Nadzorca sądowy i zarządca tracą prawo do wynagrodzenia i do zwrotu wydatków, jeżeli nie zażądają ich przed upływem terminów do wniesienia zarzutów na układ, a gdy odwołanie nadzorcy sądowego i zarządcy nastąpiło wcześniej – jeżeli nie zażądali ich w terminie tygodnia od dnia doręczenia im postanowienia o odwołaniu.

Art. 165. **[Ustalenie wysokości wynagrodzenia]** 1. Wstępną wysokość wynagrodzenia syndyka, nadzorcy sądowego i zarządcy określa sąd na wniosek syndyka, nadzorcy sądowego albo zarządcy, złożony w terminie dwóch miesięcy od ich powołania i po zaopiniowaniu wniosku przez sędziego-komisarza.

2. Ostateczną wysokość wynagrodzenia ustala sąd po zatwierdzeniu sprawozdania syndyka, nadzorcy sądowego albo zarządcy z ich działalności, biorąc pod uwagę zakres oraz efekty dokonanych przez nich czynności.

3. Ustalając ostateczne wynagrodzenie syndyka, nadzorcy sądowego albo zarządcy, sąd jednocześnie orzeka o obowiązku zwrotu do masy upadłości wypłaconych zaliczek na wynagrodzenie lub o obowiązku zwrotu wydatków, jeżeli były wyższe od odpowiednio ostatecznego wynagrodzenia lub wydatków koniecznych do poniesienia. O zwrocie zaliczek lub wydatków sąd orzeka także wtedy, gdy syndyk, nadzorca sądowy lub zarządca nie złożyli sprawozdania ostatecznego.

4. Na postanowienie sądu w przedmiocie wynagrodzenia syndyka, nadzorcy sądowego i zarządcy oraz zwrotu wydatków i pobranych zaliczek do masy upadłości przysługuje zażalenie.

Art. 166. **[Zaliczki, zwrot wydatków]** 1. Syndyk, nadzorca sądowy i zarządca mają prawo do zaliczek na wynagrodzenie i zwrot wydatków.

2. Łączna wysokość przyznanych zaliczek na wynagrodzenie nie może przekraczać trzech czwartych wstępnego wynagrodzenia.

3. The trustee shall lose the right to remuneration and reimbursement of expenses if he does not request such payments before the elapse of the time limit to file objections to the final distribution plan, and in the case that the trustee was dismissed earlier – if he did not request such payment within one week of being served with the decision on his dismissal.

4. The court supervisor and administrator shall lose the right to remuneration and reimbursement of any expenses if they do not request such payments before the elapse of the time limit to file objections to the arrangement, and in the case that the court supervisor or administrator were dismissed earlier – if they did not request such payment within one week of being served with the decision on their dismissal.

Art. 165. [Determination of the amount of the remuneration] 1. The court shall determine the preliminary amount of remuneration of the trustee, court supervisor and administrator upon the motion of the trustee, court supervisor or administrator, filed within two months of their appointment and after the judge-commissioner has delivered an opinion on the motion.

2. The court shall determine the final amount of remuneration after the approval of the report of the trustee, court supervisor or administrator on their activities, taking into account the scope and results of their performance.

3. When determining the final remuneration of the trustee, court supervisor or administrator, the court shall at the same time impose an obligation to return to the bankruptcy estate the advance payments disbursed on account of the remuneration or the expenses, if they were higher than the final remuneration or, respectively, the expenses which had to be incurred. The court shall issue a decision on the return of advance payments or expenses also if the trustee, court supervisor or administrator have not submitted their final report.

4. The decision of the court on the remuneration of the trustee, court supervisor and administrator and the return to the bankruptcy estate of any expenses and collected advance payments shall be subject to appeal.

Art. 166. [Advance payments; reimbursement of expenses] 1. The trustee, court supervisor and administrator shall be entitled to advance payments on account of the remuneration and reimbursement of expenses.

2. The total amount of awarded advance payments on account of remuneration may not exceed the value of three quarters of the preliminary remuneration.

Art. 167. [Orzeczenie na wniosek] O zaliczkach na wynagrodzenie lub wydatki orzeka sędzia-komisarz na wniosek syndyka, nadzorcy sądowego albo zarządcy.

Art. 168. [Sprawozdanie z działalności] 1. Syndyk, nadzorca sądowy i zarządca składają sędziemu-komisarzowi w terminach przez niego wyznaczonych, przynajmniej co trzy miesiące, sprawozdanie ze swoich czynności oraz sprawozdanie rachunkowe z uzasadnieniem.

2. Zastępcy syndyka, nadzorcy sądowego albo zarządcy, jeżeli są ustanowieni, składają sprawozdania, o których mowa w ust. 1, w terminach wyznaczonych przez syndyka, nadzorcę sądowego albo zarządcę. Syndyk, nadzorca sądowy i zarządca składa te sprawozdania wraz ze swoim sprawozdaniem sędziemu-komisarzowi.

3. Sprawozdania rozpoznaje sędzia-komisarz po wysłuchaniu w miarę potrzeby i możliwości syndyka, nadzorcy sądowego lub zarządcy, upadłego i członków rady wierzycieli.

4. Po zakończeniu swojej działalności syndyk, nadzorca sądowy albo zarządca i ich zastępcy składają sprawozdanie ostateczne obejmujące sprawozdanie ze swoich czynności oraz sprawozdanie rachunkowe.

5. Sędzia-komisarz zatwierdza sprawozdanie rachunkowe lub dokonuje odpowiedniego sprostowania.

6. Do sprawozdań, o których mowa w ust. 1 i 4, nie stosuje się przepisów o rachunkowości.

Art. 169. [Sprawozdawczość] 1. Syndyk lub zarządca wykonuje obowiązki sprawozdawcze, jakie ciążyłyby na upadłym.

2. Syndyk lub zarządca prowadzący przedsiębiorstwo upadłego nie może prowadzić działalności wymagającej koncesji albo zezwolenia, chyba że co innego wynika z ustawy lub decyzji o przyznaniu koncesji albo zezwolenia.

Art. 170. [Postanowienia o odwołaniu] 1. Sędzia-komisarz odwołuje syndyka, nadzorcę sądowego albo zarządcę, jeżeli nie pełnią należycie swoich obowiązków lub z powodu przeszkody nie mogą ich pełnić. Postanowienie sędziego-komisarza o odwołaniu syndyka, nadzorcy sądowego albo zarządcy z powodu nienależytego pełnienia obowiązków wymaga uzasadnienia.

2. Sędzia-komisarz odwołuje syndyka, nadzorcę sądowego albo zarządcę na ich wniosek; może ich odwołać także na wniosek rady wierzycieli lub członka rady wierzycieli.

Art. 167. [Awarding upon a motion] The judge-commissioner shall issue a decision on awarding advance payments on account of remuneration or expenses upon a motion of the trustee, court supervisor or administrator.

Art. 168. [Report on activities] 1. The trustee, court supervisor and administrator shall submit to the judge-commissioner, at dates set by the judge, but at least every three months, a report on their activities and a financial report with a justification.

2. The deputies of the trustee, court supervisor or administrator, if appointed, shall submit the reports referred to in Section 1 at dates set by the trustee, court supervisor or administrator. The trustee, court supervisor and administrator shall submit these reports together with their reports to the judge-commissioner.

3. The judge-commissioner shall examine the reports after hearing, if necessary and feasible, the trustee, court supervisor or administrator, the bankrupt and the members of the creditors' committee.

4. After the termination of their activities, the trustee, court supervisor or administrator and their deputies shall submit a final report on their activities and a financial report.

5. The judge-commissioner shall approve the financial report or adjust it appropriately.

6. The provisions on accounting shall not apply to reports referred to in Sections 1 and 4.

Art. 169. [Reporting duties] 1. The trustee or administrator shall perform reporting duties that would otherwise have been incumbent on the bankrupt.

2. The trustee or administrator that administers the bankrupt's enterprise may not conduct activities requiring a licence or permit, unless otherwise provided by a law or the decision on granting the licence or permit.

Art. 170. [Decision on dismissal] 1. The judge-commissioner shall dismiss the trustee, court supervisor or administrator if they do not perform their duties properly or are otherwise prevented from performing such duties. The decision of the judge-commissioner to dismiss the trustee, court supervisor or administrator due to improper performance of their duties must be substantiated.

2. The judge-commissioner shall dismiss the trustee, court supervisor or administrator upon their motion or upon a motion of the creditors' committee or a member of the creditors' committee.

3. W razie śmierci syndyka, nadzorcy sądowego albo zarządcy sędzia-komisarz wyznacza inną osobę syndykiem, nadzorcą sądowym albo zarządcą.

Art. 171. [Odwołanie zastępców] 1. Sędzia-komisarz odwołuje zastępcę syndyka, nadzorcy sądowego albo zarządcy, jeżeli nie pełnią należycie swoich obowiązków albo gdy ich dalszy udział w postępowaniu nie jest potrzebny.

2. Przepisy art. 170 ust. 2 i 3 stosuje się odpowiednio.

Art. 172. [Zażalenie na postanowienie] 1. Na postanowienie sędziego-komisarza w przedmiocie odwołania syndyka, nadzorcy sądowego i zarządcy oraz ich zastępców przysługuje zażalenie. Sąd rozpoznaje zażalenie na rozprawie. Przepisu art. 222 ust. 1 zdanie drugie nie stosuje się.

2. Do czasu prawomocnego rozstrzygnięcia w przedmiocie odwołania syndyka, nadzorcy sądowego i zarządcy oraz ich zastępców sędzia-komisarz ustanawia zarządcę albo nadzorcę tymczasowego, do którego stosuje się odpowiednio przepisy o syndyku, nadzorcy sądowym i zarządcy.

Rozdział 2. Syndyk

Art. 173. [Zadania syndyka] Syndyk niezwłocznie obejmuje majątek upadłego, zarządza nim, zabezpiecza go przed zniszczeniem, uszkodzeniem lub zabraniem go przez osoby postronne oraz przystępuje do jego likwidacji.

Art. 174. [Wprowadzenie do majątku upadłego] 1. Jeżeli syndyk napotyka przeszkody przy obejmowaniu majątku upadłego, wprowadzenia syndyka w posiadanie majątku upadłego dokonuje komornik sądowy. Podstawę wprowadzenia stanowi postanowienie sądu o ogłoszeniu upadłości lub postanowienie o powołaniu syndyka bez potrzeby nadawania mu klauzuli wykonalności.

2. Koszty wprowadzenia pokrywa tymczasowo Skarb Państwa. Koszty te ściąga się od osób, które przeszkadzały w objęciu majątku, a w razie niemożności ściągnięcia, podlegają one zaspokojeniu z masy upadłości. Jeżeli działania utrudniające objęcie majątku przez syndyka podejmowało kilka osób, koszty wprowadzenia obciążają te osoby solidarnie.

3. O zwrocie kosztów, o których mowa w ust. 2, orzeka sędzia-komisarz. Na postanowienie sędziego-komisarza przysługuje zażalenie osobom zobowiązanym do zwrotu kosztów.

3. In the case of the death of the trustee court supervisor or administrator the judge-commissioner shall appoint another person as trustee, court supervisor or administrator.

Art. 171. [Dismissal of deputies] 1. The judge-commissioner shall dismiss the deputies of the trustee, court supervisor or administrator if they do not perform their duties properly or if their further participation in the proceedings is not necessary.

2. Article 170 Sections 2 and 3 shall apply accordingly.

Art. 172. [Appeal against decisions] 1. The decision of the judge-commissioner to dismiss the trustee, court supervisor and administrator and their deputies shall be subject to appeal. The court shall decide the appeal at a hearing. Article 222.1, second sentence, shall not apply.

2. Until a valid decision on the dismissal of the trustee, court supervisor and administrator and their deputies is issued, the judge-commissioner shall appoint an interim administrator or supervisor, to whom the provisions on the trustee, court supervisor and administrator shall apply accordingly.

Chapter 2. Trustee

Art. 173. [Duties of the trustee] The trustee shall immediately take possession of the bankrupt's assets, administer them, secure them against destruction, deterioration or appropriation by third parties, and initiate the process of liquidation of the assets.

Art. 174. [Seizure of bankrupt's assets] 1. If the trustee encounters obstacles in taking possession of the bankrupt's assets, the trustee shall seize the bankrupt's assets via the court enforcement officer. The basis for such seizure shall be the court's decision declaring bankruptcy or the decision appointing the trustee without the need to give it an enforceability clause.

2. The costs of seizure shall be temporarily financed by the State Treasury. These costs shall be charged to the persons who have obstructed the trustee from taking possession of the assets. Should this prove impossible, the costs shall be covered from the bankruptcy estate. If more than one person is responsible for obstructing the trustee from taking possession of the assets, the costs of seizure shall be charged to such persons jointly and severally.

3. The judge-commissioner shall issue the decision on reimbursement of the costs referred to in Section 2. The decision of the judge-commissioner shall be subject to appeal by the persons obligated to make such reimbursement.

Art. 175. **[Ujawnienia w księdze wieczystej]** Syndyk podejmuje niezbędne czynności celem ujawnienia postanowienia o ogłoszeniu upadłości w księdze wieczystej oraz w innych księgach i rejestrach, do których wpisany jest majątek upadłego.

Art. 176. **[Zawiadomienie o upadłości]** 1. Syndyk zawiadamia o upadłości tych wierzycieli, których adresy są znane na podstawie ksiąg upadłego, a także komornika ogólnej właściwości upadłego.

2. Syndyk zawiadamia placówki pocztowe o ogłoszeniu upadłości. Placówki te doręczają syndykowi adresowaną do upadłego korespondencję i wszelkie przesyłki. Syndyk wydaje upadłemu korespondencję i przesyłki, które nie dotyczą majątku masy upadłości lub których zatrzymanie nie jest potrzebne ze względu na zawarte w nich wiadomości.

3. Syndyk zawiadamia o upadłości banki i instytucje, z którymi upadły zawarł umowę o udostępnienie skrytki sejfowej albo złożył pieniądze lub inne przedmioty.

4. Syndyk wzywa przedsiębiorstwa przewozowe, przedsiębiorstwa spedycyjne i domy składowe, w których znajdują się lub mogą znajdować się towary należące do upadłego lub przesyłki do niego adresowane, o przekazanie syndykowi przesyłek lub towarów oraz aby nie wykonywały poleceń kierowanych do nich przez upadłego.

Art. 177. **[Zaspokojenie roszczeń pracowniczych]** 1. Syndyk niezwłocznie wykonuje obowiązki przewidziane przepisami o ochronie roszczeń pracowniczych w razie niewypłacalności pracodawcy.

2. Przekazane z Funduszu Gwarantowanych Świadczeń Pracowniczych środki nie wchodzą do masy upadłości i nie mogą służyć zaspokojeniu innych niż uprawnieni do ich odbioru wierzycieli.

Art. 178. **[Prawo do informacji]** Syndyk może żądać od organów administracji rządowej i samorządu terytorialnego potrzebnych informacji dotyczących majątku upadłego.

Art. 179. **[Zatrudnianie innych osób]** 1. Syndyk za zezwoleniem sędziego-komisarza może zatrudnić inne osoby lub zlecić wykonanie czynności innym osobom, jeżeli jest to niezbędne dla zabezpieczenia i likwidacji majątku upadłego.

Art. 175. [Recording in the land and mortgage register] The trustee shall undertake actions necessary for the decision declaring bankruptcy to be recorded in the land and mortgage register and any other records and registers in which the bankrupt's assets are recorded.

Art. 176. [Notification on the declaration of bankruptcy] 1. Upon the declaration of bankruptcy the trustee shall notify those creditors whose addresses are known on the basis of the bankrupt's books, as well as the enforcement officer with general jurisdiction over the bankrupt.

2. Upon the declaration of bankruptcy the trustee shall notify post offices. The post offices shall deliver to the trustee all correspondence addressed to the bankrupt, and all consignments. The trustee shall release to the bankrupt all correspondence and consignments which do not concern the bankruptcy estate, or the retention of which is not necessary in view of the information contained therein.

3. Upon the declaration of bankruptcy the trustee shall notify those banks and institutions, with which the bankrupt concluded agreements on providing safe-deposit boxes or with which the bankrupt has deposited money or other items.

4. The trustee shall instruct carriers, forwarding agents and warehouses, in which goods belonging to the bankrupt or consignments addressed to the bankrupt are stored or may be stored, to release such goods and consignments to the trustee, and not to perform any instructions of the bankrupt.

Art. 177. [Satisfying employees' claims] 1. The trustee shall without delay perform the duties set out in the provisions on the protection of employees' claims in the event of the employer's insolvency.

2. The amounts disbursed from the Guaranteed Employees' Benefits Funds shall not be included in the bankruptcy estate and they may not be used to satisfy the claims of creditors other than those entitled to receive such payments.

Art. 178. [Right to obtain information] The trustee may request from the state and local authorities all necessary information concerning the bankrupt's assets.

Art. 179. [Employment of other persons] 1. The trustee, upon the permission of the judge-commissioner, may employ or commission other persons to perform specific actions, if necessary to secure and liquidate the bankrupt's assets.

2. Wydając zezwolenie, o którym mowa w ust. 1, sędzia-komisarz określa górną granicę wynagrodzenia dla osób wykonujących te czynności.

3. Zezwolenie, o którym mowa w ust. 1 i 2, nie jest wymagane, jeżeli zatrudnienie innych osób przez syndyka albo zlecenie wykonania pewnych czynności przewidziano w preliminarzu wydatków zatwierdzonym przez sędziego-komisarza. W takim przypadku syndyk o zatrudnieniu zawiadamia sędziego-komisarza.

4. Syndyk może bez zezwolenia sędziego-komisarza, do czasu sporządzenia preliminarza wydatków, zatrudnić osoby potrzebne do dokonania spisu oraz dozoru masy upadłości. O zatrudnieniu syndyk zawiadamia sędziego-komisarza.

Rozdział 3. Nadzorca sądowy

Art. 180. [Zadania nadzorcy] 1. Jeżeli ogłoszono upadłość z możliwością zawarcia układu i ustanowiono zarząd własny upadłego, nadzorca sądowy powinien niezwłocznie podjąć czynności nadzorcze, a ponadto powinien sporządzić sprawozdanie finansowe na dzień poprzedzający ogłoszenie upadłości.

2. W ramach prowadzonego nadzoru nadzorca sądowy może w każdym czasie kontrolować czynności upadłego, a także przedsiębiorstwo upadłego. Może też sprawdzić, czy mienie upadłego, które nie jest częścią przedsiębiorstwa, jest dostatecznie zabezpieczone przed zniszczeniem.

Art. 181. [Okres pełnienia obowiązków] Nadzorca sądowy pełni swoje obowiązki do czasu prawomocnego zatwierdzenia układu albo do czasu zakończenia postępowania w inny sposób, jeżeli postanowienie sądu nie stanowi inaczej.

Rozdział 4. Zarządca

Art. 182. [Zadania zarządcy] 1. Zarządca niezwłocznie po powołaniu obejmuje zarząd masą upadłości, zabezpiecza ją przed zniszczeniem, uszkodzeniem lub zabraniem przez osoby trzecie oraz sporządza spis inwentarza i sprawozdanie finansowe na dzień poprzedzający ogłoszenie upadłości, jeżeli dotychczas w toku postępowania nie zostały sporządzone.

2. W razie gdy zarządca napotyka przeszkody przy obejmowaniu zarządu, przepis art. 174 stosuje się odpowiednio.

2. When granting the permission referred to in Section 1, the judge-commissioner shall determine the maximum remuneration for the persons performing these actions.

3. The permission referred to in Sections 1 and 2 shall not be required when the employment or commissioning of other persons by the trustee to perform specific actions has already been set forth in the estimate of expenses approved by the judge-commissioner. In such case the trustee shall notify the judge-commissioner on the employment of such persons.

4. Without the permission of the judge-commissioner, the trustee may employ persons in order to make the inventory and to supervise the bankruptcy estate, until the preparation of the estimate of expenses. In such case the trustee shall notify the judge-commissioner on such employment.

Chapter 3. Court Supervisor

Art. 180. [Duties of the court supervisor] 1. If bankruptcy with the possibility to make an arrangement has been declared and self-administration has been decreed, the court supervisor shall without delay take up supervisory activities and shall additionally prepare the financial report as at the day preceding the date bankruptcy is declared.

2. In the course of supervision, the court supervisor may, at any time, inspect the activities of the bankrupt and the bankrupt's enterprise. The court supervisor may also check whether the assets of the bankrupt, which do not form a part of the enterprise, are sufficiently protected against deterioration.

Art. 181. [Term of the performance of duties] The court supervisor shall perform his duties until the valid approval of the arrangement or until the proceedings are closed otherwise, provided the court's decision does not state to the contrary.

Chapter 4. Administrator

Art. 182. [Duties of the administrator] 1. The administrator shall, immediately upon his appointment, assume administration of the bankruptcy estate, secure the bankruptcy estate against destruction, deterioration or appropriation by third parties and shall make the inventory and financial report as at the day preceding the date bankruptcy is declared, if such documents have not been yet prepared in the course of the proceedings.

2. If the administrator encounters any obstacles in assuming administration, Article 174 shall apply accordingly.

Art. 183. [Wymóg prawidłowego zarządu] 1. Zarządca jest obowiązany sprawować zarząd zgodnie z zasadami prawidłowej gospodarki.

2. Do zarządcy stosuje się przepisy art. 175–177.

Art. 184. [Działania wymagające zgody rady wierzycieli] 1. Zarządca dokonuje wszelkich czynności zarządu związanych z bieżącym prowadzeniem przedsiębiorstwa upadłego oraz zachowaniem w stanie niepogorszonym masy upadłości.

2. Na zbycie części majątku, która nie jest związana z działalnością gospodarczą przedsiębiorstwa upadłego, jak również na obciążenie składników majątku ograniczonymi prawami rzeczowymi oraz zaciągnięcie kredytów i pożyczek, wymagana jest zgoda rady wierzycieli.

Dział III. Uczestnicy postępowania

Rozdział 1. Upadły

Art. 185. [Definicja upadłego] 1. Upadłym jest ten, wobec kogo wydano postanowienie o ogłoszeniu upadłości.

2. Ogłoszenie upadłości nie ma wpływu na zdolność prawną oraz zdolność do czynności prawnych upadłego.

3. Przekształcenia osób prawnych oraz innych jednostek organizacyjnych nieposiadających osobowości prawnej, którym odrębna ustawa przyznaje zdolność prawną, po ogłoszeniu upadłości dopuszczalne są tylko według przepisów niniejszej ustawy.

4. Koszty związane z funkcjonowaniem organów upadłego oraz realizacją jego uprawnień organizacyjnych ustala każdorazowo sędzia-komisarz. Koszty te wchodzą w skład kosztów postępowania upadłościowego. Na postanowienie sędziego-komisarza przysługuje zażalenie.

Art. 186. [Wpływ na działalność w innych podmiotach] 1. Ogłoszenie upadłości nie ma wpływu na uprawnienia organizacyjne, które upadły posiada w innych spółkach, fundacjach, spółdzielniach oraz innych organizacjach.

2. Przepisu ust. 1 nie stosuje się do tych uprawnień organizacyjnych, które mogą mieć wpływ na majątek upadłego.

3. W razie wątpliwości, zakres uprawnień, o których mowa w ust. 2, określa sędzia-komisarz na wniosek upadłego, syndyka, nadzorcy sądowego lub zarządcy albo z urzędu. Na postanowienie sędziego-komisarza przysługuje zażalenie.

Art. 183. [Rules of diligent management] 1. The administrator shall exercise administration in accordance with the rules of diligent management.

2. Articles 175–177 shall apply to the administrator.

Art. 184. [Acts requiring the consent of the creditors' committee] 1. The administrator shall perform all acts of administration related to the on-going operation of the bankrupt's enterprise and to the preservation of the bankruptcy estate in unimpaired condition.

2. The consent of the creditors' committee shall be required for the alienation of an asset which is not related to the economic activity of the bankrupt's enterprise, as well as for encumbering assets with limited rights in rem and for taking bank credits and loans.

Division III. Parties to the Proceedings

Chapter 1. Bankrupt

Art. 185. [Definition of a bankrupt] 1. A bankrupt is a person/entity against whom a decision declaring bankruptcy has been issued.

2. The declaration of bankruptcy shall not affect the bankrupt's legal capacity or his capacity to perform legal acts.

3. After the declaration of bankruptcy the transformation of legal persons and other unincorporated organisational units, granted legal capacity by a separate law, shall be admissible only under the provisions of this Law.

4. Costs connected with the operation of the bankrupt's authorities and the exercising of the bankrupt's corporate rights shall be fixed each time by the judge-commissioner. These costs shall be included in the costs of the bankruptcy proceedings. The decision of the judge-commissioner shall be subject to appeal.

Art. 186. [Influence on bankrupt's corporate rights in other entities] 1. The declaration of bankruptcy shall not affect the bankrupt's corporate rights that it has in other partnerships and companies, foundations, co-operatives and other organisations.

2. Section 1 shall not apply to those corporate rights which may affect the bankrupt's assets.

3. In the case of doubts, the scope of the corporate rights referred to in Section 2 shall be determined by the judge-commissioner *ex officio* or upon a motion of the bankrupt, trustee, court supervisor or administrator. The decision of the judge-commissioner shall be subject to appeal.

Art. 187. [Ustanowienie kuratora] 1. Jeżeli upadły nie ma zdolności procesowej i nie działa za niego przedstawiciel ustawowy, a także gdy w składzie organów upadłego będącego osobą prawną lub inną jednostką organizacyjną nieposiadającą osobowości prawnej, której odrębna ustawa przyznaje zdolność prawną, zachodzą braki uniemożliwiające ich działanie, sędzia-komisarz ustanawia dla niego kuratora, który działa za upadłego w postępowaniu upadłościowym. Jeżeli dla upadłego ustanowiono kuratora na podstawie art. 26 ust. 1 ustawy z dnia 20 sierpnia 1997 r. o Krajowym Rejestrze Sądowym, kuratora tego powołuje się na kuratora, o którym mowa w niniejszym przepisie.

2. Ustanowienie kuratora na podstawie przepisu ust. 1 nie stanowi przeszkody do usunięcia, według zasad ogólnych, braku zdolności procesowej albo braków w składzie organów uniemożliwiających ich działanie. Z chwilą ich uzupełnienia ustanowienie kuratora według przepisów niniejszego rozdziału traci moc.

3. Wobec kuratora nie stosuje się środków przymusu. Kurator ponosi odpowiedzialność za szkodę tak jak syndyk.

4. Wynagrodzenie kuratora ustanowionego na podstawie przepisu ust. 1 ustala sędzia-komisarz w wysokości stosownej do nakładu pracy kuratora. Na postanowienie sędziego-komisarza przysługuje zażalenie.

Art. 188. [Śmierć upadłego] 1. W razie śmierci upadłego jego spadkobierca ma prawo brania udziału w postępowaniu upadłościowym. Jeżeli spadkobierca nie jest znany albo nie wstąpił do postępowania, sędzia-komisarz na wniosek syndyka, nadzorcy sądowego, zarządcy albo z urzędu ustanowi kuratora, do którego stosuje się przepisy art. 187.

2. Ustanowienie kuratora na podstawie ust. 1 traci moc po wstąpieniu do postępowania spadkobiercy upadłego, który wykazał swoje prawa prawomocnym postanowieniem o stwierdzeniu nabycia spadku. Przepisy o prawach i obowiązkach upadłego stosuje się odpowiednio do spadkobiercy.

3. Przepis ust. 2 stosuje się odpowiednio, gdy ustanowiono kuratora spadku.

Rozdział 2. Wierzyciele

Oddział 1. Przepisy ogólne

Art. 189. [Definicje wierzyciela] Wierzycielem w rozumieniu ustawy jest każdy uprawniony do zaspokojenia z masy upadłości, choćby wierzytelność nie wymagała zgłoszenia.

Art. 187. [Appointment of a curator] 1. If the bankrupt does not have capacity to act in court proceedings and no statutory representative is acting on his behalf, as well as if there are deficiencies in the composition of the authorities of the bankrupt being a legal person or an unincorporated organisation unit, granted legal capacity under a separate law, which impair their ability to act, the judge-commissioner shall appoint a curator, who acts in the bankruptcy proceedings on behalf of the bankrupt. If a curator was appointed for the bankrupt under Article 26.1 of the Law of 20 August 1997 on the National Court Register, this curator shall be appointed as the curator referred to herein.

2. The appointment of the curator under Section 1 shall not exclude the possibility, resulting from general rules, of restoring a capacity to act in the court proceedings or of eliminating the deficiencies in the composition of the authorities impairing their ability to act. Once such actions have been completed, the appointment of the curator in accordance with this Chapter, shall be cancelled.

3. No coercive measures shall be imposed on the curator. The curator shall be liable for damage as the trustee.

4. The remuneration of the curator, appointed under Section 1, shall be determined by the judge-commissioner in an amount corresponding to the work input. The decision of the judge-commissioner shall be subject to appeal.

Art. 188. [Death of the bankrupt] 1. In the event of the death of the bankrupt, his heir shall have the right to participate in the bankruptcy proceedings. If the heir is not known or has not joined in the proceedings, the judge-commissioner shall *ex officio* or upon a motion of the trustee, court supervisor or administrator appoint a curator, to whom Article 187 shall apply.

2. The appointment of the curator under Section 1 shall be cancelled after the heir of the bankrupt, who has proved his rights with a valid decision confirming his entitlement to the inheritance estate, has joined in the proceedings. The provisions on the rights and duties of the bankrupt shall apply accordingly to the heir.

3. Section 2 shall apply accordingly in the case of the appointment of an administrator of the inheritance estate.

Chapter 2. Creditors

Subchapter 1. General Provisions

Art. 189. [Definition of a creditor] A creditor, within the meaning of this Law, shall be anybody who is entitled to satisfaction from the bankruptcy estate, even if no requirement to file the claim exists.

Art. 190. [Ustanowienie kuratora] 1. Dla wierzyciela niemającego zdolności sądowej lub procesowej, jak również dla wierzyciela będącego osobą prawną albo inną jednostką organizacyjną nieposiadającą osobowości prawnej, której odrębna ustawa przyznaje zdolność prawną, która posiada braki w składzie jej organów uniemożliwiające jej działanie, sędzia-komisarz może ustanowić kuratora do działania w postępowaniu upadłościowym, jeżeli przyczyni się to do usprawnienia postępowania.

2. Ustanowienie kuratora zgodnie z przepisem ust. 1 nie stanowi przeszkody do usunięcia, według przepisów ogólnych, braku zdolności sądowej lub procesowej albo braków w składzie organów uniemożliwiających ich działanie. Z chwilą uzupełnienia tych braków ustanowienie kuratora na podstawie ust. 1 traci moc.

3. Koszty działania kuratora obciążają wierzyciela, dla którego kurator został ustanowiony, i podlegają zaspokojeniu z sum wypłaconych wierzycielowi w postępowaniu upadłościowym. W razie zawarcia układu oraz jeżeli wypłacona wierzycielowi w postępowaniu upadłościowym suma nie wystarcza na zaspokojenie kosztów ustanowienia kuratora, sędzia-komisarz wydaje postanowienie zobowiązujące wierzyciela do ich poniesienia. Koszty te ściąga się według przepisów o egzekucji opłat sądowych. Na postanowienie sędziego-komisarza przysługuje zażalenie.

Oddział 2. Zgromadzenie wierzycieli

Art. 191. [Zwołanie zgromadzenia] Sędzia-komisarz zwołuje zgromadzenie wierzycieli:
1) jeżeli według przepisów ustawy wymagane jest podjęcie uchwały zgromadzenia;
2) na wniosek przynajmniej dwóch wierzycieli mających łącznie nie mniej niż trzecią część ogólnej sumy uznanych wierzytelności;
3) w innych przypadkach, gdy uzna to za potrzebne.

Art. 192. [Obwieszczenie] 1. Sędzia-komisarz zwołuje zgromadzenie wierzycieli przez obwieszczenie, w którym wskazuje termin, miejsce i przedmiot obrad zgromadzenia.

2. Obwieszczenie powinno nastąpić przynajmniej na dwa tygodnie przed terminem zgromadzenia. Odpisy obwieszczenia doręcza się syndykowi, nadzorcy sądowemu, zarządcy, członkom rady wierzycieli i upadłemu.

Art. 190. [Appointment of a curator] 1. For a creditor who does not have capacity to sue and be sued or a capacity to act in court proceedings, as well as for a creditor which is a legal person or an unincorporated organisation unit, granted legal capacity under a separate law, in the composition of the authorities of which there are deficiencies which impair their ability to act, the judge-commissioner may appoint a curator to act in the bankruptcy proceedings, if it adds to the efficacy of the proceedings.

2. The appointment of the curator under Section 1 shall not exclude the possibility, resulting from general rules, of restoring a capacity to sue and be sued or a capacity to act in the court proceedings or of eliminating the deficiencies in the composition of the authorities impairing their ability to act. Once such actions have been completed, the appointment of the curator under Section 1, shall be cancelled.

3. The costs of the actions of the curator shall be borne by the creditor, for whom the curator was appointed, and shall be satisfied from the amounts paid to the creditor in the bankruptcy proceedings. In the case an arrangement is concluded or when the amounts paid to the creditor in the bankruptcy proceedings do not cover the costs of appointing the curator, the judge-commissioner shall issue a decision obligating the creditor to bear these costs. These costs shall be collected according to the provisions on execution of court fees. The decision of the judge-commissioner shall be subject to appeal.

Subchapter 2. Meeting of Creditors

Art. 191. [Convening the meeting] The judge-commissioner shall convene the meeting of creditors:
1) if the adoption of a resolution of the meeting of creditors is required under this Law,
2) upon a motion of at least two creditors who hold not less than one third of the total sum of the acknowledged claims, or
3) in other cases, when the judge deems it necessary.

Art. 192. [Announcement] 1. The judge-commissioner shall convene the meeting of creditors by way of an announcement indicating the date, venue and agenda of the meeting.

2. The announcement shall be given at least two weeks prior to the date of the meeting. The copies of the announcement shall be served on the trustee, court supervisor, administrator, members of the creditors' committee and the bankrupt.

3. W razie odroczenia zgromadzenia wierzycieli, sędzia-komisarz podaje obecnym do wiadomości nowy termin i miejsce zgromadzenia; w takich przypadkach nie dokonuje się ponownego obwieszczenia. Oddany poprzednio głos wierzyciela, który nie stawił się na odroczonym zgromadzeniu wierzycieli, zachowuje moc przy obliczaniu wyników głosowania, jeżeli na tym zgromadzeniu głosowane są te same lub korzystniejsze dla wierzycieli propozycje układowe.

Art. 193. [Przewodniczący; protokół] 1. Sędzia-komisarz przewodniczy zgromadzeniu wierzycieli, bez prawa głosu.

2. Z przebiegu zgromadzenia wierzycieli sporządza się protokół.

Art. 194. [Stawiennictwo na wezwanie] Syndyk, nadzorca sądowy, zarządca, członkowie rady wierzycieli i upadły wezwany do udzielenia wyjaśnień obowiązani są stawić się na zgromadzeniu wierzycieli. Ich niestawiennictwo jednak, choćby usprawiedliwione, nie stanowi przeszkody do odbycia zgromadzenia.

Art. 195. [Udział wierzycieli] 1. Jeżeli ustawa nie stanowi inaczej, w zgromadzeniu wierzycieli mają prawo uczestniczyć z prawem głosu wierzyciele, których wierzytelności zostały uznane. Wierzyciele głosują z sumą wierzytelności umieszczoną na liście wierzytelności.

2. Sędzia-komisarz na wniosek wierzyciela i po wysłuchaniu upadłego może dopuścić do udziału w zgromadzeniu wierzyciela, którego wierzytelność uzależniona jest od warunku zawieszającego lub jest uprawdopodobniona; stosownie do okoliczności sędzia-komisarz oznacza sumę, według której oblicza się głos tego wierzyciela.

Art. 196. [Pełnomocnik wierzycieli] 1. Wierzyciele, którzy mają wierzytelność solidarną lub niepodzielną, głosują przez wspólnego pełnomocnika, któremu pełnomocnictwo powinno być udzielone na piśmie, z podpisem notarialnie poświadczonym. Pełnomocnictwo udzielone adwokatowi lub radcy prawnemu nie wymaga notarialnego poświadczenia. Pełnomocnikiem może być także jeden z wierzycieli. O ustanowieniu pełnomocnika wierzyciele ci obowiązani są powiadomić sędziego-komisarza na piśmie przed zgromadzeniem wierzycieli lub ustnie do protokołu na zgromadzeniu.

2. Jeżeli wierzyciele nie dokonają wyboru pełnomocnika zgodnie z ust. 1, w imieniu wierzycieli głosuje zarządca ustanowiony według przepisów Kodeksu postępowania cywilnego o zarządzie związanym ze współwłasnością.

3. If the meeting of creditors is adjourned, the judge - commissioner shall inform the present persons of the new date and venue of the meeting; in such a case a new announcement need not be produced. A vote cast previously by a creditor who has not appeared at the adjourned meeting of creditors shall be taken into account in the computation of votes, provided that the arrangement proposals, voted on at this meeting, are the same or more beneficial to the creditors.

Art. 193. [Chairman; minutes] 1. The judge-commissioner shall chair the meeting of creditors without the right to vote.

2. Minutes from the meeting of creditors shall be taken.

Art. 194. [Appearance on summon] The trustee, court supervisor, administrator, members of the creditors' committee and the bankrupt summoned to furnish explanations, shall be required to appear at the meeting of creditors. However, even a justified absence shall not impede the conduct of the meeting.

Art. 195. [Participation of creditors] 1. Unless stated otherwise in this Law, the creditors whose claims have been acknowledged shall be entitled to participate in the meeting of creditors with the right to vote. The creditors shall vote with the sum of claims recorded on the list of claims.

2. The judge-commissioner may, upon a motion of the creditor and after hearing the bankrupt, admit to the meeting a creditor whose claim is contingent upon the fulfilment of a condition precedent or has been shown to be probable; the judge-commissioner shall, according to the circumstances, determine the sum, on the basis of which the vote of this creditor shall be counted.

Art. 196. [Proxy of creditors] 1. The creditors who are vested with a claim which is joint and several or indivisible shall vote through a joint proxy, to whom the power of attorney shall be granted in writing with the signature certified by a notary public. A power of attorney given to an attorney at law or a legal adviser shall not require certification by a notary public. One of the creditors may also be appointed as the proxy. Such creditors shall notify the judge-commissioner of the appointment of the proxy in writing before the meeting of creditors or, orally at the meeting, such notification to be then recorded in the minutes.

2. If the creditors fail to appoint a proxy under Section 1, an administrator appointed in accordance with the provisions of the Civil Proceedings Code on the administration related to co-ownership shall vote in the name of the creditors.

3. Niedokonanie przez wierzycieli, o których mowa w ust. 1 i 2, wyboru pełnomocnika lub zarządcy nie stanowi przeszkody do wyznaczenia terminu zgromadzenia wierzycieli.

Art. 197. [Wierzyciel bez prawa głosu] 1. Wierzyciel nie ma prawa głosu na podstawie wierzytelności, którą nabył w drodze przelewu lub indosu po ogłoszeniu upadłości, chyba że przejście wierzytelności nastąpiło wskutek spłacenia przez niego długu, za który odpowiadał osobiście albo określonymi przedmiotami majątkowymi, ze stosunku prawnego powstałego przed ogłoszeniem upadłości.

2. W sprawach dotyczących układu nie mają także prawa głosu małżonek upadłego, jego krewny lub powinowaty w linii prostej, krewny lub powinowaty w linii bocznej do drugiego stopnia włącznie, przysposabiający upadłego lub przez niego przysposobiony, a gdy upadłym jest osobowa spółka handlowa, wspólnik ponoszący odpowiedzialność za zobowiązania spółki całym swoim majątkiem, będący jej wierzycielem, oraz osoby uprawnione do reprezentowania spółki. Nie głosują również inni wierzyciele, jeżeli nabyli wierzytelność od tych osób po ogłoszeniu upadłości.

3. W sprawach dotyczących układu, jeżeli upadłym jest spółka handlowa, nie mają prawa głosu wierzyciele będący spółką powiązaną z upadłym oraz osoby upoważnione do jej reprezentacji, a także wierzyciel będący spółką i osoby upoważnione do jej reprezentacji, jeżeli upadły albo ta spółka jest spółką dominującą.

Art. 198. [Głosowanie] 1. Głosowanie na zgromadzeniu wierzycieli odbywa się ustnie, a przebieg i wynik głosowania wpisuje się do protokołu. W protokole należy podać imię i nazwisko głosującego, czy głosuje za, czy przeciw uchwale oraz sumę wierzytelności, z jaką głosuje. Gdy oddano głos w cudzym imieniu, należy wskazać reprezentowanego oraz imię i nazwisko głosującego. Wstrzymanie się od głosu uznaje się jako nieuczestniczenie w głosowaniu. Jeżeli na zgromadzeniu wierzycieli zawarto układ, osnowę układu wpisuje się do protokołu.

2. Uczestnicy postępowania mogą głosować na zgromadzeniu wierzycieli także przez pełnomocników. Pełnomocnictwo to musi być stwierdzone dokumentem z podpisem notarialnie poświadczonym. Pełnomocnictwo udzielone adwokatowi lub radcy prawnemu nie wymaga notarialnego poświadczenia podpisu.

3. Failure of the creditors referred to in Sections 1 and 2 to appoint a proxy or an administrator shall not impede the setting of the date of the meeting of creditors.

Art. 197. [Creditor without the right to vote] 1. A creditor shall have no right to vote on the basis of a claim which it acquired through an assignment or endorsement after the declaration of bankruptcy, unless the transfer of the claim resulted from paying off a debt, for which the creditor was liable personally or with certain proprietary items and which was created under a legal relationship which arose prior to the declaration of bankruptcy.

2. In matters related to the arrangement, the right to vote shall not be vested in the spouse of the bankrupt, its relative by blood or marriage in the direct line, its relative by blood or marriage in the collateral line up to within the second degree, its adoptive parent or adopted child, and if the bankrupt is a commercial partnership – a partner liable for the obligations of the partnership with his whole property, being the creditor of the bankrupt, or the persons authorised to represent the partnership. The right to vote shall not be vested in other creditors which acquired the claim from one of the above persons after the declaration of bankruptcy.

3. In matters related to the arrangement, if the bankrupt is a commercial partnership or company, the right to vote shall not be vested in the creditors which are a company affiliated with the bankrupt or the persons authorised to its representation, as well as in the creditor which is a partnership or a company, and persons authorised to its representation, if either the bankrupt or the creditor are a dominant company over the other.

Art. 198. [Voting] 1. Voting at the meeting of creditors shall be oral, and the course and results of the vote shall be recorded in the minutes. The first name and surname of the voter, the information on whether the creditor is voting for or against the resolution and the sum of claims that the creditor is voting with shall be recorded in the minutes. In the case of voting on behalf of another person, the represented person should be specified and the first name and surname of the voter should be recorded. Abstention from casting a vote shall be considered as non-participation in the vote. If at the meeting of creditors an arrangement has been made, the essentials of the arrangement shall be recorded in the minutes.

2. The parties to the proceedings may also vote by proxy at the meeting of creditors. The power of attorney must be granted in writing with a signature certified by a notary public. The power of attorney given to an attorney at law or a legal adviser shall not require certification by a notary public.

115

3. Jeżeli sędzia-komisarz tak postanowi, głosowanie na zgromadzeniu wierzycieli może odbywać się w drodze pisemnej. W takim przypadku głosuje się na piśmie z podpisem notarialnie poświadczonym. Podpis nie wymaga notarialnego poświadczenia, gdy głos oddaje pełnomocnik będący adwokatem lub radcą prawnym. Jeżeli sędzia-komisarz postanowi o możliwości głosowania na piśmie, w obwieszczeniu o zgromadzeniu wierzycieli należy podać przedmiot głosowania.

Art. 199. **[Uchwały zgromadzenia]** 1. Jeżeli ustawa nie stanowi inaczej, uchwały zgromadzenia wierzycieli zapadają bez względu na liczbę obecnych, większością głosów wierzycieli mających przynajmniej piątą część ogólnej sumy wierzytelności przypadających wierzycielom uprawnionym do uczestniczenia w tym zgromadzeniu.

2. W sprawach o wyłączenie mienia z masy upadłości uchwały zapadają większością głosów wierzycieli mających przynajmniej dwie trzecie ogólnej sumy uznanych wierzytelności.

Art. 200. **[Przyczyny uchylenia uchwały]** Sędzia-komisarz może uchylić uchwałę zgromadzenia wierzycieli, jeżeli jest sprzeczna z prawem lub narusza dobre obyczaje albo rażąco narusza interes wierzyciela, który głosował przeciw uchwale. Na postanowienie sędziego-komisarza przysługuje zażalenie.

Oddział 3. Rada wierzycieli

Art. 201. **[Ustanowienie rady]** 1. Jeżeli rada wierzycieli nie została powołana na wstępnym zgromadzeniu wierzycieli, sędzia-komisarz, o ile uzna to za potrzebne, ustanowi radę wierzycieli oraz powoła jej członków.

2. Na wniosek wierzycieli mających przynajmniej piątą część ogólnej sumy wierzytelności, które zostały uznane lub uprawdopodobnione, sędzia-komisarz jest obowiązany ustanowić radę wierzycieli.

Art. 202. **[Skład rady]** 1. Rada wierzycieli składa się z trzech lub pięciu członków oraz jednego lub dwóch zastępców. Sędzia-komisarz może odwołać członków rady wierzycieli oraz zastępców, którzy nie pełnią należycie obowiązków, i powołać innych.

2. Członkowie rady wierzycieli i ich zastępcy powoływani są spośród wierzycieli upadłego, których wierzytelności zostały uznane albo uprawdopodobnione.

3. Wierzyciel może nie przyjąć obowiązków członka rady lub jego zastępcy.

3. If the judge-commissioner so decides, voting at the meeting of creditors may be written. In such a case, votes shall be cast in writing with signatures certified by a notary public. The signature shall not require certification by a notary public if the vote is cast by a proxy who is an attorney at law or a legal advisor. If the judge-commissioner decides that voting in writing shall take place, the announcement on the meeting of creditors shall include the subject of such voting.

Art. 199. [Resolutions of the meeting] 1. Unless stated otherwise in this Law, the resolutions of the meeting of creditors shall be adopted irrespective of the number of the persons present, by the majority of votes cast by the creditors having at least one fifth of the total sum of the claims vested in the creditors entitled to participate in the meeting.

2. In the event of a vote on an exemption from the bankruptcy estate, the adoption of a resolution shall require the majority of the votes cast by the creditors having at least two thirds of the total sum of acknowledged claims.

Art. 200. [Basis for annulling a resolution] The judge-commissioner may annul a resolution of the meeting of creditors if it is illegal, contrary to good practices, or if it flagrantly violates the interest of the creditor who voted against the resolution. The decision of the judge-commissioner shall be subject to appeal.

Subchapter 3. Creditors' Committee

Art. 201. [Establishment of the creditors' committee] 1. If the creditors' committee was not appointed at the preliminary meeting of creditors, the judge-commissioner shall, if the judge deems it necessary, establish the creditors' committee and appoint its members.

2. Upon a motion of the creditors who are vested with at least one fifth of the total sum of the claims, which have been acknowledged or shown to be probable, the judge-commissioner shall establish the creditors' committee.

Art. 202. [Composition of the committee] 1. The creditors' committee shall consist of three to five members and one or two deputies. If the members of the creditors' committee or their deputies do not duly perform their duties, the judge-commissioner may dismiss them and appoint new members or deputies.

2. Members of the creditors' committee and their deputies shall be appointed from amongst those creditors of the bankrupt, whose claims have been acknowledged or shown to be probable.

3. A creditor shall have a right not to assume the obligations of a member of the creditors' committee or a deputy.

Art. 203. **[Wniosek o zmianę składu rady]** 1. Wierzyciele mający przynajmniej piątą część ogólnej sumy wierzytelności, które zostały uznane lub uprawdopodobnione, mogą zgłosić wniosek o zmianę składu rady wierzycieli.

2. Jeżeli sędzia-komisarz nie uwzględni wniosku, o którym mowa w ust. 1, przedstawia go zgromadzeniu wierzycieli. Jeżeli na zgromadzeniu wierzycieli za wnioskiem wypowiedzą się wierzyciele mający przynajmniej połowę ogólnej sumy wierzytelności uznanych lub uprawdopodobnionych, następuje zmiana składu rady wierzycieli stosownie do uchwały zgromadzenia.

Art. 204. **[Działania członków rady]** 1. Członkowie rady wierzycieli pełnią swoje obowiązki osobiście albo przez swe organy.

2. Członek rady wierzycieli, za zgodą sędziego-komisarza, może również działać przez pełnomocnika, a gdy członkiem rady wierzycieli jest organ administracji publicznej także osoba wyznaczona przez ten organ. Pełnomocnictwo powinno być udzielone na piśmie z podpisem notarialnie poświadczonym. Pełnomocnictwo udzielone adwokatowi lub radcy prawnemu nie wymaga notarialnego poświadczenia podpisu.

Art. 205. **[Uprawnienia rady]** 1. Rada wierzycieli służy pomocą syndykowi, nadzorcy sądowemu lub zarządcy, kontroluje ich czynności, bada stan funduszów masy upadłości, udziela zezwolenia na czynności, które mogą być dokonane tylko za zezwoleniem rady wierzycieli, oraz wyraża opinię w innych sprawach, jeżeli tego zażąda sędzia-komisarz, syndyk, nadzorca sądowy albo zarządca.

2. Każdy z członków rady wierzycieli, jak również cała rada, ma prawo przedstawiać sędziemu-komisarzowi swoje uwagi o działalności syndyka, nadzorcy sądowego albo zarządcy, a także zwrócić się do sędziego-komisarza o odwołanie syndyka, nadzorcy sądowego albo zarządcy.

3. Rada wierzycieli może żądać od syndyka, nadzorcy sądowego albo zarządcy wyjaśnień oraz może badać księgi i dokumenty dotyczące upadłości.

4. Z kontroli działalności syndyka, nadzorcy sądowego albo zarządcy i badania stanu funduszów masy upadłości rada wierzycieli składa sprawozdania sędziemu-komisarzowi; z innych czynności rada składa sprawozdanie na żądanie sędziego-komisarza.

Art. 203. [Motion to alter the composition of the committee] 1. The creditors who are vested with at least one fifth of the total sum of the claims, which have been acknowledged or shown to be probable, may file a motion to alter the composition of the creditors' committee.

2. If the judge-commissioner does not allow the motion referred to in Section 1, the judge shall present it to the meeting of creditors. If at the meeting of creditors the motion is supported by the creditors who are vested with at least half of the total sum of the claims which have been acknowledged or shown to be probable, the composition of the creditors' committee shall be changed in accordance with the resolution of the meeting.

Art. 204. [Acts of members of the creditors' committee] 1. The members of the creditors' committee shall perform their duties personally or through their authorities.

2. A member of the creditors' committee may, upon the consent of the judge-commissioner, act through a proxy, and in the event a public administration authority is the member of the creditors' committee – also through a person appointed by that authority. The power of attorney shall be granted in writing with a signature certified by a notary public. A power of attorney given to an attorney at law or a legal adviser shall not require certification by a notary public.

Art. 205. [Powers of the committee] 1. The creditors' committee shall provide assistance to the trustee, court supervisor or administrator, supervise their activities, monitor the bankruptcy estate funds, grant permission to perform acts, the performance of which requires the permission of the creditors' committee, and express opinions in other matters, if so requested by the judge-commissioner, trustee, court supervisor or administrator.

2. Each member of the creditors' committee, as well as the creditors' committee as a whole, shall have the right to furnish the judge-commissioner with its comments on the activities of the trustee, court supervisor or administrator, as well as the right to apply to the judge-commissioner to dismiss the trustee, court supervisor or administrator.

3. The creditors' committee may demand explanations from the trustee, court supervisor or administrator, and inspect the records and documents concerning bankruptcy.

4. The creditors' committee shall submit a report to the judge-commissioner on the supervision of the activities of the trustee, court supervisor or administrator and monitoring of the bankruptcy estate funds; the committee shall submit a report on other activities, if so requested by the judge-commissioner.

Art. 206. [Czynności wymagające zezwolenia rady] 1. Nie mogą być dokonywane bez zezwolenia rady wierzycieli następujące czynności dotyczące masy upadłości:

1) dalsze prowadzenie przedsiębiorstwa przez syndyka, jeżeli ma być prowadzone dłużej niż trzy miesiące od dnia ogłoszenia upadłości;
2) odstąpienie od sprzedaży przedsiębiorstwa jako całości;
3) sprzedaż z wolnej ręki nieruchomości lub statku morskiego wpisanego do rejestru okrętowego;
4) sprzedaż praw i wierzytelności;
5) zaciąganie pożyczek lub kredytów oraz obciążenie majątku upadłego ograniczonymi prawami rzeczowymi;
6) wykonanie umowy wzajemnej zawartej przez upadłego albo odstąpienie od takiej umowy oraz wykonanie lub odstąpienie od umowy zawartej przez upadłego, do której stosuje się odpowiednio przepisy art. 98 i 99;
7) uznanie, zrzeczenie się i zawarcie ugody co do roszczeń spornych oraz poddanie sporu rozstrzygnięciu sądu polubownego.

2. Jeżeli czynność, o której mowa w ust. 1, musi być dokonana niezwłocznie i dotyczy wartości nieprzewyższającej dziesięciu tysięcy złotych, syndyk, nadzorca sądowy albo zarządca może ją wykonać bez zezwolenia rady.

Art. 207. [Uchwały rady] 1. Rada wierzycieli wykonuje czynności przez podjęcie uchwał na posiedzeniach rady. Uchwały rady wierzycieli zapadają większością głosów.

2. Kontrolę czynności syndyka, nadzorcy sądowego i zarządcy oraz badanie stanu funduszów masy upadłości rada może sprawować przez poszczególnych swoich członków, których do tego upoważni.

Art. 208. [Przebieg posiedzenia] 1. Posiedzenie rady wierzycieli zwołuje syndyk, nadzorca sądowy albo zarządca, zawiadamiając członków o terminie i miejscu posiedzenia osobiście lub listami poleconymi. Posiedzeniu rady przewodniczy syndyk, nadzorca sądowy albo zarządca, bez prawa głosu.

2. W sprawie kontroli działalności syndyka, nadzorcy sądowego i zarządcy oraz badania stanu funduszów masy upadłości posiedzenie może zwołać każdy z członków rady. Posiedzeniu przewodniczy najstarszy wiekiem członek rady, chyba że członkowie rady postanowią inaczej.

Art. 206. [Acts requiring the permission of the committee] 1. The following acts concerning the bankruptcy estate may not be performed without the permission of the creditors' committee:

1) further operation of the enterprise by the trustee, if the enterprise is to be operated for more than three months from the date bankruptcy is declared,

2) resignation from the sale of the bankrupt's enterprise as a whole,

3) unrestricted sale of the real property or a sea vessel recorded in the register of vessels,

4) the sale of rights and claims,

5) taking loans and bank credits and encumbering the bankrupt's assets with limited rights in rem,

6) the performance of a reciprocal agreement entered into by the bankrupt or the rescission of such agreement, as well as the performance or rescission of an agreement entered into by the bankrupt, to which Articles 98 and 99 apply, and

7) the acknowledgement, waiver and conclusion of a settlement, concerning challenged claims, as well as submitting a dispute to a court of arbitration for settlement.

2. In the event the act referred to in Section 1 must be performed without delay, and the amount in question does not exceed ten thousand Polish zloty, the trustee, court supervisor or administrator may perform such act without the permission of the creditors' committee.

Art. 207. [Resolutions of the committee] 1. The creditors' committee shall act by passing resolutions at the meetings. The resolutions of the creditors' committee shall be passed by a majority of votes.

2. Supervision of the trustee, court supervisor and administrator, as well as monitoring of the bankruptcy estate funds, may be performed by individual members of the committee, authorised by the creditors' committee.

Art. 208. [Course of the meeting] 1. The meeting of the creditors' committee shall be convened by the trustee, court supervisor or administrator, who personally or by registered mail informs the members of the date and venue of the meeting. The trustee, court supervisor or administrator shall chair the meeting without the right to vote.

2. With respect to supervision of the trustee, court supervisor and administrator, as well as monitoring of the bankruptcy estate funds, the meeting may be convened by any member of the committee. The oldest member of the creditors' committee shall chair the meeting, unless the members of the committee decide otherwise.

3. Posiedzenie rady wierzycieli może zwołać również sędzia-komisarz, który przewodniczy posiedzeniu, bez prawa głosu.

Art. 209. [Protokół] 1. Z posiedzenia rady wierzycieli spisuje się protokół, który podpisują obecni. Odmowę złożenia podpisu zaznacza się w protokole.

2. Przewodniczący niezwłocznie po posiedzeniu przesyła odpis protokołu sędziemu-komisarzowi, a także syndykowi, nadzorcy sądowemu i zarządcy, jeżeli nie byli obecni na posiedzeniu.

Art. 210. [Uchylenie uchwały przez sędziego-komisarza] Sędzia-komisarz może w terminie trzech dni od dnia przedłożenia mu odpisu protokołu uchylić uchwałę rady wierzycieli, jeżeli uchwała jest sprzeczna z prawem albo narusza dobre obyczaje lub interesy wierzycieli.

Art. 211. [Zwrot wydatków] 1. Członkowi rady wierzycieli przysługuje prawo do zwrotu koniecznych wydatków związanych z jego udziałem w posiedzeniu rady wierzycieli. Za udział w posiedzeniu sędzia-komisarz może przyznać członkowi rady stosowne wynagrodzenie, jeżeli uzasadnione to jest rodzajem i stopniem zawiłości sprawy oraz zakresem wykonywanych prac. Wynagrodzenie to nie może przekraczać 3% miesięcznego przeciętnego wynagrodzenia, o którym mowa w art. 162 ust. 2, za jeden dzień posiedzenia. Wynagrodzenie oraz zwrot wydatków wchodzi w skład kosztów postępowania.

2. Postanowienie w sprawie zwrotu wydatków wydaje sędzia-komisarz po wysłuchaniu członka rady i syndyka, nadzorcy sądowego albo zarządcy.

Art. 212. [Odpowiedzialność za szkodę] 1. Członek rady wierzycieli odpowiada za szkodę wynikłą z nienależytego pełnienia obowiązków.

2. Za szkodę wyrządzoną nienależytym wykonaniem obowiązków przez pełnomocnika działającego w radzie wierzyciel odpowiada jak za działanie własne.

Art. 213. [Brak rady] 1. Jeżeli rada wierzycieli nie została ustanowiona, czynności zastrzeżone dla rady wierzycieli podejmuje sędzia-komisarz.

2. Sędzia-komisarz wykonuje ponadto czynności zastrzeżone dla rady wierzycieli, jeżeli rada nie wykona ich w terminie wyznaczonym przez sędziego-komisarza.

3. The meeting of the creditors' committee may also be convened by the judge-commissioner, who shall chair the meeting without the right to vote.

Art. 209. [Minutes] 1. Minutes from the meeting of the creditors' committee shall be taken and signed by the persons present. Refusal to sign the minutes will be recorded in the minutes.

2. Following the meeting, the chairperson of the meeting shall without delay send a copy of the minutes to the judge-commissioner, as well as to the trustee, court supervisor and administrator if they were not present at the meeting.

Art. 210. [Annulment of a resolution by the judge-commissioner] The judge-commissioner may, within three days of the receipt of the minutes, annul a resolution of the creditors' committee if it is illegal, contrary to good practices, or if it violates the interests of the creditors.

Art. 211. [Reimbursement of expenses] 1. The members of the creditors' committee shall be entitled to seek reimbursement for necessary expenses related to their participation in the meeting of the creditors' committee. In consideration for participation in the meeting, the judge-commissioner may award to the member of the committee appropriate remuneration, if it is justified by the nature and degree of complexity of the matter and by the workload. Such remuneration may not exceed 3 per cent of the average monthly salary referred to in Article 162.2, for each day of the meeting. The remuneration and the reimbursement of expenses shall be included in the costs of the proceedings.

2. The decision on the reimbursement of expenses shall be issued by the judge-commissioner after hearing the member of the committee and the trustee, court supervisor or administrator.

Art. 212. [Liability for damage] 1. A member of the creditors' committee shall be liable for damage resulting from improper performance of his duties.

2. For damage resulting from improper performance of duties by the creditor's proxy acting in the creditors' committee, the creditor shall be liable as for his own acts.

Art. 213. [Lack of committee] 1. In the event the creditors' committee has not been established, the acts of the creditors' committee shall be performed by the judge-commissioner.

2. The judge-commissioner shall additionally perform the acts of the creditors' committee in the event the committee does not perform such acts within the timeframe set by the judge-commissioner.

Dział IV. Przepisy ogólne dotyczące postępowania po ogłoszeniu upadłości

Art. 214. [Niejawność posiedzenia] Sąd orzeka na posiedzeniu niejawnym, jeżeli ustawa nie stanowi inaczej.

Art. 215. [Łączne rozpoznanie spraw] 1. W razie ogłoszenia upadłości wszystkich wspólników spółki cywilnej sąd może połączyć do łącznego rozpoznania sprawy upadłościowe prowadzone wobec wspólników tej spółki. Jeżeli ogłoszono upadłość w różnych sądach, przepisy art. 149 ust. 2 i 3 stosuje się odpowiednio.

2. W postanowieniu o połączeniu spraw sąd wyznacza jednego sędziego-komisarza, syndyka, nadzorcę sądowego albo zarządcę do wszystkich połączonych spraw.

3. Dla każdego z upadłych sporządza się osobne listy wierzytelności oraz plany podziału funduszów masy upadłości, w których z urzędu uwzględnia się zaspokojenie wierzytelności, za które upadli odpowiadają solidarnie.

4. Wynagrodzenie syndyka, nadzorcy sądowego i zarządcy oraz koszty likwidacji pokrywa się proporcjonalnie do wartości masy upadłości każdego z upadłych.

5. Przepisy ust. 1–4 stosuje się odpowiednio w razie ogłoszenia upadłości osobowej spółki handlowej oraz jej wspólników ponoszących odpowiedzialność za zobowiązania spółki bez ograniczenia całym swoim majątkiem.

Art. 216. [Stosowanie KC] Do pełnomocnictwa określonego w ustawie stosuje się przepisy Kodeksu cywilnego, jeżeli ustawa nie stanowi inaczej.

Art. 217. [Wysłuchanie] 1. Jeżeli zachodzi potrzeba wysłuchania upadłego, syndyka, nadzorcy sądowego, zarządcy, wierzyciela, członka rady wierzycieli lub innych osób, sąd albo sędzia-komisarz, stosownie do okoliczności, wysłuchuje ich na posiedzeniu i z wysłuchania sporządza protokół, w obecności lub nieobecności innych osób zainteresowanych, bądź odbiera od osób wysłuchiwanych oświadczenia na piśmie.

2. Sąd albo sędzia-komisarz może zarządzić również, by oświadczenie na piśmie, o którym mowa w ust. 1, zawierało podpis notarialnie poświadczony.

Division IV. General Provisions Concerning the Proceedings after Bankruptcy is Declared

Art. 214. [Closed session] The court shall adjudicate in closed session, unless provided otherwise by this Law.

Art. 215. [Consolidation of cases] 1. In the case of a declaration of bankruptcy in respect of all partners of a civil partnership, the court may order the consolidation of the bankruptcy cases conducted against the partners of that partnership. In the event bankruptcy has been declared in different courts, Article 149.2 and 149.3 shall apply accordingly.

2. In the decision to have the cases consolidated, the court shall appoint one judge-commissioner, one trustee, one court supervisor or administrator for all the consolidated cases.

3. For each of the bankrupts, separate lists of claims and distribution plans shall be prepared, in which the satisfaction of claims, for which the bankrupts are jointly and severally liable, shall be taken into account ex officio.

4. Remuneration of the trustee, court supervisor and administrator, as well as the costs of liquidation, shall be paid proportionally to the value of the bankruptcy estates of each of the bankrupts.

5. Sections 1–4 shall apply accordingly in the case of a declaration of bankruptcy of a commercial partnership and its partners liable without limitation with their whole property for the obligations of the partnership.

Art. 216. [Applicability of the Civil Code] The provisions of the Civil Code shall apply to the power of attorney, specified in this Law, provided this Law does not state otherwise.

Art. 217. [Hearing] 1. If there is a need to hear the bankrupt, trustee, court supervisor, administrator, creditor, member of the creditors' committee or other persons, the court or judge-commissioner, shall – if appropriate – hear the above persons at a session, keeping the minutes of the hearing, conducted in or without the presence of other concerned parties, or else it shall accept written statements from the heard persons.

2. The court or judge-commissioner may also order that the signature on the written statement referred to in Section 1 be certified by a notary public.

3. Nieobecność osoby, o której mowa w ust. 1, wezwanej na posiedzenie lub niezłożenie przez tę osobę oświadczenia na piśmie, nawet z przyczyn usprawiedliwionych, nie tamuje postępowania.

4. Przepisy ust. 1–3 stosuje się również do przeprowadzenia dowodu z zeznań świadków oraz wysłuchania biegłych.

Art. 218. [Postępowanie dowodowe] Jeżeli syndyk, nadzorca sądowy albo zarządca uzna za konieczne ustalenie okoliczności sprawy w drodze postępowania dowodowego, składa sędziemu-komisarzowi wniosek o przeprowadzenie dowodu. W razie uwzględnienia wniosku postępowanie dowodowe prowadzi sędzia-komisarz.

Art. 219. [Orzeczenia w formie postanowień] 1. W postępowaniu upadłościowym orzeczenia zapadają w formie postanowień.

2. Postanowienia, od których przysługuje środek odwoławczy, uzasadnia się z urzędu.

Art. 220. [Doręczenia] 1. Postanowień, które podlegają ogłoszeniu lub obwieszczeniu, nie doręcza się uczestnikom postępowania.

2. Inne postanowienia, jeżeli nie były wydane na posiedzeniu jawnym, doręcza się osobom, których dotyczą. Nie doręcza się jednak poszczególnym wierzycielom postanowień dotyczących ogółu wierzycieli.

Art. 221. [Obwieszczenia] 1. Obwieszczenia, w przypadkach przewidzianych w ustawie, dokonuje się przez ogłoszenie w budynku sądowym oraz zamieszczenie w co najmniej jednym dzienniku o zasięgu lokalnym, chyba że ustawa stanowi inaczej.

2. Na wniosek syndyka, nadzorcy sądowego albo zarządcy lub z urzędu sędzia-komisarz może zarządzić umieszczenie obwieszczenia także w innych dziennikach o zasięgu krajowym lub zagranicznym, jak również zarządzić dokonanie obwieszczenia w inny sposób.

3. Na żądanie upadłego lub wierzyciela, na ich koszt, obwieszczenie może być dokonane w sposób przez nich wskazany.

Art. 222. [Zażalenie na postanowienie] 1. Na postanowienia sądu upadłościowego i sędziego-komisarza zażalenie przysługuje w przypadkach wskazanych w ustawie. Zażalenia na postanowienia sędziego-komisarza rozpoznaje sąd upadłościowy jako sąd drugiej instancji.

2. Zażalenie wniesione przez wierzyciela doręcza się upadłemu, syndykowi, nadzorcy sądowemu albo zarządcy.

3. The absence of the person referred to in Section 1 summoned to the hearing, or the failure by that person to submit the written statement, even if justified, shall not impede the conduct of the proceedings.

4. Sections 1–3 shall also apply to evidentiary hearings held to take the testimony of witnesses or expert evidence.

Art. 218. [Evidentiary hearing] If the trustee, court supervisor or administrator deems it necessary to establish the facts of the case at an evidentiary hearing, the trustee, court supervisor or administrator shall submit to the judge-commissioner a motion to convene such hearing. If such motion is allowed, the judge-commissioner shall conduct the evidentiary hearing.

Art. 219. [Judgements rendered in the form of decisions] 1. In bankruptcy proceedings, judgements shall be rendered in the form of decisions.

2. The decisions subject to appeal shall be substantiated *ex officio*.

Art. 220. [Service] 1. Decisions which are subject to notice or announcement shall not be served on the parties to the proceedings.

2. Other decisions, if not issued at an open session, shall be served on the persons whom they concern. Decisions concerning all the creditors, however, shall not be served on individual creditors.

Art. 221. [Announcements] 1. In the cases set forth in this Law, announcements shall be given by notice in the court building and by publishing such announcement in at least one of the local daily newspapers, unless this Law states otherwise.

2. The judge-commissioner, ex officio or upon a motion of the trustee, court supervisor or administrator, may also order that the announcement be published in other national or foreign daily newspapers, as well as that the announcement be made otherwise.

3. Upon the request of the bankrupt or creditor, and at their expense, the announcement may be made in a manner selected by them.

Art. 222. [Appeal against decisions] 1. The decisions of the bankruptcy court and the judge-commissioner shall be subject to appeal in the cases specified in this Law. An appeal against a decision of the judge-commissioner shall be heard by the bankruptcy court as the court of second instance.

2. An appeal filed by the creditor shall be served on the bankrupt and on the trustee, court supervisor or administrator.

3. Zażalenie wniesione przez upadłego doręcza się syndykowi, nadzorcy sądowemu albo zarządcy oraz temu z wierzycieli, którego interesów dotyczy.

4. Nie doręcza się zażaleń na postanowienia dotyczące ogółu wierzycieli.

Art. 223. [Kasacja] Od postanowień sądu drugiej instancji kasacja nie przysługuje, chyba że ustawa przewiduje inaczej.

Art. 224. [Termin do odwołania] Termin do wniesienia środka odwoławczego biegnie od dnia doręczenia postanowienia, a dla osób, którym postanowienia nie doręczono, od dnia jego ogłoszenia. Dla wierzycieli, którym postanowienie nie zostało ogłoszone, termin ten biegnie od dnia obwieszczenia sentencji postanowienia.

Art. 225. [Skargi na czynności komornika] Skargi na czynności komornika w toku postępowania upadłościowego wnosi się w terminie tygodniowym od dnia zakończenia czynności.

Art. 226. [Zabezpieczenia] 1. Zabezpieczenie w przypadkach określonych w ustawie następuje przez złożenie do depozytu sądowego odpowiedniej sumy pieniężnej.

2. O wydaniu sumy złożonej do depozytu orzeka sędzia-komisarz po wysłuchaniu syndyka, nadzorcy sądowego albo zarządcy i osób zainteresowanych.

3. Przepisów ust. 1 i 2 nie stosuje się do zabezpieczenia wykonania układu, jeżeli układ przewiduje inne formy zabezpieczenia.

4. Na postanowienie sędziego-komisarza w przedmiocie zabezpieczenia przysługuje zażalenie.

Art. 227. [Rachunek bankowy] Sumy pieniężne wchodzące do masy upadłości oraz sumy uzyskane ze zbycia rzeczy i praw obciążonych rzeczowo, jeżeli nie podlegają natychmiastowemu wydaniu, syndyk składa na oprocentowany rachunek bankowy lub na sądowy rachunek depozytowy.

3. An appeal filed by the bankrupt shall be served on the trustee, court supervisor or administrator and on the creditor whose interest the appeal concerns.

4. An appeal filed against a decision concerning all of the creditors shall not be served.

Art. 223. [Appeal to the Supreme Court] A decision of the court of second instance shall not be subject to appeal to the Supreme Court, unless otherwise permitted by this Law.

Art. 224. [Time limit to file appeals] The time limit to file an appeal shall start on the day the decision is served, or – with respect to those parties who were not served – on the date of pronouncement of the decision. With respect to creditors, to whom the decision has not been pronounced, the time limit shall start on the date the decision was made public by way of an announcement.

Art. 225. [Complaints against actions of an enforcement officer] A complaint against the actions of the enforcement officer performed in the course of the bankruptcy proceedings should be filed within one week of the date such actions were completed.

Art. 226. [Securing claims] 1. The securing of a claim in the cases specified in this Law shall be effected by depositing an appropriate sum of money with the court.

2. The judge-commissioner shall decide on the release of the court deposit after hearing the trustee, court supervisor or administrator and other concerned persons.

3. Sections 1 and 2 shall not apply to securing the performance of the arrangement if the arrangement provides for other securities.

4. The decision of the judge-commissioner on securing a claim shall be subject to appeal.

Art. 227. [Bank account] The money included in the bankruptcy estate and the money acquired by disposing of things and rights encumbered with rights in rem, if they are not subject to immediate release, shall be deposited by the trustee in an interest-bearing bank account or in a court deposit account.

Art. 228. [Dostęp do akt] Akta sądowe są dostępne w sekretariacie sądu dla uczestników postępowania oraz dla każdego, kto potrzebę ich przejrzenia dostatecznie usprawiedliwi. Osoby te mogą sporządzać i otrzymywać z akt odpisy i wyciągi.

Art. 229. [Odpowiednie stosowanie KPC] W sprawach nieuregulowanych ustawą do postępowania upadłościowego stosuje się odpowiednio przepisy księgi pierwszej części pierwszej Kodeksu postępowania cywilnego, z wyjątkiem przepisów o zawieszeniu i wznowieniu postępowania.

Dział V. Koszty

Art. 230. [Pojęcie kosztów i wydatków] 1. Do kosztów postępowania upadłościowego zalicza się opłaty sądowe oraz wydatki niezbędne dla osiągnięcia celu postępowania.

2. Do wydatków postępowania upadłościowego należą:
1) wynagrodzenie syndyka, nadzorcy sądowego i zarządcy, ich zastępców oraz jeżeli przepisy szczególne nie stanowią inaczej wynagrodzenie kuratorów, jeżeli zostali powołani lub ustanowieni, jak również wydatki poniesione przez te osoby, jeżeli zostały uznane przez sędziego-komisarza;
2) wynagrodzenie osób, które za zgodą sędziego-komisarza zostały zatrudnione przez syndyka, nadzorcę sądowego albo zarządcę albo którym za zgodą sędziego-komisarza zlecono wykonanie czynności;
3) należności z tytułu składek na ubezpieczenie emerytalne, rentowe i chorobowe od wynagrodzeń osób, o których mowa w pkt 1 i 2;
4) koszty obwieszczeń i ogłoszeń;
5) koszty postępowania dowodowego oraz wysłuchania;
6) koszty zgromadzenia wierzycieli, wydatki poniesione przez radę wierzycieli oraz wynagrodzenie członków rady.

3. Do wydatków postępowania upadłościowego obejmującego likwidację majątku upadłego należą ponadto:
1) koszty likwidacji masy upadłości;
2) wynagrodzenia pracowników zatrudnionych w przedsiębiorstwie upadłego należne za okres po ogłoszeniu upadłości oraz odprawy i odszkodowania, związane z rozwiązaniem umów o pracę, przysługujące tym pracownikom;
3) należności z tytułu składek na ubezpieczenie emerytalne, rentowe i chorobowe od wynagrodzeń osób, o których mowa w pkt 2;

Art. 228. [**Availability of court files**] The court files shall be made available by the court secretariat to the parties to the proceedings and to any other person who has sufficiently justified the need to view such documents. These persons may make and receive copies and extracts of the files.

Art. 229. [*Mutatis mutandis* **applicability of the Civil Proceedings Code**] In matters not regulated in this Law, the provisions of Book One Part One of the Civil Proceedings Code shall apply accordingly to the bankruptcy proceedings, except for the provisions regarding the stay and resumption of proceedings.

Division V. Costs

Art. 230. [**Definition of costs and expenses**] 1. The costs of bankruptcy proceedings shall include court fees and expenses necessary to achieve the purpose of the proceedings.

2. The expenses of the bankruptcy proceedings shall include:
1) remuneration of the trustee, court supervisor and administrator, their deputies and, unless special provisions state otherwise, the remuneration of curators, if appointed, as well as the expenses borne by these persons if they have been approved by the judge-commissioner,
2) the remuneration of persons who, upon the consent of the judge-commissioner, have been employed by the trustee, court supervisor or administrator or who, upon the consent of the judge-commissioner, have been commissioned to perform specific actions,
3) amounts due as retirement, pension and illness security contributions payable on the remuneration of the persons referred to in Subsections 1 and 2,
4) the costs of announcements and notices,
5) the costs of evidentiary proceedings and hearings, and
6) the costs of the meeting of creditors, the expenses borne by the creditors' committee and the remuneration of the members of the creditors' committee.

3. The costs of the bankruptcy proceedings including the liquidation of the bankrupt's assets shall additionally include:
1) the costs of liquidating the bankruptcy estate,
2) the remuneration of the employees employed in the bankrupt's enterprise, due for the period following the declaration of bankruptcy, as well as severance payments and other compensation due to the employees in relation to the termination of employment contracts,
3) amounts due as retirement, pension and illness security contributions payable on the remuneration of the persons referred to in Section 2,

4) podatki i inne daniny publiczne należne za okres po ogłoszeniu upadłości;
5) koszty prowadzenia działalności gospodarczej przez syndyka po ogłoszeniu upadłości.

Art. 231. [Pokrycie kosztów] 1. Koszty postępowania upadłościowego pokrywane są z masy upadłości.

2. Niepokryte z masy upadłości koszty postępowania upadłościowego po zakończeniu postępowania upadłościowego ponosi upadły. W razie uchylenia postępowania upadłościowego sędzia-komisarz może zwolnić upadłego od ponoszenia kosztów sądowych.

3. Na postanowienie sędziego-komisarza w przedmiocie kosztów przysługuje zażalenie.

Art. 232. [Zaliczka na koszty] W razie potrzeby, sędzia-komisarz zwołuje zgromadzenie wierzycieli w przedmiocie podjęcia uchwały co do wpłacenia przez wierzycieli zaliczki na koszty postępowania albo zobowiąże wierzycieli mających największe wierzytelności, których łączna wysokość wynosi co najmniej 30% ogólnej sumy wierzytelności przypadających wierzycielom uprawnionym do uczestniczenia w zgromadzeniu, do złożenia zaliczki na koszty postępowania.

Art. 233. [Prawo do zwrotu kosztów] Wierzycielowi nie przysługuje prawo do zwrotu kosztów poniesionych przez niego w postępowaniu upadłościowym. Wierzycielowi zwraca się jednak poniesione przez niego koszty postępowania wywołanego wniesieniem sprzeciwu co do uznania wierzytelności innego wierzyciela, jeżeli w wyniku wniesienia tego sprzeciwu odmówiono uznania zaskarżonej wierzytelności, jak również zwraca się zaliczkę na koszty postępowania, którą złożył na żądanie sędziego-komisarza albo zgodnie z uchwałą zgromadzenia wierzycieli, jeżeli fundusze masy upadłości wystarczą na jej pokrycie.

Art. 234. [Żądanie upadłego w przedmiocie zwrotu kosztów] 1. Nie można żądać od wierzyciela zwrotu do masy upadłości kosztów wynikłych z czynności podjętych przez wierzyciela w postępowaniu upadłościowym.

2. Po zakończeniu postępowania upadłościowego upadły nie może żądać od wierzyciela zwrotu kosztów postępowania, chyba że nastąpiło uchylenie postępowania upadłościowego, a wierzyciel zgłosił wniosek o ogłoszenie upadłości w złej wierze.

4) taxes and other public levies due for the period following the declaration of bankruptcy, and
5) the costs of carrying out the economic activity by the trustee following the declaration of bankruptcy.

Art. 231. [Payment of costs] 1. The costs of the bankruptcy proceedings shall be paid out from the bankruptcy estate.

2. After the closure of the bankruptcy proceedings the costs not paid out from the bankruptcy estate shall be borne by the bankrupt. In the event the bankruptcy proceedings are quashed, the judge-commissioner may release the bankrupt from bearing the court costs.

3. The decision of the judge-commissioner on the costs shall be subject to appeal.

Art. 232. [Advance payment for costs] If necessary, the judge – commissioner shall convene a meeting of creditors so that it adopts a resolution on the extension by the creditors of an advance payment to cover the costs of the proceedings, or on an obligation of the creditors who possess the highest claims, the sum of which amounts to at least 30% of the total amount of the claims vested in the creditors authorised to participate in the meeting, to make an advance payment to cover the costs of the proceedings.

Art. 233. [Right to seek reimbursement for expenses] A creditor shall not be entitled to seek reimbursement for expenses borne thereby in the bankruptcy proceedings. However, the creditor shall be reimbursed for expenses borne thereby in the proceedings triggered by his filing an objection to the acknowledgement of another creditor's claim, if as a result of such objection the acknowledgement of the claim was refused. The creditor shall additionally be reimbursed for any advance payment extended to cover the costs of the proceedings upon the request of the judge-commissioner or in response to the resolution of the meeting of creditors, provided that the bankruptcy estate funds prove sufficient to reimburse the advance payment.

Art. 234. [Demand of the bankrupt concerning reimbursement of costs] 1. The creditor shall not be required to reimburse the bankruptcy estate for any costs resulting from acts undertaken by the creditor in the bankruptcy proceedings.

2. Upon closure of the bankruptcy proceedings, the bankrupt shall not be entitled to claim from the creditor any reimbursement of the costs of the bankruptcy proceedings, unless the bankruptcy proceedings have been quashed and the creditor filed the petition to declare bankruptcy in bad faith.

Art. 235. **[Koszty zgłoszenia wierzytelności]** 1. Koszty postępowania upadłościowego wynikłe ze zgłoszenia wierzytelności przez wierzyciela po upływie terminu wyznaczonego do zgłaszania wierzytelności, nawet jeżeli opóźnienie powstało bez winy wierzyciela, ponosi wierzyciel, który zgłosił wierzytelność po terminie.

2. Sędzia-komisarz może zobowiązać wierzyciela do złożenia zaliczki na koszty związane ze zgłoszeniem wierzytelności po upływie terminu wyznaczonego do zgłoszenia. W razie niezłożenia zaliczki zgłoszenie wierzytelności podlega zwrotowi. Na postanowienie sędziego-komisarza przysługuje zażalenie.

Tytuł V. Zgłoszenie i ustalenie wierzytelności

Dział I. Zgłoszenie wierzytelności

Rozdział 1. Wierzytelności podlegające zgłoszeniu

Art. 236. **[Zgłoszenie wierzytelności]** 1. Wierzyciel osobisty upadłego, który chce uczestniczyć w postępowaniu upadłościowym, jeżeli niezbędne jest ustalenie jego wierzytelności, powinien w terminie oznaczonym w postanowieniu o ogłoszeniu upadłości zgłosić sędziemu-komisarzowi swoją wierzytelność.

2. Uprawnienie do zgłoszenia wierzytelności przysługuje wierzycielowi ponadto, gdy jego wierzytelność była zabezpieczona hipoteką, zastawem, zastawem rejestrowym, zastawem skarbowym, hipoteką morską lub przez inny wpis w księdze wieczystej lub w rejestrze okrętowym. Jeżeli wierzyciel nie zgłosi tych wierzytelności, będą one umieszczone na liście wierzytelności z urzędu.

3. Przepis ust. 2 stosuje się odpowiednio do wierzytelności zabezpieczonych hipoteką, zastawem lub zastawem rejestrowym, zastawem skarbowym, hipoteką morską na rzeczach wchodzących w skład masy upadłości, jeżeli upadły nie jest dłużnikiem osobistym, a wierzyciel chce w postępowaniu upadłościowym dochodzić swoich roszczeń z przedmiotu zabezpieczenia.

4. Postanowienia niniejszego artykułu dotyczące wierzytelności stosuje się do innych należności podlegających zaspokojeniu z masy upadłości.

Art. 235. [Costs of filing claims] 1. The costs of the bankruptcy proceedings resulting from the filing of a claim by the creditor after the time period for filing the claims has elapsed, even if the delay was not due to the fault of the creditor, shall be borne by the creditor who filed his claim after the prescribed deadline.

2. The judge-commissioner may oblige the creditor to extend an advance payment for the costs related to filing a claim after the time period for filing the claims has elapsed. In the event the creditor does not provide the advance payment as instructed, the claim shall be rejected. The decision of the judge-commissioner shall be subject to appeal.

Title V. Filing and Establishment of Claims

Division 1. Filing Claims

Chapter 1. Claims Subject to Filing

Art. 236. [Filing of claims] 1. A personal creditor of the bankrupt who wishes to participate in the bankruptcy proceedings shall, if the establishment of its claim is necessary, within the timeframe defined in the decision declaring bankruptcy, file its claim with the judge-commissioner.

2. A creditor shall additionally be entitled to file its claim if such claim is secured by a mortgage, pledge, registered pledge, tax lien, maritime mortgage or by any other entry in the land and mortgage register or in the register of vessels. In the event such claims are not filed by the creditor, they shall be recorded on the list of claims *ex officio*.

3. Section 2 shall apply accordingly to claims secured by a mortgage, pledge, registered pledge, tax lien, or maritime mortgage encumbering the assets included in the bankruptcy estate if the bankrupt is not a personal debtor and the creditor wants to pursue in the bankruptcy proceedings its claims from the encumbered assets.

4. The provisions of this Article concerning claims shall apply to other amounts subject to satisfaction from the bankruptcy estate.

Art. 237. [**Wierzytelności umieszczane z urzędu**] Przepisu art. 236 ust. 1 nie stosuje się do pracowników upadłego oraz tych wierzycieli, którym przysługuje należność z tytułu odszkodowania za wywołanie choroby, niezdolności do pracy, kalectwa lub śmierci, jeżeli w dokumentach upadłego znajdują się tytuły egzekucyjne lub inne bezsporne dokumenty, z których wynika obowiązek ich zapłaty, a także do tych wierzycieli, których wierzytelność została stwierdzona prawomocnym orzeczeniem sądowym lub ostateczną decyzją administracyjną, wydanymi po ogłoszeniu upadłości. Wierzytelności te są umieszczane na liście z urzędu.

Art. 238. [**Odpowiednie stosowanie**] Przepisy dotyczące roszczeń pracowniczych stosuje się odpowiednio do roszczeń Funduszu Gwarantowanych Świadczeń Pracowniczych o zwrot z masy upadłości świadczeń Funduszu wypłaconych pracownikom upadłego.

Rozdział 2. Zgłoszenie wierzytelności

Art. 239. [**Forma zgłoszenia**] Zgłoszenia wierzytelności dokonuje się na piśmie w dwóch egzemplarzach. Do pisma zgłaszający wierzytelność dołącza oryginał lub notarialnie poświadczony odpis dokumentu uzasadniającego zgłoszenie. Poświadczenia odpisów może dokonać także radca prawny lub adwokat, będący pełnomocnikiem wierzyciela, który zgłasza wierzytelność.

Art. 240. [**Zawartość zgłoszenia**] W zgłoszeniu wierzytelności należy podać:
1) imię i nazwisko bądź nazwę albo firmę wierzyciela i odpowiednio jego miejsce zamieszkania albo siedzibę;
2) określenie wierzytelności wraz z należnościami ubocznymi oraz wartość wierzytelności niepieniężnej;
3) dowody stwierdzające istnienie wierzytelności;
4) kategorię, do której wierzytelność ma być zaliczona;
5) zabezpieczenie związane z wierzytelnością oraz sumę zabezpieczenia;
6) w razie zgłoszenia wierzytelności, w stosunku do której upadły nie jest dłużnikiem osobistym, przedmiot zabezpieczenia, z którego wierzytelność podlega zaspokojeniu;
7) stan sprawy, jeżeli co do wierzytelności toczy się postępowanie sądowe lub administracyjne.

Art. 237. [Claims recorded *ex officio*] Article 236.1 shall not apply to the bankrupt's employees or those creditors who are entitled to receive workers' compensation or disease-related, disability or death compensation, if in the bankrupt's documentation enforcement titles or other unchallenged documents evidencing the bankrupt's obligation to make such payments exist, as well as to those creditors whose claim has been ascertained by a valid judgement or a final administrative decision, issued after the declaration of bankruptcy. These claims shall be recorded on the list of claims *ex officio*.

Art. 238. [*Mutatis mutandis* applicability of other provisions] The provisions concerning the employees' claims shall apply accordingly to the Guaranteed Employees' Benefits Fund claims for the reimbursement from the bankruptcy estate of the Fund benefits paid out to the bankrupt's employees.

Chapter 2. Filing Claims

Art. 239. [Form of filing] A claim shall be filed in writing in two copies. The entity filing the claim shall append to the filing the original or a notarially authenticated copy of the document justifying the filing. The copies may also be authenticated by a legal adviser or an attorney at law, who represents the creditor filing the claim.

Art. 240. [Contents of filing] 1. The filing of a claim shall include the following:
1) first name and surname or the name or business name of the creditor, and, respectively, place of residence or registered office,
2) the identification of the claim together with any ancillary amounts and the value of the in-kind claim,
3) evidence proving the existence of the claim,
4) the class in which the claim shall be included,
5) the security connected with the claim and the sum of the security,
6) in the case of a filing of a claim, in respect of which the bankrupt is not a personal debtor, the security from which the claim shall be satisfied, and
7) the status of the case, if court or administrative proceedings are pending with respect to the claim.

Rozdział 3. Sprawdzanie zgłoszonych wierzytelności

Art. 241. **[Odpis zgłoszenia]** Jeżeli zgłoszenie wierzytelności odpowiada wymaganiom określonym w art. 239 i 240, sędzia-komisarz przekazuje odpis zgłoszenia syndykowi, nadzorcy sądowemu albo zarządcy.

Art. 242. **[Zwrot z powodu braków formalnych]** Jeżeli zgłoszenia wierzytelności dokonuje przedsiębiorca lub wierzyciel reprezentowany przez pełnomocnika procesowego, którym jest adwokat lub radca prawny, zgłoszenie wierzytelności nieodpowiadające wymaganiom określonym w art. 239 i 240 lub zawierające inne braki uniemożliwiające nadanie zgłoszeniu biegu podlega zwrotowi bez wzywania do jego uzupełnienia.

Art. 243. **[Sprawdzenie wierzytelności]** 1. Syndyk, nadzorca sądowy albo zarządca sprawdza, czy zgłoszona wierzytelność znajduje potwierdzenie w księgach rachunkowych lub w innych dokumentach upadłego albo we wpisach w księdze wieczystej lub rejestrach. W razie braku takiego potwierdzenia wzywa upadłego do złożenia stosownych wyjaśnień oraz do złożenia oświadczenia, czy uznaje zgłoszoną wierzytelność.

2. Jeżeli istnienie zgłoszonej wierzytelności nasuwa uzasadnione wątpliwości lub upadły istnieniu jej zaprzecza, syndyk, nadzorca sądowy lub zarządca zwraca się do sędziego-komisarza o przeprowadzenie postępowania dowodowego co do istnienia zgłoszonej wierzytelności.

Dział II. Lista wierzytelności

Rozdział 1. Ustalenie listy wierzytelności

Art. 244. **[Sporządzenie listy]** Po upływie terminu do zgłoszenia wierzytelności i sprawdzeniu zgłoszonych wierzytelności syndyk, nadzorca sądowy albo zarządca sporządza listę wierzytelności.

Art. 245. **[Zawartość listy]** 1. Na liście wierzytelności umieszcza się w osobnych rubrykach następujące dane:
1) sumę, w jakiej wierzytelność podlega uznaniu;
2) kategorię, w jakiej wierzytelność podlega zaspokojeniu;
3) istnienie i rodzaj zabezpieczenia wierzytelności;
4) czy wierzytelność jest uzależniona od warunku;
5) czy wierzycielowi przysługuje prawo potrącenia;
6) stan postępowania sądowego lub administracyjnego w sprawie zgłoszonej wierzytelności, jej zabezpieczenia lub prawa potrącenia.

Chapter 3. Examination of the Filed Claims

Art. 241. **[Copy of filing]** If the filing of the claim satisfies the requirements described in Articles 239 and 240, the judge-commissioner shall have a copy of the filing delivered to the trustee, court supervisor or administrator.

Art. 242. **[Return due to formal defects]** If the claim is filed by an entrepreneur entity or a creditor represented by an attorney-in-fact who is an attorney at law or a legal adviser, the filing of a claim which does not satisfy the requirements described in Articles 239 and 240 or which contains other defects that make it impossible to process the filing shall be returned without summoning to supplement it.

Art. 243. **[Examination of claims]** 1. The trustee, court supervisor or administrator shall examine if the claim is confirmed in the bankrupt's book accounts or other documents or by entries in the land and mortgage register or other registers. In the event the claim cannot be so confirmed, the trustee, court supervisor or administrator shall summon the bankrupt to provide appropriate explanations and to make a statement on whether it acknowledges the claim.

2. If the existence of the claim is in question, or if the bankrupt denies the existence of such claim, the trustee, court supervisor or administrator shall request the judge-commissioner to conduct evidentiary proceedings to investigate the existence of the claim.

Division II. List of Claims

Chapter 1. Establishment of the List of Claims

Art. 244. **[Preparation of the list of claims]** After the deadline for filing the claims has elapsed, the trustee, court supervisor or administrator shall examine the claims and prepare the list of claims.

Art. 245. **[Contents of the list]** 1. The following data shall be entered in separate columns on the list of claims:
1) the amount of the claim up to which the claim is acknowledged,
2) the class in which the claim is satisfied,
3) the existence and type of security of the claim,
4) whether the claim is contingent on a condition,
5) whether the creditor is entitled to a setoff, and
6) the status of the court or administrative proceedings with respect to the filed claim, its security or the right to setoff.

2. Jeżeli syndyk, nadzorca sądowy albo zarządca zaprzecza w całości lub w części oświadczeniom wierzyciela, uzasadnia to w osobnej rubryce.

3. Syndyk, nadzorca sądowy albo zarządca umieszcza na liście wierzytelności także oświadczenie upadłego i podane przez niego uzasadnienie, jeżeli upadły złożył takie oświadczenie, albo wzmiankę, że upadły oświadczenia takiego nie złożył i z jakiej przyczyny.

Art. 246. [**Wierzytelność niepieniężna**] Wierzytelność niepieniężna będzie umieszczona na liście wierzytelności w sumie pieniężnej według jej wartości z dnia ogłoszenia upadłości.

Art. 247. [**Odsetki od wierzytelności**] 1. Jeżeli w dniu ogłoszenia upadłości wierzytelność bez zastrzeżenia odsetek nie była jeszcze wymagalna, na liście wierzytelności umieszcza się sumę pieniężną wierzytelności pomniejszoną o odsetki ustawowe, nie wyższe jednak niż 6% i za czas od dnia ogłoszenia upadłości do dnia wymagalności, najwyżej jednak za dwa lata.

2. Odsetki od wierzytelności pieniężnej umieszcza się na liście w kwocie naliczonej do dnia ogłoszenia upadłości.

Art. 248. [**Współdłużnik; poręczyciel**] Wierzytelność, której upadły jest współdłużnikiem, oraz wierzytelność poręczyciela upadłego z tytułu zwrotnego roszczenia umieszcza się na liście w takiej wysokości, w jakiej współdłużnik lub poręczyciel zaspokoił wierzyciela.

Art. 249. [**Świadczenia powtarzające się**] 1. Wierzytelności z tytułu powtarzających się świadczeń, których czas trwania jest oznaczony, umieszcza się na liście jako sumę świadczeń za cały czas ich trwania, pomniejszoną o odsetki ustawowe, nie wyższe jednak niż 6% i za czas od dnia ogłoszenia upadłości do dnia wymagalności każdego przyszłego świadczenia.

2. Wierzytelności z tytułu świadczeń powtarzających się, których czas trwania oznaczono na czas życia uprawnionego lub innej osoby, albo nieoznaczonych co do czasu trwania umieszcza się na liście wierzytelności jako sumę stanowiącą wartość prawa.

3. Jeżeli w umowie o prawo do świadczeń powtarzających się ustalona jest suma wykupu, sumę tę umieszcza się na liście jako wartość prawa.

2. If the trustee, court supervisor or administrator denies in full or in part the statements of the creditor, such denial shall be substantiated in a separate column.

3. The trustee, court supervisor or administrator shall also include in the list of claims the bankrupt's statement and corresponding substantiation, if the statement has been delivered, and in the event no statement has been delivered by the bankrupt – a note to that effect together with the reason why the statement has not been delivered.

Art. 246. [In-kind claims] An in-kind claim shall be recorded on the list of claims per its value as at the day bankruptcy was declared.

Art. 247. [Interests on claims] 1. In the event that an interest-free claim has not become due on the date bankruptcy is declared, this claim shall be recorded on the list of claims in its amount decreased by statutory interest, not higher however, than six per cent, computed from the date bankruptcy is declared until date its due, not exceeding, however, a period of two years.

2. Interest on the pecuniary claim shall be recorded on the list of claims in the amount computed until the date bankruptcy is declared.

Art. 248. [Co-debtor; guarantor] A claim to which the bankrupt is co-debtor, as well as the claim of the bankrupt's guarantor, arising under the right of recourse, shall be recorded on the list of claims in the amount in which the co-debtor or the guarantor has satisfied the creditor.

Art. 249. [Periodic performances] 1. Claims arising under periodic performances, the duration of which has been specified, shall be recorded on the list of claims as the sum of performances for the entire length of their duration, decreased by statutory interest, not higher however than six per cent, computed from the date bankruptcy is declared until the due dates of each of the future performances.

2. Claims arising under periodic performances, the duration of which has been specified for the lifetime of the entitled person or another person, or periodic performances, the duration of which has not been specified, shall be recorded on the list of claims as the value of the right.

3. If in an agreement concerning the right to periodic performances, the price to be released from the obligation to render periodic performance has been specified, this price shall be recorded on the list of claims as the value of the right.

Art. 250. **[Hipoteka; wpis w rejestrze]** Wierzytelność zabezpieczona hipoteką lub wpisem w rejestrze na majątku upadłego położonym za granicą umieszcza się na liście, jeżeli złożony zostanie dowód wykreślenia wpisu o zabezpieczeniu.

Art. 251. **[Wierzytelność w obcej walucie]** Wierzytelność w walucie obcej bez względu na termin jej wymagalności umieszcza się na liście po przeliczeniu na pieniądze polskie według średniego kursu walut obcych w Narodowym Banku Polskim z dnia ogłoszenia upadłości, a gdy takiego kursu nie było – według średniej ceny rynkowej z tej daty.

Art. 252. **[Wierzytelność zgłoszona z niezachowaniem terminów]** 1. Jeżeli wierzytelność została zgłoszona przez wierzyciela po upływie terminu wyznaczonego do zgłaszania wierzytelności, bez względu na przyczynę opóźnienia, czynności już dokonane w postępowaniu upadłościowym są skuteczne wobec tego wierzyciela, a jego uznaną wierzytelność uwzględnia się tylko w planach podziału funduszów masy upadłości sporządzonych po jej uznaniu.

2. Jeżeli jednak wierzytelność zgłoszono po zatwierdzeniu ostatecznego planu podziału funduszów masy upadłości, pozostawia się ją bez rozpoznania.

Art. 253. **[Uzupełnianie listy wierzytelności]** 1. Po upływie terminu wyznaczonego do zgłaszania wierzytelności syndyk, nadzorca sądowy albo zarządca uzupełnia listę wierzytelności w miarę zgłaszania wierzytelności.

2. Jeżeli zgłoszono wierzytelności po przekazaniu listy wierzytelności sędziemu-komisarzowi, syndyk, nadzorca sądowy albo zarządca sporządza uzupełnienie listy wierzytelności obejmujące takie wierzytelności wraz z zaznaczeniem, w jaki sposób będą zaspokajane.

Art. 254. **[Zmiana wierzyciela]** 1. Zmianę wierzyciela po zgłoszeniu wierzytelności uwzględnia się na liście wierzytelności tylko wtedy, gdy została stwierdzona dokumentem urzędowym lub niebudzącym wątpliwości dokumentem prywatnym z podpisem urzędowo poświadczonym i gdy zmiana wierzyciela zgłoszona została syndykowi, nadzorcy sądowemu albo zarządcy przed przekazaniem listy wierzytelności sędziemu-komisarzowi. Sędzia-komisarz może uwzględnić zmianę wierzyciela zgłoszoną po przekazaniu mu listy wierzytelności, a przed jej ostatecznym zatwierdzeniem, jeżeli nie spowoduje to opóźnienia w postępowaniu.

Art. 250. [Mortgage; entry in registers] A claim secured by a mortgage or an entry in a register encumbering the bankrupt's assets located abroad shall be recorded on the list of claims if evidence has been submitted that the entry concerning the security has been deleted.

Art. 251. [Claim denominated in foreign currency] A claim denominated in a foreign currency, regardless of when this claim is due, shall be recorded on the list of claims after converting it into Polish zloty according to the average foreign exchange rate of the National Bank of Poland as at the date bankruptcy is declared, and if such rate was not fixed -according to the average market price of that day.

Art. 252. [Claim filed after the deadline] 1. If the claim has been filed by the creditor after the deadline for filing the claims has elapsed, regardless of the cause of the delay, acts already performed in the bankruptcy proceedings shall be effective towards that creditor, and its acknowledged claim shall be taken into account only in those distribution plans which were made after acknowledgement of the claim.

2. If the claim is filed after the approval of the final distribution plan, such claim shall not be considered.

Art. 253. [Supplementing the list of claims] 1. After the deadline for filing the claims has elapsed, the trustee, court supervisor or administrator shall supplement the list of claims successively as the claims are filed.

2. If a claim is filed after the list of claims has been delivered to the judge-commissioner, the trustee, court supervisor or administrator shall prepare a supplement to the list of claims, comprising such claims with a note on the manner of their satisfaction.

Art. 254. [Change of the creditor] 1. After a claim has been filed, the change of the creditor shall be recorded on the list of claims only if the claim has been confirmed by an official document or an indisputable private document with an officially certified signature, and only if such change has been reported to the trustee, court supervisor or administrator prior to delivery of the list of claims to the judge-commissioner. The judge-commissioner may allow for the change of creditor, which was communicated after the receipt of the list of claims by the judge-commissioner but before its final approval, if this does not delay the proceedings.

2. Nieuwzględnienie zmian, o których mowa w ust. 1, nie pozbawia nabywcy wierzytelności możliwości realizacji jego uprawnień na podstawie przepisów ustawy w toku dalszego postępowania.

Rozdział 2. Zaskarżenie listy wierzytelności

Art. 255. **[Obwieszczenia o sporządzeniu listy]** 1. Syndyk, nadzorca sądowy albo zarządca przekazuje listę wierzytelności sędziemu-komisarzowi, który o jej sporządzeniu ogłosi przez obwieszczenie i ogłoszenie w Monitorze Sądowym i Gospodarczym.

2. Listę wierzytelności może przeglądać w sekretariacie sądu każdy zainteresowany.

Art. 256. **[Prawo do sprzeciwu]** 1. W terminie dwóch tygodni od dnia obwieszczenia i ogłoszenia w Monitorze Sądowym i Gospodarczym o przekazaniu listy wierzytelności sędziemu-komisarzowi, każdy wierzyciel umieszczony na liście może złożyć do sędziego-komisarza sprzeciw co do uznania wierzytelności, a co do odmowy uznania – ten, któremu odmówiono uznania zgłoszonej wierzytelności.

2. W tym samym terminie sprzeciw przysługuje upadłemu, o ile projekt nie jest zgodny z jego wnioskami lub oświadczeniami. Jeżeli upadły nie składał oświadczeń, mimo iż był do tego wezwany, może zgłosić sprzeciw tylko wtedy, gdy wykaże, że nie złożył oświadczeń z przyczyn od niego niezależnych.

Art. 257. **[Forma sprzeciwu; odrzucenie]** 1. Sprzeciw powinien odpowiadać wymaganiom formalnym pisma procesowego, a ponadto wskazywać zaskarżoną wierzytelność oraz zawierać wniosek co do uznania albo odmowy uznania wierzytelności wraz z uzasadnieniem i wskazaniem dowodów na jego poparcie. Sędzia-komisarz odrzuci sprzeciw nieodpowiadający tym wymaganiom albo spóźniony.

2. W terminie tygodnia od dnia doręczenia postanowienia o odrzuceniu sprzeciwu można wnieść go ponownie. Jeżeli sprzeciw nie zawiera braków, wywołuje skutki od dnia wniesienia odrzuconego sprzeciwu.

3. Uprawnienia, o których mowa w ust. 2, nie przysługują w razie ponownego odrzucenia sprzeciwu.

Art. 258. **[Podstawa sprzeciwu]** Jeżeli wierzytelność jest stwierdzona prawomocnym orzeczeniem sądu, sprzeciw może być oparty tylko na zdarzeniach powstałych po zamknięciu rozprawy w sprawie, w której orzeczenie zostało wydane. Zdarzenia te powinny być stwierdzone dowodem na piśmie.

2. If the changes referred to in Section 1 are not allowed, the acquirer of the claim is not barred from exercising its rights under the provisions of this Law in the course of further proceedings.

Chapter 2. Objections to the List of Claims

Art. 255. [Announcement on the list of claims] 1. The trustee, court supervisor or administrator shall deliver the list of claims to the judge-commissioner, who shall make public the preparation of such list by making an announcement and placing a notice in *Monitor Sądowy i Gospodarczy.*

2. The list of claims may be viewed at the court's secretariat by any concerned person.

Art. 256. [Right to file objections] 1. Within two weeks of the announcement and notice in Monitor Sądowy i Gospodarczy on the delivery of the list of claims to the judge-commissioner, each creditor recorded on the list may file an objection with the judge-commissioner against acknowledgement of a claim. Additionally, any creditor whose filed claim has not been acknowledged may file an objection against the refusal to acknowledge the claim.

2. Within the same time limit the bankrupt may file an objection if the draft list of claims is not consistent with the bankrupt's motions or statements. In the event that the bankrupt has not delivered any statements, although summoned to do so, the bankrupt may file an objection only when it proves that the failure to submit the statements was due to reasons beyond his control.

Art. 257. [Form of objections; rejection] 1. The objection shall meet the formal requirements of a pleading, and additionally it shall specify the claim objected to and contain a motion on the acknowledgement or refusal to acknowledge the claim with a justification and indication of supporting evidence. The judge-commissioner shall reject an objection which does not meet these requirements or which is filed after the deadline.

2. Within one week of the date the decision to reject the objection was issued, the objection may be re-filed. If the objection does not contain any defects, it shall be effective as from the date the rejected objection was filed.

3. The rights referred to in Section 2 shall not be available if the objection is rejected again.

Art. 258. [Basis for objections] If the claim has been confirmed by a valid judgement, the objection may be based only on events which have occurred after the closing of the hearing at which the judgement was issued. Such events shall be confirmed in writing.

Art. 259. [Rozpoznanie sprzeciwu] 1. Sprzeciw rozpoznaje sędzia-komisarz na rozprawie. Na rozprawę wzywa syndyka, nadzorcę sądowego albo zarządcę, upadłego oraz wierzyciela, który złożył sprzeciw, i wierzyciela, którego wierzytelności sprzeciw dotyczy. Niestawiennictwo tych osób nie wstrzymuje wydania postanowienia.

2. Na postanowienie sędziego-komisarza przysługuje zażalenie.

Rozdział 3. Zatwierdzenie, prostowanie i uzupełnienie listy wierzytelności

Art. 260. [Zatwierdzenie listy wierzytelności] 1. Po uprawomocnieniu się postanowienia sędziego-komisarza w sprawie sprzeciwu, a w razie jego zaskarżenia, po uprawomocnieniu się postanowienia sądu, sędzia-komisarz dokonuje zmian na liście wierzytelności na podstawie tych postanowień oraz zatwierdza listę wierzytelności.

2. Jeżeli sprzeciwu nie wniesiono, sędzia-komisarz zatwierdza listę wierzytelności po upływie terminu do jego wniesienia.

Art. 261. [Zmiany na liście wierzytelności] Sędzia-komisarz może z urzędu dokonać zmian na liście wierzytelności w razie stwierdzenia, że na liście umieszczono wierzytelności, które w całości lub części nie istnieją, lub nie umieszczono na liście wierzytelności, które podlegają umieszczeniu na liście z urzędu. Postanowienie o zmianie na liście podlega obwieszczeniu z urzędu. Na postanowienie to przysługuje zażalenie.

Art. 262. [Lista uzupełniająca] 1. Jeżeli wierzytelność zgłoszono po terminie wyznaczonym do zgłoszenia wierzytelności lub została ujawniona po tym terminie wierzytelność, która nie wymaga zgłoszenia, wierzytelność taką umieszcza się na uzupełniającej liście wierzytelności.

2. Przepis ust. 1 stosuje się odpowiednio, gdy po zatwierdzeniu listy wierzytelności nastąpiło zdarzenie uzasadniające zmianę na liście. Na postanowienie sędziego-komisarza dotyczące uzupełnienia lub zmiany na liście przysługuje zażalenie.

3. Uzupełnienie i zmianę na liście wierzytelności rozpoznaje się z zachowaniem przepisów art. 239, art. 240, art. 244 i art. 254.

Art. 263. [Dochodzenie wierzytelności po umorzeniu] Wierzytelność, której uznania odmówiono w całości lub w części według przepisów działu niniejszego, może być dochodzona przeciwko upadłemu po umorzeniu lub zakończeniu postępowania upadłościowego.

Art. 259. **[Consideration of objections]** 1. The judge-commissioner shall consider the objection at a hearing. The trustee, court supervisor or administrator, the bankrupt and the creditor who has filed the objection as well as the creditor, whose claim the objection concerns, shall be summoned to the hearing. The absence of these persons shall not bar the issuance of a decision.

2. The decision of the judge-commissioner shall be subject to appeal.

Chapter 3. Approval, Rectification and Supplementing of the List of Claims

Art. 260. **[Approval of the list of claims]** 1. After the decision of the judge-commissioner on the objection has become valid, and in the event that an appeal has been filed against it – after the decision of the court has become valid, the judge-commissioner shall amend the list of claims based on these decisions and approve the list of claims.

2. If an objection has not been filed, the judge-commissioner shall approve the list of claims after the time limit to file such objection has elapsed.

Art. 261. **[Amending the list of claims]** The judge-commissioner may *ex officio* amend the list of claims if claims which do not exist in full or in part have been recorded on the list, or if claims which should have been recorded on the list *ex officio* have not been recorded thereon. Such decision on amending the list shall be subject to announcement *ex officio*. This decision shall be subject to appeal.

Art. 262. **[Supplementary list]** 1. If a claim has been filed after the deadline for filing the claim has already elapsed, or when after the lapse of this deadline a claim has been disclosed which does not require filing, such claim shall be recorded on a supplementary list of claims.

2. Section 1 shall apply accordingly if after the approval of the list of claims an event has occurred which justifies the amendment of the list. The decision of the judge-commissioner to supplement or amend the list shall be subject to appeal.

3. Supplementing and amending the list of claims shall be considered in accordance with Articles 239, 240, 244 and 254.

Art. 263. **[Pursuit of claims after discontinuance]** A claim the acknowledgement of which has been refused in full or in part according to this Division may be pursued against the bankrupt after the discontinuance or closure of the bankruptcy proceedings.

Art. 264. [**Wyciąg z listy wierzytelności**] 1. Po zakończeniu lub umorzeniu postępowania upadłościowego wyciąg z zatwierdzonej przez sędziego-komisarza listy wierzytelności, zawierający oznaczenie wierzytelności oraz sumy otrzymanej na jej poczet przez wierzyciela, jest tytułem egzekucyjnym przeciwko upadłemu.

2. Upadły może żądać ustalenia, że wierzytelność objęta listą wierzytelności nie istnieje albo istnieje w mniejszym zakresie, jeżeli nie uznał wierzytelności zgłoszonej w postępowaniu upadłościowym i nie zapadło co do niej jeszcze prawomocne orzeczenie sądowe.

3. Po nadaniu wyciągowi z listy wierzytelności klauzuli wykonalności, zarzut, że wierzytelność objęta listą wierzytelności nie istnieje albo że istnieje w mniejszym zakresie, upadły może podnieść w drodze powództwa o pozbawienie tytułu wykonawczego wykonalności.

4. Przepisu ust. 1 nie stosuje się w stosunku do wierzycieli, wobec których upadły nie był dłużnikiem osobistym.

Art. 265. [**Wzmianka o odpowiedzialności upadłego**] 1. Jeżeli sąd umorzył część zobowiązań upadłego, które nie zostały zaspokojone w postępowaniu upadłościowym, w wyciągu z listy wierzytelności, o którym mowa w art. 264 ust. 1, zamieszcza się wzmiankę określającą zakres odpowiedzialności upadłego.

2. Jeżeli sąd umorzył całość zobowiązań upadłego, które nie zostały zaspokojone w postępowaniu upadłościowym, przepisu art. 264 nie stosuje się.

Art. 266. [**Prawo do zwrotu dokumentów**] Wierzyciel może żądać zwrotu dokumentów złożonych w celu udowodnienia wierzytelności. Na zarządzenie sędziego-komisarza sekretarz sądowy wydaje dokumenty z zaznaczeniem na nich, w jakiej sumie wierzytelność została uznana.

Tytuł VI. Układ

Dział I. Przepisy ogólne

Art. 267. [**Propozycje układowe**] 1. Jeżeli sąd ogłosił upadłość z możliwością zawarcia układu, a propozycje układowe nie zostały wcześniej złożone, upadły powinien zgłosić je w terminie miesiąca. Wraz z propozycjami układowymi upadły powinien przedłożyć także rachunek przepływów pieniężnych za okres ostatnich dwunastu miesięcy, jeżeli obowiązany był do prowadzenia dokumentacji umożliwiającej sporządzenie takiego rachunku. W tym samym czasie propozycje układowe może złożyć również nadzorca sądowy albo zarządca.

Art. 264. [Extract from the list of claims] 1. Upon closure or discontinuance of the bankruptcy proceedings, the extract from the list of claims approved by the judge-commissioner, containing the specification of the claim and the amount received on its account by the creditor, shall represent an enforcement title against the bankrupt.

2. The bankrupt may request the establishment that the claim recorded on the list of claims does not exist or is overstated, if the bankrupt did not acknowledged such claim filed in the bankruptcy proceedings and if a valid judgement in respect of that claim has not yet been issued.

3. After the extract from the list of claims has been given an enforceability clause, the objection that the claim recorded on the list of claims does not exist or is overstated may be raised by the bankrupt in an action to quash the enforceability of the writ of execution.

4. Section 1 shall not apply to creditors, with respect to whom the bankrupt was not a personal debtor.

Art. 265. [Notation on bankrupt's liability] 1. If the court has discharged the bankrupt from a part of the obligations which were not satisfied in the bankruptcy proceedings, a notation specifying the bankrupt's scope of liability shall be noted on the extract from the list of claims referred to in Article 264.1.

2. If the court has discharged the bankrupt from all obligations which were not satisfied in the bankruptcy proceedings, Article 264 shall not apply.

Art. 266. [Requesting the return of documents] A creditor may request the return of documents submitted in order to prove the claim. The court secretary shall, upon an order of the judge-commissioner, return the documents with a notation indicating the amount up to which the claim was acknowledged.

Title VI. Arrangement

Division I. General Provisions

Art. 267. [Arrangement proposals] 1. In the event that the court has declared bankruptcy with the possibility to make an arrangement and the arrangement proposals have not been previously submitted, the bankrupt shall submit such proposals within one month. Together with the arrangement proposals the bankrupt shall also submit a cash-flow report for the previous twelve months, if he was required to keep the records necessary to prepare such report. Within the same timeframe, the arrangement proposals may also be submitted by the court supervisor or administrator.

2. Z ważnych powodów sędzia-komisarz może przedłużyć do trzech miesięcy termin do zgłoszenia propozycji układowych oraz przedłożenia danych, o których mowa w ust. 1.

3. W razie niezgłoszenia przez upadłego propozycji układowych w terminie, o którym mowa w ust. 1 lub 2, upadły traci prawo zarządu masą upadłości, jeżeli prawa takiego wcześniej nie został pozbawiony, a także prawo do składania propozycji układowych.

4. Jeżeli sąd ogłosił upadłość z możliwością zawarcia układu na wniosek wierzyciela, który zgłosił wstępne propozycje układowe, wierzyciel ten może również złożyć propozycje układowe. Przepisy ust. 1 i 2 stosuje się odpowiednio.

Art. 268. [Podmioty uprawnione do zgłoszenia] Jeżeli sąd ogłosił upadłość obejmującą likwidację majątku upadłego, propozycje układowe mogą zgłosić upadły oraz syndyk i rada wierzycieli. Sąd zmieni postanowienie o ogłoszeniu upadłości obejmującej likwidację majątku upadłego na postanowienie o ogłoszeniu upadłości z możliwością zawarcia układu, jeżeli są podstawy do takiej zmiany.

Art. 269. [Propozycje restrukturyzacji] Propozycje układowe powinny określać sposób restrukturyzacji zobowiązań upadłego oraz zawierać uzasadnienie.

Art. 270. [Sposoby restrukturyzacji] 1. Propozycje restrukturyzacji zobowiązań upadłego mogą obejmować w szczególności:

1) odroczenie wykonania zobowiązań;
2) rozłożenie spłaty długów na raty;
3) zmniejszenie sumy długów;
4) konwersję wierzytelności na udziały lub akcje;
5) zmianę, zamianę lub uchylenie prawa zabezpieczającego określoną wierzytelność.

2. Propozycje układowe mogą wskazywać jeden lub więcej sposobów restrukturyzacji.

Art. 271. [Układ likwidacyjny] Układ może przewidywać również zaspokojenie wierzycieli poprzez likwidację majątku upadłego (układ likwidacyjny). Likwidacja przeprowadzana jest według przepisów ustawy o likwidacji masy upadłości, chyba że układ przewiduje przejęcie majątku upadłego przez wierzycieli lub inny sposób likwidacji.

2. Due to important reasons, the judge - commissioner may extend to three months the timeframe to submit the arrangement proposals and the data referred to in Section 1.

3. If the bankrupt has not submitted the arrangement proposals within the timeframe referred to in Sections 1 and 2, the bankrupt shall lose the right to administer the bankruptcy estate, if the bankrupt had not been deprived of this right earlier, as well as the right to submit arrangement proposals.

4. If the court has declared bankruptcy with the possibility to make an arrangement upon the petition of a creditor who submitted the preliminary arrangement proposals, this creditor may also submit the arrangement proposals. Sections 1 and 2 shall apply accordingly.

Art. 268. [Entities entitled to submit proposals] If the court has declared bankruptcy by liquidation of the bankrupt's assets, the arrangement proposals may be submitted by the bankrupt, trustee or creditors' committee. The court shall convert the decision declaring bankruptcy by liquidation of the bankrupt's assets to a decision declaring bankruptcy with the possibility to make an arrangement, if basis justifying such conversion exists.

Art. 269. [Proposals to restructure] The arrangement proposals shall determine the method of restructuring the bankrupt's obligations and include a justification.

Art. 270. [Methods of restructuring] 1. The proposal to restructure the bankrupt's obligations may include in particular:
1) deferment of performance of his obligations,
2) payment of debts in instalments,
3) reduction of debts,
4) conversion of claims into shares or stock, and
5) modification, exchange or cancellation of a right securing a claim.

2. The arrangement proposals may indicate one or more methods of restructuring.

Art. 271. [Liquidation arrangement] The arrangement may also allow for the satisfaction of the creditors' claims by liquidating the bankrupt's assets (liquidation arrangement). The liquidation shall be conducted according to the provisions of this Law on liquidation of the bankruptcy estate, unless the arrangement provides for the possibility of a seizure of the bankrupt's assets by the creditors or unless it provides for another method of liquidation.

Art. 272. [Wierzytelności objęte układem] 1. Układem obejmuje się wszystkie wierzytelności w stosunku do upadłego powstałe przed dniem ogłoszenia upadłości, łącznie z wierzytelnościami zabezpieczonymi przez przeniesienie na zabezpieczenie własności rzeczy, wierzytelności lub innego prawa.

2. Układem obejmuje się odsetki od wierzytelności wymienionych w ust. 1 za cały czas opóźnienia spełnienia świadczenia.

3. Układem obejmuje się także wierzytelności zależne od warunku, jeżeli warunek ziścił się w czasie wykonywania układu.

Art. 273. [Wierzytelności wyłączone z układu] 1. Układ nie obejmuje:
1) należności alimentacyjnych oraz rent z tytułu odszkodowania za wywołanie choroby, niezdolności do pracy, kalectwa lub śmierci;
2) wierzytelności o wydanie mienia, o którym mowa w art. 70;
3) wierzytelności, które za zgodą sędziego-komisarza zostały spłacone;
4) wierzytelności, za które upadły odpowiada w związku z nabyciem spadku po ogłoszeniu upadłości, po wejściu spadku do masy upadłości;
5) składek na ubezpieczenie emerytalne, rentowe i chorobowe.

2. Układ nie obejmuje wierzytelności ze stosunku pracy oraz wierzytelności zabezpieczonej na mieniu upadłego hipoteką, zastawem, zastawem rejestrowym, zastawem skarbowym i hipoteką morską, chyba że wierzyciel wyraził zgodę na jej objęcie układem. Zgoda na objęcie wierzytelności układem powinna być wyrażona w sposób bezwarunkowy i nieodwołalny, najpóźniej przed przystąpieniem do głosowania nad układem. Zgoda może być wyrażona także ustnie do protokołu.

Art. 274. [Roszczenia pracownicze] Przepisy dotyczące wierzytelności ze stosunku pracy stosuje się odpowiednio do roszczeń Funduszu Gwarantowanych Świadczeń Pracowniczych o zwrot z masy upadłości świadczeń Funduszu wypłaconych pracownikom upadłego.

Art. 275. [Wzajemne dopłaty] Jeżeli układ przewiduje likwidację majątku upadłego przez przejęcie majątku przez wierzycieli, można określić w układzie wzajemne dopłaty między wierzycielami.

Art. 276. [Spłata z zysku przedsiębiorstwa] Jeżeli propozycje układowe przewidują spłatę wierzytelności z zysku przedsiębiorstwa upadłego, mogą one określać, jaka część zysku przeznaczona jest na spłatę wierzytelności.

Art. 272. [Claims included in arrangement] 1. The arrangement shall include all claims against the bankrupt which have arisen prior to the date bankruptcy is declared, including claims secured by fiduciary transfer of the ownership title to a thing or fiduciary assignment of a claim or other right.

2. The arrangement shall include interest on the claims referred to in Section 1 for the entire period of delay in rendering the performance.

3. The arrangement shall also include claims contingent upon the fulfilment of a condition, if that condition has been fulfilled during the performance of the arrangement.

Art. 273. [Claims excluded from arrangement] 1. The arrangement shall not include:
1) alimony, disease-related pensions, workers' compensation, disability or death benefits;
2) claims to release the assets referred to in Article 70;
3) claims that have been satisfied upon the approval of the judge-commissioner;
4) claims for which the bankrupt is liable in connection with the acquisition of an inheritance estate after the declaration of bankruptcy and after the inclusion of the inheritance estate in the bankruptcy estate; and
5) retirement, pension and illness security contributions.

2. The arrangement shall not include a claim arising under an employment relationship or a claim secured on the bankrupt's assets by a mortgage, pledge, registered pledge, tax lien or maritime mortgage, unless the creditor consented to the inclusion of such claim in the arrangement. The consent to include such claim in the arrangement shall be unconditional and irrevocable and it shall be granted before the vote on the arrangement at the latest. The consent may also be expressed orally and recorded in the minutes.

Art. 274. [Employees' claims] The provisions concerning the claims arising under an employment relationship shall apply accordingly to the Guaranteed Employee Benefits Fund's claims for the reimbursement from the bankruptcy estate of the Fund benefits paid out to the bankrupt's employees.

Art. 275. [Compensatory payments] If the arrangement provides for the liquidation of the bankrupt's assets by seizure of the assets by the creditors, the arrangement may also set out compensatory payments between the creditors.

Art. 276. [Satisfaction of claims from the profit of the enterprise] If the arrangement proposals include the possibility to satisfy the creditors' claims from the profit of the bankrupt's enterprise, these proposals may determine which portion of the profit is to be assigned for the payment of claims.

Art. 277. [Oświadczenie o zgodzie na zmianę] Jeżeli propozycje układowe polegają na zmianie treści stosunków prawnych lub praw, ustanowieniu albo zmianie zabezpieczenia wierzytelności, należy dołączyć w formie prawem przewidzianej bezwarunkowe oświadczenie osób, od których zgody uzależniona jest zmiana stosunku prawnego lub prawa albo zmiana zabezpieczenia wierzytelności.

Art. 278. [Umieszczenie wierzycieli na listach] 1. Po zatwierdzeniu listy wierzytelności sędzia-komisarz sporządza, w celu głosowania nad układem, listy wierzycieli, obejmujące poszczególne kategorie ich interesów:

1) wierzycieli, którym przysługują należności ze stosunków pracy oraz należności rolników z tytułu umów o dostarczenie produktów z własnego gospodarstwa rolnego;
2) wierzycieli, których wierzytelności są zabezpieczone rzeczowo;
3) wierzycieli będących udziałowcami lub akcjonariuszami upadłego;
4) pozostałych wierzycieli.

2. Wierzycieli, o których mowa w ust. 1 pkt 4, sędzia-komisarz może umieścić na dwóch lub więcej listach, określając jednocześnie kryteria wyróżnienia kategorii interesów wierzycieli. W szczególności mogą być nimi wysokość wierzytelności, terminy płatności albo charakter zobowiązań.

3. Postanowienie sędziego-komisarza w przedmiocie podziału wierzycieli ze względu na kategorie interesów podlega obwieszczeniu. Na postanowienie to przysługuje zażalenie.

Art. 279. [Warunki restrukturyzacji] 1. Warunki restrukturyzacji zobowiązań upadłego powinny być jednakowe w stosunku do wierzycieli tej samej kategorii interesów, chyba że wierzyciel wyraźnie zgodził się na warunki mniej korzystne.

2. Korzystniejsze warunki restrukturyzacji zobowiązań można przyznać wierzycielom mającym drobne wierzytelności, a także wierzycielom, którzy po ogłoszeniu upadłości udzielili lub mają udzielić kredytu niezbędnego do wykonania układu.

3. Warunki restrukturyzacji zobowiązań ze stosunku pracy nie mogą pozbawiać pracowników minimalnego wynagrodzenia za pracę.

Art. 280. [Uzasadnienie propozycji] 1. Uzasadnienie propozycji układowych powinno zawierać:
1) opis stanu przedsiębiorstwa ze szczególnym określeniem jego sytuacji ekonomiczno-finansowej, prawnej oraz organizacyjnej;

Art. 277. **[Statement consenting to modification]** If the arrangement proposals include modification of existing legal relationships or rights, or in the establishment or modification of the security of a claim, an unconditional statement shall be enclosed in the form set forth by law, made by those persons whose consent is necessary to modify the legal relationship, right or the security.

Art. 278. **[Recording creditors on lists]** 1. After approving the list of claims, the judge-commissioner shall prepare, for the purpose of voting on the arrangement, lists of creditors, comprising separate classes of the creditors' interests:
1) creditors entitled to claims arising under employment relationships and to farmers' claims arising under agreements for the supply of the products from their own agricultural farms,
2) creditors whose claims are secured by a right in rem,
3) creditors who are shareholders or stockholders of the bankrupt, and
4) other creditors.

2. The judge-commissioner may record the creditors referred to in Section 1.4 on two or more lists, setting forth the criteria for differentiating the classes of the creditors' interests. These criteria may be, in particular, the amount of the claim, the dates of payment or the nature of the obligations.

3. The decision of the judge-commissioner on the division of the creditors with regard to the classes of interests shall be subject to announcement. The decision shall be subject to appeal.

Art. 279. **[Terms and conditions of restructuring]** 1. The terms and conditions of restructuring the bankrupt's obligations should be identical with respect to the creditors of the same class of interests, unless a creditor has explicitly consented to less favourable terms and conditions.

2. More favourable terms and conditions of restructuring the obligations may be granted to creditors who have small claims, as well as to creditors who, after the declaration of bankruptcy, have extended or shall extend a bank loan indispensable for the performance of the arrangement.

3. The terms and conditions of restructuring the bankrupt's obligations arising under an employment relationship may not deprive the employees of the minimum remuneration for work.

Art. 280. **[Justification of proposals]** 1. The justification of the arrangement proposals shall contain:
1) a description of the state of the enterprise with a particular specification of its economic, financial, legal and organisational condition,

2) analizę sektora rynku, na którym przedsiębiorstwo upadłego działa, z uwzględnieniem pozycji rynkowej konkurencji;
3) metody i źródła finansowania wykonania układu, z uwzględnieniem przewidywanych wpływów i wydatków w czasie wykonywania układu;
4) analizę poziomu i struktury ryzyka;
5) osoby odpowiedzialne za wykonanie układu (imiona i nazwiska);
6) ocenę alternatywnego sposobu restrukturyzacji zobowiązań;
7) system zabezpieczenia praw i interesów wierzycieli na czas wykonania układu.

2. Sędzia-komisarz może zezwolić na ograniczenie uzasadnienia propozycji układowych, jeżeli z uwagi na wielkość i charakter przedsiębiorstwa upadłego ustalenie wszystkich danych wymienionych w ust. 1 nie jest niezbędne dla zapewnienia prawidłowego wykonania układu.

Dział II. Zawarcie i zatwierdzenie układu

Art. 281. [Zgromadzenie wierzycieli] 1. Zgromadzenie wierzycieli powinno odbyć się w terminie miesiąca od dnia zatwierdzenia listy wierzytelności. Jednocześnie z zawiadomieniem o zgromadzeniu doręcza się wierzycielom propozycje układowe oraz informacje o podziale wierzycieli ze względu na kategorie interesów wierzycieli.

2. W zgromadzeniu może brać udział także wierzyciel, którego wierzytelność nie została umieszczona na liście wierzytelności, jeżeli przedstawi sędziemu-komisarzowi prawomocne orzeczenie sądu lub ostateczną decyzję administracyjną stwierdzające jego wierzytelność. Wierzyciel ten głosuje z sumą wierzytelności ustaloną w prawomocnym orzeczeniu sądu lub ostatecznej decyzji administracyjnej.

3. W zgromadzeniu nie biorą udziału wierzyciele, których wierzytelności są sporne.

Art. 282. [Inne okoliczności zwołania zgromadzenia] Sędzia-komisarz może zwołać zgromadzenie wierzycieli wyznaczone w celu zawarcia układu także wtedy, gdy suma spornych wierzytelności nie przekracza 15% ogólnej sumy wierzytelności. O istnieniu oraz charakterze spornych wierzytelności sędzia-komisarz zawiadamia wierzycieli wraz z przesłaniem im propozycji układowych.

2) an analysis of the market sector in which the bankrupt's enterprise competes, including the market position of the competitors,
3) the methods and sources of financing the performance of the arrangement, including any anticipated income and expenses during the performance of the arrangement,
4) an analysis of the risk level and structure,
5) the persons responsible for the performance of the arrangement (first names and surnames),
6) an appraisal of an alternative method of restructuring the bankrupt's obligations,
7) a system to secure the rights and interests of the creditors during the performance of the arrangement.

2. The judge-commissioner may allow for a limited justification of the arrangement proposals if due to the size and nature of the bankrupt's enterprise establishment of all the data listed in Section 1 is not necessary in order to ensure the proper performance of the arrangement.

Division II. Adoption and Approval of the Arrangement

Art. 281. [Meeting of creditors] 1. The meeting of creditors shall take place within one month of the date the list of claims is approved. The arrangement proposals and information on the division of the creditors with regard to the classes of the creditors' interest shall be served on the creditors together with the notification of the meeting.

2. A creditor whose claim has not been recorded on the list of claims may also participate in the meeting if it presents to the judge-commissioner a valid judgement or a final administrative decision confirming its claim. Such creditor shall vote with the amount of the claim established in the valid judgement or final administrative decision.

3. A creditor whose claim is challenged shall not be entitled to participate in the meeting.

Art. 282. [Other cases when the meeting is convened] The judge-commissioner may convene the meeting of creditors called to adopt an arrangement also if the total value of challenged claims does not exceed 15 per cent of the total sum of claims. The judge-commissioner shall notify the creditors on the existence and nature of challenged claims together with the service of arrangement proposals.

Art. 283. [Przebieg zgromadzenia] 1. Na zgromadzeniu wierzycieli nadzorca sądowy albo zarządca składa sprawozdanie, w którym ocenia stan przedsiębiorstwa oraz opiniuje możliwość wykonania propozycji układowych.

2. W razie zgłoszenia kilku propozycji układowych sędzia-komisarz ustala kolejność głosowania nad propozycjami układowymi. Przyjęcie jednej propozycji układowej wyklucza głosowanie nad dalszymi propozycjami.

3. Upadły oraz wierzyciele mogą zgłosić zmiany do propozycji układowych. Przepis ust. 2 stosuje się odpowiednio.

4. W szczególnie uzasadnionych przypadkach sędzia-komisarz może odroczyć głosowanie nad układem na okres do jednego miesiąca. Odroczenie nie może być ponowione. O odroczeniu głosowania sędzia-komisarz ogłasza na zgromadzeniu wierzycieli.

Art. 284. [Głosowanie nad układem] 1. Jeżeli układ określa zabezpieczenie jego wykonania przez osoby trzecie, udzielenie kredytu upadłemu lub zgodę osób trzecich na zmianę treści praw lub stosunków prawnych, głosowanie nad układem może odbyć się tylko wtedy, gdy na zgromadzeniu wierzycieli przedłożone zostaną dokumenty, z których wynika, że zobowiązania te po zawarciu układu zostaną wykonane.

2. Przepis ust. 1 stosuje się odpowiednio, gdy układ określa, że upadły na czas wykonania układu udzieli nieodwołalnego pełnomocnictwa obejmującego prowadzenie całości lub części spraw jego przedsiębiorstwa albo nieodwołalnego pełnomocnictwa do rozporządzenia mieniem upadłego na wypadek niewykonywania układu, jak również powierzy zarząd nad przedsiębiorstwem osobom wskazanym w układzie.

3. Jeżeli układ określa restrukturyzację zobowiązań upadłego przez konwersję wierzytelności na akcję albo udziały, głosowanie nad układem może się odbyć tylko wtedy, gdy na zgromadzeniu wierzycieli przedłożona zostanie zgoda Prezesa Urzędu Ochrony Konkurencji i Konsumentów, wymagana według przepisów odrębnych, albo zostanie wykazane, że zgoda taka nie jest wymagana.

Art. 285. [Zawarcie układu] 1. Układ zostaje przyjęty, jeżeli wypowie się za nim większość wierzycieli z każdej z list wierzycieli obejmujących kategorie interesów wierzycieli mających łącznie nie mniej niż dwie trzecie ogólnej sumy wierzytelności, które uprawniają do uczestniczenia w głosowaniu.

Art. 283. [Course of the meeting] 1. At the meeting of creditors, the court supervisor or administrator shall submit a report in which it evaluates the condition of the bankrupt's enterprise and gives an opinion on the feasibility of performing the arrangement proposals.

2. If several arrangement proposals have been submitted, the judge-commissioner shall determine the order of vote on arrangement proposals. The acceptance of one of the arrangement proposals shall exclude voting on further proposals.

3. The bankrupt and the creditors may submit changes to the arrangement proposals. Section 2 shall apply accordingly.

4. In particularly justified cases, the judge-commissioner may adjourn the vote on the arrangement for a period of up to one month. The adjournment may not be renewed. The judge-commissioner shall announce the adjournment of the vote at the meeting of creditors.

Art. 284. [Voting on the arrangement] 1. If the arrangement provides for its performance to be secured by third parties, a bank credit to be extended to the bankrupt or consent of third parties to be granted for modification of rights or legal relationships, a vote on the arrangement may be held only if at the meeting of creditors documents are submitted that confirm that these obligations will be performed after the arrangement has been adopted.

2. Section 1 shall apply accordingly if the arrangement sets forth that for the time of performance thereof the bankrupt will grant an irrevocable power of attorney to administer all or a part of the bankrupt's enterprise or that the bankrupt will grant an irrevocable power of attorney to dispose of the bankrupt's assets in the case of a failure to perform the arrangement, and the bankrupt will entrust the administration of his enterprise to the persons indicated in the arrangement.

3. If the arrangement provides for a restructuring the bankrupt's obligations by converting claims into stocks or shares, the vote on the arrangement may be held only if at the meeting of creditors the permit of the President of the Office for Competition and Consumer Protection is presented, as required under separate provisions, or if it is proven that such permit is not required.

Art. 285. [Adoption of the arrangement] 1. The arrangement shall be adopted when supported by the majority of creditors from each of the lists of creditors comprising the classes of the creditors' interests, jointly holding not less than two thirds of the total sum of the claims which give the right to vote.

2. Mimo nieuzyskania niezbędnej większości, chociażby co do jednej z list wierzycieli, układ zostaje przyjęty, jeżeli większość wierzycieli z każdej z pozostałych list wyraziła zgodę na przyjęcie układu, a wierzyciele z tej listy, którzy wypowiedzieli się przeciwko przyjęciu układu, zostaną zaspokojeni na podstawie układu w stopniu nie mniej korzystnym niż w przypadku przeprowadzenia postępowania upadłościowego obejmującego likwidację majątku upadłego.

3. Zawarcie układu w przypadku, o którym mowa w ust. 2, stwierdza sędzia-komisarz postanowieniem.

Art. 286. [Skutki niezawarcia układu] 1. Jeżeli nie doszło do zawarcia układu, sąd niezwłocznie zmienia postanowienie o ogłoszeniu upadłości z możliwością zawarcia układu na postanowienie o ogłoszeniu upadłości obejmującej likwidację majątku upadłego i ustanawia syndyka masy upadłości. Na postanowienie sądu przysługuje zażalenie.

2. Ponowne dopuszczenie do układu jest niedopuszczalne.

Art. 287. [Sądowe zatwierdzenie układu] 1. Układ przyjęty przez zgromadzenie wierzycieli zatwierdza sąd.

2. Rozprawa wyznaczona w celu zatwierdzenia układu odbywa się nie wcześniej niż po upływie tygodnia od zgromadzenia wierzycieli.

3. Jeżeli na zgromadzeniu wierzycieli lub po zawarciu układu w terminie tygodnia zgłoszono zarzuty, w których wskazano na niedopuszczalność zawarcia układu lub na inne uchybienia procesowe, wyznacza się rozprawę, na którą wzywa się zgłaszających zarzuty. Zarzuty zgłoszone na zgromadzeniu wierzycieli powinny być wpisane do protokołu zgromadzenia wierzycieli. Zarzuty zgłoszone po upływie tygodnia od zawarcia układu pozostawione zostaną bez rozpoznania.

4. O terminie rozprawy w celu zatwierdzenia układu zawiadamia się przez obwieszczenie, chyba że sędzia-komisarz zawiadomił o tym na zgromadzeniu wierzycieli.

5. Na postanowienie sądu w przedmiocie zatwierdzenia układu przysługuje zażalenie.

Art. 288. [Odmowa sądu] 1. Sąd odmawia zatwierdzenia układu, jeżeli narusza on prawo albo jeżeli jest oczywiste, że układ nie będzie wykonany.

2. If the required majority of votes is not attained with respect to one of the lists of creditors, the arrangement shall be adopted if the majority of creditors from each of the other lists have approved the arrangement, and the creditors from that one list who voted against the arrangement will be satisfied under the arrangement to a degree not less beneficial than in the case of conducting bankruptcy proceedings comprising the liquidation of the bankrupt's asset.

3. Adoption of the arrangement in the situation described in Section 2 shall be confirmed by the judge-commissioner by a decision.

Art. 286. [Effects of failure to adopt the arrangement] 1. If the arrangement has not been adopted, the court shall immediately convert the decision declaring bankruptcy with the possibility to make an arrangement into the decision declaring bankruptcy by liquidation of the bankrupt's assets and the court shall appoint the trustee of the bankruptcy estate. The decision of the court shall be subject to appeal.

2. It is inadmissible to allow once again for the adoption of the arrangement.

Art. 287. [Court approval of the arrangement] 1. The arrangement adopted by the meeting of creditors shall be approved by the court.

2. The hearing set in order to approve the arrangement shall take place not earlier than one week following the meeting of creditors.

3. If at the meeting of creditors or within one week of the adoption of the arrangement objections are filed which indicate the inadmissibility of the adoption of the arrangement or other procedural defects, a hearing shall be set, to which the persons who have filed such objections shall be summoned. The objections filed at the meeting of creditors shall be recorded in the minutes of the meeting of creditors. Objections filed after a week has passed from the adoption of the arrangement shall not be considered.

4. The date of the hearing set in order to approve the arrangement shall be made known by way of an announcement, unless the judge - commissioner made a relevant notification at the meeting of creditors.

5. The decision of the court on the approval of the arrangement shall be subject to appeal.

Art. 288. [Refusal to approve] 1. The court shall refuse to approve the arrangement if the arrangement is in breach of the law or if it is evident that the arrangement will not be performed.

2. Sąd może odmówić zatwierdzenia układu, jeżeli jego warunki są rażąco krzywdzące dla wierzycieli, którzy głosowali przeciwko układowi i zgłosili zarzuty.

3. Na postanowienie sądu przysługuje zażalenie.

Art. 289. [Wyznaczenie syndyka; umorzenie postępowania] Po uprawomocnieniu się postanowienia odmawiającego zatwierdzenia układu, sąd zmienia postanowienie o ogłoszeniu upadłości z możliwością zawarcia układu na postanowienie o ogłoszeniu upadłości obejmującej likwidację majątku upadłego i wyznacza syndyka albo umarza postępowanie.

Dział III. Skutki układu

Art. 290. [Moc wiążąca układu] 1. Układ wiąże wszystkich wierzycieli, których wierzytelności według ustawy objęte są układem, choćby nie zostały umieszczone na liście.

2. Układ nie wiąże wierzycieli, których upadły umyślnie nie ujawnił i którzy w postępowaniu nie uczestniczyli.

Art. 291. [Mienie osób trzecich] Układ nie narusza praw wierzyciela wobec poręczyciela upadłego oraz współdłużnika upadłego ani praw wynikających z hipoteki, zastawu, zastawu rejestrowego i hipoteki morskiej, jeżeli były one ustanowione na mieniu osoby trzeciej.

Art. 292. [Hipoteka; zastaw] 1. Układ nie narusza praw wynikających z hipoteki, zastawu, zastawu rejestrowego, zastawu skarbowego i hipoteki morskiej, jeżeli były ustanowione na mieniu upadłego, chyba że uprawniony wyraził zgodę na objęcie zabezpieczonej wierzytelności układem.

2. W przypadku wyrażenia zgody na objęcie układem zabezpieczonej wierzytelności prawa, o których mowa w ust. 1, pozostają w mocy, z tym że zabezpieczają one wierzytelność w wysokości i na warunkach płatności określonych w układzie.

Art. 293. [Zakończenie postępowania] 1. Po uprawomocnieniu się postanowienia zatwierdzającego układ sąd wydaje postanowienie o zakończeniu postępowania upadłościowego. Jeżeli zawarto układ likwidacyjny, przepisy art. 369 i 370 stosuje się odpowiednio.

2. The court may refuse to approve the arrangement if the terms and conditions of the arrangement are grossly detrimental to the creditors who voted against the arrangement and have filed objections.

3. The decision of the court shall be subject to appeal.

Art. 289. [Appointment of the trustee, discontinuance of proceedings] After the decision refusing to approve the arrangement has become valid, the court shall convert the decision declaring bankruptcy with the possibility to make an arrangement into the decision declaring bankruptcy by liquidation of the bankrupt's assets and it shall either appoint a trustee or discontinue the proceedings.

Section III. Effects of the Arrangement

Art. 290. [Binding force of the arrangement] 1. The arrangement shall bind all creditors whose claims are, under this Law, included in the arrangement, even if not recorded on the list.

2. The arrangement shall not bind those creditors, whose existence the bankrupt intentionally did not disclose and who have not participated in the proceedings.

Art. 291. [Assets of third parties] The arrangement shall not infringe upon the rights of the creditor with respect to the bankrupt's guarantor and co-debtor, nor the rights resulting from a mortgage, pledge, registered pledge and maritime mortgage if such rights were established on the assets of a third party.

Art. 292. [Mortgage, pledge] 1. The arrangement shall not infringe upon the rights resulting from a mortgage, pledge, registered pledge, tax lien and maritime mortgage if they have been established on the bankrupt's assets, unless the beneficiary has consented to inclusion of such secured claim in the arrangement.

2. If consent has been granted to include a secured claim in the arrangement, the rights referred to in Section 1 shall remain in force, but they shall secure the claim up to the amount and under the terms of payment determined in the arrangement.

Art. 293. [Closure of proceedings] 1. After the decision approving the arrangement has become valid, the court shall issue the decision closing the bankruptcy proceedings. If a liquidation arrangement has been adopted, Articles 369 and 370 shall apply accordingly.

2. Po zakończeniu postępowania upadły odzyskuje prawo do władania i zarządzania swoim majątkiem w takim zakresie, w jakim wynika to z treści układu.

Art. 294. [Skutki układu] 1. Układ wraz z odpisem prawomocnego postanowienia o zatwierdzeniu układu stanowi podstawę wpisów w księdze wieczystej i rejestrach.

2. Jeżeli układ przewiduje ustanowienie zarządu przymusowego na czas wykonania układu, odpis układu wraz z odpisem prawomocnego postanowienia zatwierdzającego układ stanowi tytuł wykonawczy do wprowadzenia zarządcy we władanie majątkiem upadłego.

3. Jeżeli układ przewiduje konwersję wierzytelności na udziały lub akcje spółki będącej upadłym, prawomocnie zatwierdzony układ zastępuje określone w Kodeksie spółek handlowych czynności związane z podwyższeniem kapitału zakładowego i objęciem udziałów lub akcji. Układ wraz z odpisem prawomocnego postanowienia o zatwierdzeniu układu stanowi podstawę wpisu podwyższenia kapitału zakładowego spółki do Krajowego Rejestru Sądowego.

Art. 295. [Umorzenie postępowań] 1. Z dniem uprawomocnienia się postanowienia zatwierdzającego układ z mocy prawa ulegają umorzeniu postępowania zabezpieczające i egzekucyjne prowadzone przeciwko upadłemu w celu zaspokojenia należności objętych układem, a tytuły wykonawcze lub egzekucyjne, które stanowiły podstawę do prowadzenia takich postępowań, tracą z mocy prawa wykonalność.

2. Sąd z urzędu wyda postanowienie stwierdzające umorzenie postępowań egzekucyjnych i zabezpieczających oraz utratę wykonalności sądowych tytułów wykonawczych i egzekucyjnych. Nie wyłącza to prawa stron do wytoczenia powództwa o ustalenie, że sądowe tytuły egzekucyjne i wykonawcze pozbawione zostały wykonalności.

3. Na postanowienie sądu przysługuje zażalenie.

Art. 296. [Tytuł egzekucyjny] Wyciąg z listy wierzytelności, łącznie z wypisem prawomocnego postanowienia zatwierdzającego układ, jest tytułem egzekucyjnym przeciwko upadłemu oraz temu, kto udzielił zabezpieczenia wykonania układu, jeżeli został w sądzie złożony dokument stwierdzający udzielenie zabezpieczenia. Jeżeli układ przewiduje dopłaty między wierzycielami, jest także tytułem egzekucyjnym przeciwko zobowiązanemu do dopłaty.

2. After the closure of the proceedings, the bankrupt shall recover the right to possess and administer its assets in the scope and to the extent resulting from the arrangement.

Art. 294. [Effects of the arrangement] 1. The arrangement together with the copy of the valid decision approving the arrangement shall serve as the basis for recording entries in the land and mortgage register and in other registers.

2. If the arrangement provides for the establishment of a mandatory administration during the performance of the arrangement, the copy of the arrangement together with the copy of the valid decision approving the arrangement shall serve as the writ of execution entitling the administrator to seize the bankrupt's assets.

3. If the arrangement provides for the conversion of claims into shares or stocks in the bankrupt company, a validly approved arrangement shall substitute the acts specified in the Commercial Companies Code which are connected with the increase of the share capital and allotment of shares and stocks. The arrangement, together with the copy of the valid decision approving the arrangement, shall serve as the basis for recording the increase of the share capital of the company in the National Court Register.

Art. 295. [Discontinuance of proceedings] 1. On the day the decision approving the arrangement becomes valid, the proceedings to secure claims and the execution proceedings conducted against the bankrupt in order to satisfy the claims included in the arrangement shall by virtue of the law be discontinued and the enforcement titles or writs of execution which served as the basis for those proceedings shall by virtue of the law cease to be enforceable.

2. The court shall ex officio issue the decision discontinuing the execution proceedings and the proceedings to secure claims, as well as quashing the enforceability of enforcement titles and writs of execution. This shall not exclude the rights of the parties to institute a declaratory action to establish that the enforcement titles and writs of execution are no longer enforceable.

3. The decision of the court shall be subject to appeal.

Art. 296. [Enforcement title] The extract from the list of claims, together with the copy of the valid decision approving the arrangement, shall constitute the enforcement title against the bankrupt and anybody who has secured performance of the arrangement, if a document confirming the establishment of the security has been filed with the court. If the arrangement provides for compensatory payments between the creditors, it shall also constitute an enforcement title against the creditor obligated to make the compensatory payment.

Art. 297. [**Moc postanowienia o wykonaniu układu**] 1. Po wykonaniu układu lub po wyegzekwowaniu należności stwierdzonych układem sąd na wniosek upadłego, zarządcy lub innej osoby, która jest odpowiedzialna za wykonanie układu, wydaje postanowienie o wykonaniu układu. Na postanowienie sądu w przedmiocie wykonania układu przysługuje zażalenie.

2. Prawomocne postanowienie o wykonaniu układu stanowi podstawę do wykreślenia wszelkich wpisów w księdze wieczystej i rejestrach.

3. Po uprawomocnieniu się postanowienia stwierdzającego wykonanie układu, upadły odzyskuje prawo swobodnego zarządzania majątkiem i rozporządzania jego składnikami.

Dział IV. Zmiana układu

Art. 298. [**Wystąpienie o zmianę**] Jeżeli po zatwierdzeniu układu nastąpiła nadzwyczajna zmiana stosunków gospodarczych, która w sposób istotny wpływa na trwały wzrost lub zmniejszenie dochodu z przedsiębiorstwa upadłego, upadły oraz każdy z wierzycieli może wystąpić o zmianę układu.

Art. 299. [**Obwieszczenie o wszczęciu postępowania**] 1. Postanowienie sądu o wszczęciu postępowania o zmianę układu podlega obwieszczeniu. Na postanowienie to przysługuje zażalenie.

2. Do postępowania w sprawie zmiany układu stosuje się przepisy działów I–III, z zastrzeżeniem art. 300 i 301.

Art. 300. [**Uczestnicy zgromadzenia**] 1. W zgromadzeniu wierzycieli uczestniczą wierzyciele, którzy mieli prawo uczestniczyć w zgromadzeniu, na którym doszło do zawarcia układu. Głosują oni z sumą swoich wierzytelności, z jaką głosowali na zgromadzeniu, na którym doszło do zawarcia układu.

2. W zgromadzeniu mogą także uczestniczyć ci wierzyciele, których wierzytelności były sporne, a które po zawarciu układu zostały stwierdzone prawomocnym orzeczeniem sądu lub ostateczną decyzją administracyjną.

3. W zgromadzeniu nie mają prawa uczestniczyć wierzyciele, których wierzytelności zostały w całości zaspokojone.

Art. 301. [**Niedopuszczalność innych zmian**] Inne zmiany układu niż określone w art. 298–300 są niedopuszczalne.

Art. 297. [Effects of the decision confirming the performance of the arrangement] 1. After the arrangement has been performed or the claims included in the arrangement have been satisfied, the court shall, upon a motion of the bankrupt, administrator or any other person who is responsible for the performance of the arrangement, issue a decision confirming that the arrangement has been performed. The decision of the court on the confirmation of the performance of the arrangement shall be subject to appeal.

2. The valid decision confirming that the arrangement has been performed shall serve as the basis for the deletion of the entries from the land and mortgage register and other registers.

3. After the decision confirming that the arrangement had been performed, has become valid, the bankrupt shall recover the right to freely administer and to dispose of its assets.

Division IV. Amendment to the Arrangement

Art. 298. [Application for amendment] If following the approval of the arrangement, an extraordinary change of the economic situation has occurred, such change significantly affecting the continuous increase or decrease of the income of the bankrupt's enterprise, the bankrupt and each of the creditors may request that the arrangement be amended.

Art. 299. [Announcement on opening proceedings] 1. The decision of the court opening proceedings to amend the arrangement shall be subject to announcement. The decision shall be subject to appeal.

2. Divisions I-III shall apply to the proceedings to amend the arrangement, subject to Articles 300 and 301.

Art. 300. [Participants in the meeting] 1. The creditors who were entitled to participate in the meeting at which the arrangement was adopted shall participate in the meeting of creditors. The creditors shall vote with the amount of their claims with which they voted at the meeting at which the arrangement was adopted.

2. The creditors, whose claims were challenged at the time the arrangement was adopted, but which were later confirmed by a valid judgement or a final administrative decision may also participate in the meeting.

3. The creditors whose claims have been completely satisfied shall not be entitled to participate in the meeting.

Art. 301. [Inadmissibility of other amendments] Any amendments to the arrangement other than those set forth in Articles 298–300 are inadmissible.

Dział V. Uchylenie układu

Art. 302. [Przyczyny uchylenia układu] 1. Sąd na wniosek wierzyciela lub upadłego albo osoby, która z mocy układu uprawniona jest do wykonania lub nadzorowania wykonania układu, uchyla układ, jeżeli upadły nie wykonuje postanowień układu albo jest oczywiste, że układ nie będzie wykonany.

2. Uchylenie układu z innych przyczyn niż określone w ust. 1 jest niedopuszczalne.

3. Na postanowienie o uchyleniu układu przysługuje zażalenie.

Art. 303. [Łączne rozpoznanie wniosków] Jeżeli przed rozpoznaniem wniosku o zmianę układu wpłynął wniosek o uchylenie układu, sąd rozpoznaje obydwa wnioski łącznie.

Art. 304. [Ustanowienie sędziego-komisarza i syndyka] Jeżeli sąd uchyla układ, zmienia postanowienie o ogłoszeniu upadłości z możliwością zawarcia układu na postanowienie o ogłoszeniu upadłości obejmującej likwidację majątku upadłego i ustanawia sędziego-komisarza oraz syndyka.

Art. 305. [Zaspokojenie roszczeń] 1. W razie uchylenia układu w podjętym postępowaniu upadłościowym dotychczasowi wierzyciele dochodzą swych roszczeń w ich pierwotnej wysokości; odsetki nalicza się do dnia uprawomocnienia się postanowienia o uchyleniu układu. Wypłacone na podstawie układu sumy zalicza się na poczet dochodzonych wierzytelności.

2. Przepis ust. 1 stosuje się odpowiednio, jeżeli wierzytelność została zaspokojona na podstawie układu w inny sposób.

3. Hipoteka, prawo zastawu, prawo zastawu rejestrowego, prawo zastawu skarbowego i hipoteka morska zabezpieczają wierzytelność w takiej wysokości, w jakiej nie została jeszcze zaspokojona.

Division V. Revocation of the Arrangement

Art. 302. [Basis for revoking the arrangement] 1. Upon a motion of a creditor, bankrupt or person who by virtue of the arrangement is entitled to perform or supervise the performance of the arrangement, the court shall revoke the arrangement if the bankrupt fails to perform the provisions of the arrangement or if it is evident that the arrangement will not be performed.

2. Revocation of the arrangement for reasons other than those listed in Section 1 is inadmissible.

3. The decision revoking the arrangement shall be subject to appeal.

Art. 303. [Joint consideration of motions] If prior to considering a motion to amend the arrangement a motion to revoke the arrangement has been filed, the court shall jointly consider both motions.

Art. 304. [Appointment of a judge-commissioner and trustee] If the court revokes the arrangement, the court shall convert the decision declaring bankruptcy with the possibility to make an arrangement into the decision declaring bankruptcy by liquidation of the bankrupt's assets, and the court shall appoint a judge-commissioner and trustee.

Art. 305. [Satisfaction of claims] 1. If the arrangement is revoked in the resumed bankruptcy proceedings, the original creditors shall pursue their claims in their primary amount and the interest shall be computed until the date the decision revoking the arrangement becomes valid. The amounts paid under the arrangement shall be counted towards the pursued claims.

2. Section 1 shall apply accordingly if the claim has been satisfied under the arrangement in another manner.

3. The mortgage, pledge, registered pledge, tax lien and maritime mortgage shall secure the claim up to the amount in which the claim has not yet been satisfied.

Tytuł VII. Likwidacja masy upadłości

Dział I. Przepisy ogólne

Art. 306. **[Spis inwentarza]** Po ogłoszeniu upadłości obejmującej likwidację majątku upadłego, syndyk niezwłocznie przystępuje do spisu inwentarza i oszacowania masy upadłości oraz sporządzenia planu likwidacyjnego. Syndyk składa sędziemu-komisarzowi spis inwentarza wraz z planem likwidacyjnym w terminie jednego miesiąca od dnia ogłoszenia upadłości. Plan likwidacyjny powinien określać proponowane sposoby sprzedaży składników majątku upadłego, w szczególności sprzedaży przedsiębiorstwa, termin sprzedaży, preliminarz wydatków oraz ekonomiczne uzasadnienie dalszego prowadzenia działalności gospodarczej.

Art. 307. **[Sprawozdanie finansowe syndyka]** 1. Na podstawie spisu inwentarza i innych dokumentów upadłego oraz oszacowania syndyk sporządza sprawozdanie finansowe na dzień poprzedzający ogłoszenie upadłości i niezwłocznie przedkłada je sędziemu-komisarzowi.

2. Jeżeli z jakichkolwiek przyczyn syndyk nie może sporządzić spisu inwentarza, oszacowania, planu likwidacji lub sprawozdania finansowego w terminie, o którym mowa w art. 306, składa sędziemu-komisarzowi, w terminie miesiąca od dnia ogłoszenia upadłości, pisemne sprawozdanie ogólne o stanie masy upadłości i o możliwości zaspokojenia wierzycieli. Złożenie sprawozdania nie zwalnia syndyka od obowiązku sporządzenia dokumentów, o których mowa w ust. 1, gdy tylko będzie to możliwe.

Art. 308. **[Likwidacja masy upadłości]** Po sporządzeniu spisu inwentarza i sprawozdania finansowego albo po złożeniu pisemnego sprawozdania ogólnego syndyk przeprowadza likwidację masy upadłości.

Art. 309. **[Wstrzymanie likwidacji]** Sędzia-komisarz może wstrzymać likwidację masy upadłości do czasu uprawomocnienia się postanowienia o ogłoszeniu upadłości albo rozpoznania wniosku o zmianę postanowienia o ogłoszeniu upadłości obejmującej likwidację majątku upadłego na postanowienie o ogłoszeniu upadłości z możliwością zawarcia układu.

Art. 310. **[Sprzedaż ruchomości]** 1. Przed rozpoczęciem likwidacji masy upadłości syndyk może sprzedać ruchomości, jeżeli jest to potrzebne na zaspokojenie kosztów postępowania. Ponadto syndyk może sprzedać ruchomości, które ulegają szybkiemu zepsuciu lub wskutek opóźnienia sprzedaży straciłyby znacznie na wartości albo których przechowanie pociąga za sobą koszty zbyt wysokie w stosunku do ich wartości.

Title VII. Liquidation of the Bankruptcy Estate

Division I. General provisions

Art. 306. **[Inventory]** After bankruptcy by liquidation of the bankrupt's assets has been declared, the trustee shall immediately proceed to prepare the inventory and the appraisal of the property of the bankruptcy estate, as well as the liquidation plan. The trustee shall submit to the judge-commissioner the inventory together with the liquidation plan within one month of the date bankruptcy is declared. The liquidation plan shall include the proposed method of selling the bankrupt's assets, in particular the sale of the enterprise, the date of sale, estimate of expenses and the economic justification for further conduct of economic activity.

Art. 307. **[Financial report of the trustee]** 1. On the basis of the inventory and other documents of the bankrupt, as well as the appraisal, the trustee shall prepare a financial report as at the day preceding the date bankruptcy is declared and submit it without delay to the judge-commissioner.

2. If for any reason the trustee cannot prepare the inventory, appraisal, plan of liquidation or financial report within the time limit referred to in Article 306, it shall submit to the judge-commissioner within one month of the date bankruptcy is declared, a written general report on the condition of the bankruptcy estate and on the prospect of satisfying the creditors. The submission of the report shall not release the trustee from the duty to prepare the documents referred to in Section 1 as soon as it is possible.

Art. 308. **[Liquidation of the bankruptcy estate]** After preparing the inventory and financial report or after submitting the written general report, the trustee shall carry out the liquidation of the bankruptcy estate.

Art. 309. **[Postponement of liquidation]** The judge-commissioner may postpone the liquidation of the bankruptcy estate until the decision declaring bankruptcy becomes valid or until the motion to have the decision declaring bankruptcy by liquidation of the bankrupt's assets converted into the decision declaring bankruptcy with a possibility to make an arrangement has been considered.

Art. 310. **[Sale of movables]** 1. Before commencing the liquidation of the bankruptcy estate the trustee may sell any movables if it proves necessary to cover the costs of the proceedings. The trustee may also sell movables susceptible to quick deterioration or which, due to a delay in selling, would considerably lose their value, or the storage of which entails too high costs in proportion to their value.

2. Jeżeli sędzia-komisarz wstrzyma likwidację masy upadłości, przepis ust. 1 stosuje się w zakresie określonym przez sędziego-komisarza.

Art. 311. [Przebieg likwidacji] 1. Likwidacji masy upadłości dokonuje się przez sprzedaż przedsiębiorstwa upadłego w całości lub jego zorganizowanych części, sprzedaż nieruchomości i ruchomości, przez ściągnięcie wierzytelności od dłużników upadłego i wykonanie innych jego praw majątkowych wchodzących w skład masy upadłości albo ich zbycie.

2. W przypadkach wskazanych w ustawie likwidacja ruchomości oraz wierzytelności i praw obciążonych zastawem rejestrowym może nastąpić także przez przejęcie ich przez wierzyciela będącego zastawnikiem zastawu rejestrowego, jeżeli umowa o ustanowienie zastawu przewiduje zaspokojenie zastawnika w drodze przejęcia przedmiotu zastawu.

3. Przepisy dotyczące likwidacji w drodze sprzedaży ruchomości oraz przejęcia ruchomości obciążonych zastawem rejestrowym stosuje się odpowiednio do sprzedaży i przejęcia przez wierzyciela zwierząt, jeżeli nie jest to sprzeczne z przepisami dotyczącymi ochrony zwierząt.

Art. 312. [Dalsze działanie przedsiębiorstwa upadłego] 1. W razie ogłoszenia upadłości obejmującej likwidację majątku upadłego można prowadzić dalej przedsiębiorstwo upadłego, jeżeli możliwe jest zawarcie układu z wierzycielami lub możliwa jest sprzedaż przedsiębiorstwa upadłego w całości lub jego zorganizowanych części.

2. Jeżeli syndyk prowadzi przedsiębiorstwo upadłego, powinien podjąć wszelkie działania zapewniające zachowanie przedsiębiorstwa co najmniej w niepogorszonym stanie.

Art. 313. [Sprzedaż ze skutkiem egzekucyjnym] 1. Sprzedaż dokonana w postępowaniu upadłościowym ma skutki sprzedaży egzekucyjnej.

2. Sprzedaż nieruchomości powoduje wygaśnięcie praw oraz praw i roszczeń osobistych ujawnionych przez wpis do księgi wieczystej lub nieujawnionych w ten sposób, lecz zgłoszonych sędziemu-komisarzowi w terminie określonym w art. 51 ust. 1 pkt 5. W miejsce prawa, które wygasło, uprawniony nabywa prawo do zaspokojenia wartości wygasłego prawa z ceny uzyskanej ze sprzedaży obciążonej nieruchomości. Skutek ten powstaje z chwilą zawarcia umowy sprzedaży. Podstawą do wykreślenia praw, które wygasły na skutek sprzedaży, jest prawomocny plan podziału sumy uzyskanej ze sprzedaży nieruchomości obciążonej.

2. If the judge-commissioner postpones the liquidation of the bankruptcy estate, Section 1 shall apply within the scope determined by the judge-commissioner.

Art. 311. [Course of liquidation] 1. The liquidation of the bankruptcy estate shall be performed by selling the bankrupt's enterprise as a whole or by organised parts, by selling all immovable and movable property, by enforcing claims against the debtors of the bankrupt, and by exercising other proprietary rights included in the bankruptcy estate or by alienation thereof.

2. In the cases indicated in this Law, the liquidation of movables, claims and rights encumbered with a registered pledge may also be performed by their seizure or assumption by the creditor who is the pledgee under the registered pledge, provided that the registered pledge agreement allows for satisfaction of the pledgee by the seizure or assumption of the object of the pledge.

3. The provisions on liquidation by selling the movables and seizure of the movables encumbered with a registered pledge shall apply accordingly to the sale of and seizure of animals by the creditor, if it is not contrary to the provisions concerning the protection of animals.

Art. 312. [Further operation of the bankrupt's enterprise] 1. If bankruptcy by liquidation of the bankrupt's assets has been declared, the bankrupt's enterprise may continue to be operated if it is possible to make an arrangement with the creditors or if it possible to sell the enterprise as a whole or by organised parts.

2. If the trustee operates the bankrupt's enterprise, it shall take all measures to ensure that at a minimum the condition of the enterprise does not deteriorate.

Art. 313. [Sale having effects of an execution sale] 1. A sale effected in the bankruptcy proceedings shall have the same effect as an execution sale.

2. The sale of real property shall cause expiry of the rights and personal rights and claims recorded in the land and mortgage register or not recorded therein but filed with the judge-commissioner within the timeframe set forth in Article 51.1.5. In lieu of the rights that expired, the entitled person shall acquire the right to be satisfied up to the value of the expired right from the price obtained from the sale of the encumbered real property. The above conversion shall take effect at the moment the sale agreement is concluded. The legal basis to delete the rights which expired as a result of the sale shall be the valid plan of distribution of the proceeds of the sale of the encumbered real property.

3. Służebność drogi koniecznej oraz służebność ustanowiona w związku z przekroczeniem granicy przy wznoszeniu budowli lub innego urządzenia, użytkowanie oraz prawa dożywotnika pozostają w mocy.

4. Na wniosek właściciela nieruchomości władnącej, zgłoszony najpóźniej w zarzutach do planu podziału sumy uzyskanej ze sprzedaży nieruchomości obciążonej, sędzia-komisarz może postanowić, że służebność gruntowa, która nie znajduje pełnego pokrycia w cenie nabycia, zostaje utrzymana w mocy, jeżeli jest dla nieruchomości władnącej konieczna, a nie obniża w sposób istotny wartości nieruchomości obciążonej. Na postanowienie sędziego-komisarza przysługuje zażalenie. Jeżeli wniosek o wyłączenie zgłoszony został w zarzutach, podlega rozpoznaniu razem z zarzutami.

Art. 314. [Ujawnienie wartości składników mienia] 1. W razie zbycia przedsiębiorstwa, w którego skład wchodzą przedmioty obciążone ograniczonymi prawami rzeczowymi, wartość składników mienia obciążonych tymi prawami podlega ujawnieniu w umowie sprzedaży, a uzyskana cena podlega podziałowi z uwzględnieniem art. 336 i 340.

2. Przepis ust. 1 stosuje się odpowiednio w razie zbycia zorganizowanej części przedsiębiorstwa.

Art. 315. [Wyłączenie rzeczy z masy upadłości] Jeżeli w skład masy upadłości wchodzą rzeczy ruchome, których nie można zbyć z zachowaniem przepisów ustawy, sędzia-komisarz może zarządzić ich wyłączenie z masy upadłości albo zezwolić na ich zniszczenie.

Dział II. Sprzedaż przedsiębiorstwa lub jego zorganizowanej części oraz nieruchomości i statków morskich wpisanych do rejestru okrętowego

Art. 316. [Sprzedaż w całości] 1. Przedsiębiorstwo upadłego powinno być sprzedane jako całość, chyba że nie jest to możliwe.

2. Sprzedaż przedsiębiorstwa upadłego może być poprzedzona umową dzierżawy na czas określony z prawem pierwokupu, jeżeli przemawiają za tym względy ekonomiczne.

3. Przed sprzedażą przedsiębiorstwa spółki publicznej syndyk zasięga opinii Przewodniczącego Komisji Papierów Wartościowych i Giełd co do wpływu sprzedaży na sytuację rynku kapitałowego i interes gospodarki narodowej.

3. Easement by necessity and an easement created in relation to crossing the boundaries to erect a building or other facility, usufruct and an annuitant's rights shall remain in force.

4. Upon the motion of the owner of the dominant real property, filed at the latest in the objections to the plan of distribution of the proceeds of the sale of the servient real property, the judge-commissioner may decide that the easement appurtenant, which is not fully covered by the purchase price shall remain in force if it is indispensable for the dominant real property and if it does not considerably reduce the value of the servient real property. The decision of the judge-commissioner shall be subject to appeal. If the motion for exemption was filed in the objections, it shall be considered jointly with the objections.

Art. 314. [Specifying the value of assets] 1. In the event of the sale of an enterprise which includes assets encumbered with limited rights in rem, the value of individual asset encumbered with these rights shall be specified in the sale agreement and the acquired price shall be distributed with due regard to Articles 336 and 340.

2. Section 1 shall apply accordingly in the case of alienation of an organised part of the enterprise.

Art. 315. [Exemption of movables from the bankruptcy estate] If the bankruptcy estate includes movables which cannot be alienated according to the provisions of this Law, the judge-commissioner may order that such movables be exempted from the bankruptcy estate or allow for the destruction of such movables.

Division II. Sale of the Enterprise or of its Organised Part, as well as Real Property and Sea Vessels Registered in the Register of Vessels

Art. 316. [Sale of the enterprise as a whole] 1. The bankrupt's enterprise should be sold as a whole, unless this proves impossible.

2. The sale of the bankrupt's enterprise may be preceded by a lease agreement concluded for a definite period of time and including the right of first refusal, if this is justified by economic reasons.

3. Prior to the sale of an enterprise of a public company, the trustee shall seek the opinion of the Chairman of the Securities and Exchange Commission on the impact of the sale on the capital markets and the interest of the national economy.

Art. 317. [Nabywca przedsiębiorstwa upadłego] 1. Na nabywcę przedsiębiorstwa upadłego przechodzą wszelkie koncesje, zezwolenia, licencje i ulgi, które zostały udzielone upadłemu, chyba że ustawa lub decyzja o ich udzieleniu stanowi inaczej.

2. Nabywca może używać oznaczenia przedsiębiorstwa upadłego, w którym mieści się jego nazwisko, tylko za zgodą upadłego. Nabywca przedsiębiorstwa upadłego nabywa je w stanie wolnym od obciążeń i nie odpowiada za zobowiązania upadłego. Wszelkie obciążenia na składnikach przedsiębiorstwa wygasają, z wyjątkiem obciążeń wymienionych w art. 313 ust. 3 i 4.

Art. 318. [Sprzedaż części przedsiębiorstwa] 1. Jeżeli sprzedaż przedsiębiorstwa upadłego jako całości nie jest możliwa ze względów ekonomicznych lub innych przyczyn, można sprzedać zorganizowaną część przedsiębiorstwa.

2. Przepis ust. 1 stosuje się odpowiednio do zbioru rzeczy lub praw obciążonych zastawem rejestrowym, które wchodzą w skład przedsiębiorstwa. Suma uzyskana ze sprzedaży takiego zbioru podlega podziałowi stosownie do przepisów art. 336 i 340.

Art. 319. [Opis i oszacowanie przez biegłego] 1. Sędzia-komisarz na wniosek syndyka przed sprzedażą przedsiębiorstwa wyznacza biegłego do sporządzenia opisu i oszacowania przedsiębiorstwa i jego zorganizowanych części, jeżeli nie dokonano tego przy sporządzaniu spisu inwentarza i oszacowania.

2. Opis przedsiębiorstwa powinien określać w szczególności przedmiot działalności przedsiębiorstwa, nieruchomości wchodzące w jego skład, ich obszar oraz oznaczenie księgi wieczystej lub zbioru dokumentów, inne środki trwałe, stwierdzone prawa, a także obciążenia.

3. W oszacowaniu należy odrębnie podać wartość przedsiębiorstwa w całości oraz jego zorganizowanych części, jeżeli mogą być wydzielone do sprzedaży.

4. Jeżeli składniki przedsiębiorstwa obciążone są hipoteką, zastawem, zastawem rejestrowym, zastawem skarbowym, hipoteką morską, a także prawami i roszczeniami osobistymi, w oszacowaniu należy oddzielnie podać, które z tych praw pozostają w mocy po sprzedaży, a także ich wartość oraz wartości składników obciążonych, a także stosunek wartości tych praw do wartości przedsiębiorstwa.

Art. 317. [Purchaser of the bankrupt's enterprise] 1. All licences, permits, approvals and exemptions granted to the bankrupt shall be transferred to the purchaser of the enterprise, unless a law or the decision on granting such licence, permit, approval or exemption provides otherwise.

2. The purchaser may only continue to use the name of the bankrupt's enterprise containing the surname of the bankrupt upon the bankrupt's consent. The purchaser of the bankrupt's enterprise shall acquire such enterprise free from any encumbrances and it shall not be liable for the bankrupt's obligations. Any encumbrances on the assets of the enterprise shall expire, except for the encumbrances listed in Article 313.3 and 313.4.

Art. 318. [Sale of a part of the enterprise] 1. If the sale of the bankrupt's enterprise as a whole is not possible due to economic aspects or other reasons, an organised part of the enterprise may be sold.

2. Section 1 shall apply accordingly to a set of things or rights encumbered with a registered pledge, included in the enterprise. The proceeds of the sale of such set shall be distributed in accordance with Articles 336 and 340.

Art. 319. [Description and appraisal by an expert] 1. The judge - commissioner shall, upon a motion of the trustee, before the sale of the enterprise, appoint an expert who shall prepare the description and appraisal of the enterprise and its organised parts, if not previously prepared while drawing up the inventory and appraisal.

2. The description of the enterprise shall in particular specify the object of the enterprise operation, real property belonging to the enterprise, including its area and the indication of the land and mortgage register or a set of documents, other fixed assets, ascertained rights, as well as encumbrances.

3. The value of the enterprise as a whole and of its organised part (if such can be assigned for separate sale) shall be separately specified in the appraisal.

4. If the components of the enterprise are encumbered with a mortgage, pledge, registered pledge, tax lien, maritime mortgage, as well as with personal rights and claims, the appraisal shall indicate separately which of these rights remain in force after the sale. The appraisal shall also indicate their value and the value of encumbered assets, as well as the proportion between the value of these rights and the value of the enterprise.

5. Wchodząca w skład przedsiębiorstwa nieruchomość, której dotyczy prawo pierwokupu przysługujące z mocy ustawy, podlega wyłączeniu i oddzielnej sprzedaży.

6. Zarzuty na opis i oszacowanie rozpoznaje sędzia-komisarz.

Art. 320. [**Sprzedaż w drodze przetargu**] Sprzedaży mienia, do której mają zastosowanie przepisy działu niniejszego, dokonuje się w drodze przetargu, do którego stosuje się przepisy Kodeksu cywilnego, z tym że:
1) warunki przetargu określa sędzia-komisarz;
2) o przetargu należy zawiadomić przez obwieszczenie co najmniej na dwa tygodnie, a jeżeli przetarg dotyczy przedsiębiorstwa spółki publicznej – co najmniej na sześć tygodni przed jego terminem;
3) rozpoznanie ofert następuje na posiedzeniu jawnym;
4) przetarg prowadzi syndyk pod nadzorem sędziego-komisarza;
5) wyboru oferty dokonuje syndyk; wybór ten jest prawnie skuteczny po zatwierdzeniu go przez sędziego-komisarza;
6) postanowienie zatwierdzające wybór oferty sędzia-komisarz wydaje na posiedzeniu, na którym rozpoznano oferty. Sędzia-komisarz może odroczyć wydanie postanowienia o tydzień. W takim przypadku postanowienie o wyborze ofert podlega obwieszczeniu;
7) jeżeli przetarg dotyczy przedsiębiorstwa spółki publicznej, oferent wraz z ofertą obowiązany jest przedstawić opinię Przewodniczącego Komisji Papierów Wartościowych i Giełd.

Art. 321. [**Wybór oferty; umowa sprzedaży**] 1. Syndyk zawiera umowę sprzedaży w terminie jednego miesiąca od dnia zatwierdzenia wyboru oferty przez sędziego-komisarza.

2. Jeżeli nie dojdzie do zawarcia umowy z winy oferenta, sędzia-komisarz wydaje postanowienie o ogłoszeniu nowego przetargu; oferent, z którym nie doszło do zawarcia umowy, nie może uczestniczyć w nowym przetargu.

Art. 322. [**Skutki niezatwierdzenia oferty**] Jeżeli przetarg nie doszedł do skutku albo sędzia-komisarz nie zatwierdził wyboru oferty, sędzia-komisarz wydaje postanowienie o wyznaczeniu nowego przetargu albo zezwala na swobodny wybór nabywcy przez syndyka we wskazanym terminie i określa minimalną cenę sprzedaży oraz warunki zbycia.

5. The real property belonging to the enterprise, which is subject to the right of first refusal by virtue of law, shall be exempted and sold separately.

6. Objections to the description and the appraisal shall be considered by the judge-commissioner.

Art. 320. [Sale in a tender] The sale of the assets to which the provisions of this Division apply, shall be effected by way of tender, to which the provisions of the Civil Code apply, subject to the following:

1) the terms and conditions of the tender shall be determined by the judge-commissioner,
2) the tender shall be publicised by way of an announcement at least two weeks prior to its date, and if the tender concerns the enterprise of a public company – at least six weeks prior to its date,
3) the examination of the offers shall be performed at an open session,
4) the tender shall be conducted by the trustee under supervision of the judge-commissioner,
5) the winning offer shall be chosen by the trustee; the selection shall be legally effective after approval by the judge-commissioner,
6) the judge-commissioner shall issue a decision approving the selection of the winning offer at the session at which the offers have been examined; the judge-commissioner may adjourn the issuance of the decision by one week; in such event, the decision on the selection of the winning offer shall be subject to announcement, and
7) if the tender concerns the enterprise of a public company, the offeror shall be obliged to append to the offer an opinion of the Chairman of the Securities and Exchange Commission.

Art. 321. [Selection of the offer; sale agreement] 1. The trustee shall conclude the sale agreement within one month of the date the judge-commissioner approved the selection of the winning offer.

2. If the sale agreement is not concluded due to the fault of the offeror, the judge-commissioner shall announce a new tender; the offeror with whom the agreement was not concluded may not participate in the new tender.

Art. 322. [Effects of non-approval of the offer] If the tender has not been effected or if the judge-commissioner has not approved the selection of the winning offer, the judge-commissioner shall either issue a decision to hold a new tender or shall permit the trustee to select the purchaser within a prescribed period of time, specifying the minimum sale price and terms and conditions of the sale.

Art. 323. [**Sprzedaż z wolnej ręki**] Rada wierzycieli może wyrazić zgodę na sprzedaż z wolnej ręki mienia, do którego mają zastosowanie przepisy działu niniejszego, z jednoczesnym określeniem warunków zbycia.

Art. 324. [**Pierwszeństwo w nabyciu**] 1. Jeżeli rada wierzycieli wyraziła zgodę, o której mowa w art. 323, spółka z udziałem ponad połowy pracowników upadłego będącego spółką handlową z udziałem Skarbu Państwa ma pierwszeństwo w nabyciu przedsiębiorstwa upadłego lub jego zorganizowanej części nadającej się do prowadzenia działalności gospodarczej.

2. Syndyk w pierwszej kolejności składa ofertę sprzedaży spółce pracowniczej, o której mowa w ust. 1.

Dział III. Sprzedaż ruchomości oraz przejęcie przez zastawnika ruchomości obciążonej zastawem rejestrowym

Art. 325. [**Odpowiednie stosowanie**] Jeżeli przepisy niniejszego działu nie stanowią inaczej, do sprzedaży ruchomości stosuje się odpowiednio przepisy art. 320–322.

Art. 326. [**Sprzedaż ruchomości z wolnej ręki**] 1. Sędzia-komisarz może zezwolić na sprzedaż ruchomości z wolnej ręki, przy czym może określić warunki sprzedaży albo też określić inny tryb wyboru nabywcy.

2. Jeżeli przedmiot sprzedaży dopuszczony jest do obrotu na rynku regulowanym, sędzia-komisarz może zezwolić, by sprzedaż była dokonana przez maklera giełdowego. W takim przypadku sędzia-komisarz może wyznaczyć giełdę lub polecić dokonanie wyboru giełdy syndykowi oraz wyznaczyć cenę minimalną sprzedaży.

Art. 327. [**Zaspokojenie zastawnika**] 1. Zastawnik zastawu rejestrowego może zaspokoić się z przedmiotu zastawu przez jego przejęcie albo zbycie w trybie określonym w art. 24 ustawy z dnia 6 grudnia 1996 r. o zastawie rejestrowym i rejestrze zastawów (Dz.U. Nr 149, poz. 703, z 1997 r. Nr 121, poz. 769, z 1998 r. Nr 106, poz. 668 oraz z 2000 r. Nr 48, poz. 554, Nr 60, poz. 702 i Nr 114, poz. 1193), jeżeli umowa o ustanowienie zastawu przewiduje taki sposób zaspokojenia zastawnika.

Art. 323. [Unrestricted sale] The creditors' committee may consent to the unrestricted sale of assets, to which this Division applies, specifying the terms and conditions of sale.

Art. 324. [Priority in acquisition] 1. If the creditors' committee has granted the consent referred to in Article 323, the company in which the shareholders constitute more than a half of the employees of the bankrupt being a commercial company in which the State Treasury is a shareholder shall have priority in acquiring the bankrupt's enterprise or its organised part sufficient to carry on economic activity.

2. The trustee makes a first offer to the employees' company referred to in Section 1.

Division III. Sale of Movables and Seizure by the Pledgee of a Movable Encumbered with a Registered Pledge

Art. 325. [*Mutatis mutandis* applicability of other provisions] If the provisions in this Division do not state otherwise, Articles 320–322 shall apply accordingly to the sale of movables.

Art. 326. [Unrestricted sale of movables] 1. The judge-commissioner may allow for the unrestricted sale of a movable and may specify the terms and conditions of sale or determine another method of selecting the purchaser.

2. If the object of the sale is admitted to trading on the regulated market, the judge-commissioner may permit the sale to be executed by a commodity exchange broker. In such case the judge-commissioner may select the commodity exchange or order the trustee to choose the commodity exchange, and specify the minimum sale price.

Art. 327. [Satisfaction of the pledgee] 1. The pledgee under a registered pledge may seek satisfaction from the object of the pledge by seizing it or by alienating it in accordance with the procedure set forth in Article 24 of the Law of 6 December 1996 on the Registered Pledge and the Register of Pledges (Journal of Laws No. 149, Item 703; of 1997 No. 121 Item 769; of 1998 No. 106 Item 668; and of 2000 No. 48, Item 554, No. 60, Item 702 and No. 114, Item 1193), provided that the registered pledge agreement allows for satisfaction of the pledgee in such a manner.

2. Jeżeli rzecz obciążona zastawem rejestrowym znajduje się w posiadaniu zastawnika lub osób trzecich, zastawnik zawiadamia o zaspokojeniu się syndyka. Sędzia-komisarz może wyznaczyć zastawnikowi stosowny termin do zaspokojenia się z przedmiotu zastawu.

Jeżeli zastawnik nie skorzystał z tego prawa w wyznaczonym terminie, osoba, u której znajduje się rzecz obciążona zastawem rejestrowym, obowiązana jest wydać przedmiot zastawu syndykowi. Po przekazaniu przedmiotu zastawu syndyk dokonuje jego sprzedaży; suma uzyskana ze sprzedaży podlega podziałowi, z uwzględnieniem art. 336 i 340.

3. W sprawach, o których mowa w ust. 2, postanowienie sędziego-komisarza o wydaniu syndykowi przedmiotu zastawu podlega wykonaniu bez nadawania mu klauzuli wykonalności.

Art. 328. **[Prawo przejęcia na własność]** 1. Jeżeli przedmiot zastawu rejestrowego, z którego wierzyciel może się zaspokoić, znajduje się we władaniu syndyka, a wierzycielowi przysługuje prawo do przejęcia przedmiotu na własność, sędzia-komisarz wyznacza wierzycielowi termin do wykonania tego prawa, nie krótszy niż jeden miesiąc; po upływie terminu przedmiot zastawu zostanie sprzedany według przepisów ustawy.

2. Jeżeli rzecz obciążona zastawem rejestrowym znajduje się we władaniu syndyka, a umowa o ustanowieniu zastawu przewiduje zaspokojenie zastawnika w trybie określonym w art. 24 ustawy, o której mowa w art. 327 ust. 1, syndyk dokonuje sprzedaży rzeczy według przepisów niniejszej ustawy.

Art. 329. **[Obowiązek rozliczenia się z upadłym]** W przypadkach, o których mowa w art. 327 i 328, zastawnik jest obowiązany rozliczyć się z upadłym stosownie do przepisów ustawy, o której mowa w art. 327 ust. 1.

Art. 330. **[Sprzedaż rzeczy wraz z przedsiębiorstwem]** 1. Jeżeli przedmiot obciążony zastawem rejestrowym jest składnikiem przedsiębiorstwa upadłego i jego sprzedaż wraz z przedsiębiorstwem może być korzystniejsza niż oddzielna sprzedaż przedmiotu zastawu, przepisów art. 327 oraz art. 328 nie stosuje się.

2. W przypadku, o którym mowa w ust. 1, przedmiot obciążony zastawem sprzedaje się wraz z przedsiębiorstwem. Z ceny sprzedaży przedsiębiorstwa wyodrębnia się wartość rzeczy obciążonej zastawem i przeznacza się na zaspokojenie zastawnika stosownie do art. 336 i 340.

2. If a thing encumbered with a registered pledge is in the possession of the pledgee or third parties, the pledgee shall notify the trustee that the pledgee has been satisfied. The judge-commissioner may set an appropriate deadline for the pledgee to have its claim satisfied from the object of the pledge. If the pledgee has not exercised this right within the set deadline, the person who is in possession of the thing encumbered with the registered pledge, shall release the object of the pledge to the trustee. After the thing is delivered to the trustee, the trustee shall sell it; the proceeds of the sale shall be distributed with due regard to Articles 336 and 340.

3. In the matters, referred to in Section 2 the decision of the judge-commissioner releasing the object of the pledge to the trustee shall be executed without giving the decision an enforceability clause.

Art. 328. [Right to acquire ownership] 1. If the object of the registered pledge from which the creditor may be satisfied is in possession of the trustee, and the creditor has the right to acquire ownership of the object of the pledge, the judge-commissioner shall set a deadline for the creditor to exercise such right, not shorter than one month; after the lapse of the deadline the object of the pledge shall be sold according to this Law.

2. If the object of the registered pledge is in possession of the trustee and the registered pledge agreement provides for the satisfaction of the claim of the pledgee in accordance with the procedure laid down in Article 24 of the law, referred to in Article 327.1, the trustee shall sell such thing in accordance with this Law.

Art. 329. [Duty to settle accounts with the bankrupt] In the cases referred to in Articles 327–328 the pledgee shall settle accounts with the bankrupt in accordance with the law referred to in Article 327.1.

Art. 330. [Sale of movables with the enterprise] 1. If the object of the registered pledge is an asset of the bankrupt's enterprise and its sale with the enterprise may prove to be more beneficial than a separate sale of the object of the pledge, Articles 327 and 328 shall not apply.

2. In the case referred to in Section 1 the object of the registered pledge shall be sold together with the enterprise. The value of the thing encumbered with a registered pledge shall be distinguished from the sale price of the enterprise and shall be assigned to satisfy the pledgee according to Articles 336 and 340.

Dział IV. Likwidacja wierzytelności i praw majątkowych

Art. 331. [Likwidacja wierzytelności] 1. Likwidacja wierzytelności upadłego następuje przez ich ściągnięcie.

2. Jeżeli ściągnięcie wierzytelności napotyka przeszkody albo roszczenie nie jest jeszcze wymagalne, likwidacja wierzytelności nastąpi przez ich zbycie.

Art. 332. [Likwidacja praw majątkowych] Likwidacja praw majątkowych upadłego następuje przez ich wykonanie albo zbycie.

Art. 333. [Odpowiednie stosowanie] Do likwidacji wierzytelności i praw majątkowych upadłego obciążonych zastawem rejestrowym stosuje się odpowiednio przepisy art. 327–330.

Art. 334. [Inna forma poszukiwania nabywcy] 1. Do zbycia wierzytelności lub praw majątkowych upadłego stosuje się odpowiednio przepisy art. 320–322 i art. 326.

2. Rada wierzycieli może wyrazić zgodę na inną formę poszukiwania nabywcy, z jednoczesnym określeniem warunków sprzedaży.

Tytuł VIII. Podział funduszów masy upadłości i sum uzyskanych ze zbycia rzeczy i praw obciążonych rzeczowo

Dział I. Przepisy ogólne

Art. 335. [Definicja funduszy] Fundusze masy upadłości obejmują sumy uzyskane z likwidacji masy upadłości oraz dochód uzyskany z prowadzenia lub wydzierżawienia przedsiębiorstwa upadłego, a także odsetki od tych sum zdeponowanych w banku, chyba że przepisy ustawy stanowią inaczej.

Art. 336. [Przeznaczenie sum uzyskanych ze zbycia obciążonych rzeczy i praw] Sumy uzyskane ze zbycia rzeczy i praw obciążonych hipoteką, zastawem, zastawem rejestrowym, zastawem skarbowym i hipoteką morską przeznacza się na zaspokojenie wierzycieli, których wierzytelności były zabezpieczone na zbytych rzeczach lub prawach z zachowaniem przepisów ustawy. Kwoty pozostałe po zaspokojeniu tych wierzytelności wchodzą do funduszów masy upadłości.

Art. 337. [Podział funduszy] 1. Podziału funduszów dokonuje się jednorazowo albo kilkakrotnie w miarę likwidacji masy upadłości po zatwierdzeniu przez sędziego-komisarza listy wierzytelności.

Division IV. Liquidation of Claims and Proprietary Rights

Art 331. [Liquidation of claims] 1. The bankrupt's claims shall be liquidated by way of their execution.

2. If the execution of claims is impaired or the claim is not yet due, such claims shall be liquidated by their alienation.

Art. 332. [Liquidation of proprietary rights] The bankrupt's proprietary rights shall be liquidated by way of exercising or alienation.

Art. 333. [*Mutatis mutandis* applicability of other provisions] Articles 327–330 shall apply accordingly to the liquidation of the bankrupt's claims and proprietary rights encumbered with a registered pledge.

Art. 334. [Other method of finding a purchaser] 1. Articles 320–322 and 326 shall apply accordingly to the alienation of the bankrupt's claims and proprietary rights.

2. The creditors' committee may consent to other methods of finding a purchaser, simultaneously specifying the terms and conditions of sale.

Title VIII. Distribution of Bankruptcy Estate Funds and Proceeds of the Alienation of Things and Rights Encumbered in rem

Division I. General Provisions

Art. 335. [Definition of funds] The bankruptcy estate funds shall comprise the proceeds of liquidating the bankruptcy estate and the income obtained from operating or leasing the bankrupt's enterprise, as well as interest accrued on these amounts deposited with a bank, unless this Law provides otherwise.

Art. 336. [Assignment of proceeds of encumbered things or rights] The proceeds of alienating the things and rights encumbered with a mortgage, pledge, registered pledge, tax lien and maritime mortgage shall be assigned for the satisfaction of the creditors whose claims were secured on the alienated things or rights, subject to the provisions of this Law. The amounts remaining after these claims have been satisfied shall be allocated to the bankruptcy estate funds.

Art. 337. [Distribution of funds] 1. The bankruptcy estate funds shall be distributed once or several times as the bankruptcy estate is successively liquidated, following the approval of the list of claims by the judge-commissioner.

2. W razie kilkakrotnego podziału funduszów masy upadłości, dokonuje się podziału ostatecznego po całkowitym zlikwidowaniu masy upadłości.

Art. 338. [**Ostateczny podział**] Jeżeli w postępowaniu upadłościowym zaspokojeniu podlegają wierzytelności zabezpieczone hipoteką, zastawem, zastawem rejestrowym, zastawem skarbowym i hipoteką morską, podziału ostatecznego funduszów masy upadłości dokonuje się po podziale sumy uzyskanej ze zbycia przedmiotu obciążonego.

Art. 339. [**Plan podziału**] Do postępowania w przedmiocie podziału sumy uzyskanej ze zbycia przedmiotów, o których mowa w art. 336, stosuje się odpowiednio przepisy o podziale funduszów masy upadłości; o projekcie planu podziału zawiadamia się upadłego i tylko tych wierzycieli, którzy mogą być zaspokojeni z sum uzyskanych ze zbycia tych przedmiotów. Zarzuty i zażalenia na postanowienia sędziego-komisarza wydane po wniesieniu zarzutów mogą wnieść upadły i wierzyciele, którzy mogą być zaspokojeni z przedmiotów, o których mowa w art. 336.

Art. 340. [**Zaspokojenie zabezpieczonych**] 1. Wierzytelności osobiste zabezpieczone hipoteką, zastawem, zastawem rejestrowym, zastawem skarbowym i hipoteką morską umieszcza się w planie podziału funduszów masy upadłości jedynie w takiej sumie, w jakiej nie zostały zaspokojone z przedmiotu zabezpieczenia.

2. Przepis ust. 1 stosuje się odpowiednio do wierzytelności, które zostały zaspokojone przez zakład ubezpieczeń w wykonaniu umowy ubezpieczenia zawartej przez upadłego.

Art. 341. [**Wierzytelność wierzyciela spadku**] Wierzytelność wierzyciela spadku przyjętego po ogłoszeniu upadłości, za którą masa upadłości odpowiada, umieszcza się w planie podziału funduszów masy upadłości do wysokości wartości majątku spadkowego. Jeżeli w postępowaniu upadłościowym dochodzone są wierzytelności dwu lub więcej wierzycieli spadku, które łącznie przekraczają wartość majątku spadkowego, wierzytelności te umieszcza się w planie podziału w wysokości obniżonej stosunkowo do wysokości każdej z nich.

2. In the event that the bankruptcy estate funds are distributed several times, the final distribution shall be performed after the complete liquidation of the bankruptcy estate.

Art. 338. **[Final distribution]** If in the bankruptcy proceedings, the claims secured by a mortgage, pledge, registered pledge, tax lien and maritime mortgage are to be satisfied, the final distribution of the bankruptcy estate funds shall be performed after the distribution of the proceeds of the alienation of the encumbered asset.

Art. 339. **[Distribution plan]** The provisions on the distribution of the bankruptcy estate funds shall apply accordingly to the proceedings on the distribution of the proceeds of the alienation of the assets referred to in Article 336; the bankrupt and only those creditors who may be satisfied from the proceeds of alienating those assets shall be notified of the draft distribution plan. Objections and appeals against the decisions of the judge-commissioner issued after the objections have been filed may be filed by the bankrupt and those creditors who may be satisfied from the assets referred to in Article 336.

Art. 340. **[Satisfaction of secured personal claims]** 1. Personal claims secured by a mortgage, pledge, registered pledge, tax lien and maritime mortgage shall be included in the distribution plan of the bankruptcy estate funds only in the amount up to which such claims were not satisfied from the object of security.

2. Section 1 shall apply accordingly to claims which have been satisfied by an insurance company in performance of an insurance contract concluded by the bankrupt.

Art. 341. **[Claims of the creditor of the inheritance estate]** The claim of the creditor of the inheritance estate, accepted after the declaration of bankruptcy, for which the bankruptcy estate is liable, shall be included in the distribution plan of the bankruptcy estate funds up to the amount of the value of the inheritance estate. If during the pendency of the bankruptcy proceedings the claims of two or more creditors of the inheritance estate are pursued which jointly exceed the value of the inheritance estate, those claims shall be included in the distribution plan in the amount reduced in proportion to the amount of each of them.

Dział II. Kolejność zaspokajania wierzycieli

Rozdział 1. Przepisy ogólne

Art. 342. [Podział na kategorie] 1. Wierzytelności i należności podlegające zaspokojeniu z funduszów masy upadłości dzieli się na następujące kategorie:

1) kategoria pierwsza – koszty postępowania upadłościowego, należności z tytułu składek na ubezpieczenie emerytalne, rentowe i chorobowe pracowników, należności ze stosunku pracy, należności rolników z tytułu umów o dostarczenie produktów z własnego gospodarstwa rolnego za ostatnie dwa lata, renty należne za wywołanie choroby, niezdolności do pracy, kalectwa lub śmierci, ciążące na upadłym zobowiązania alimentacyjne, należności powstałe wskutek czynności syndyka albo zarządcy, należności z zawartych przez upadłego przed ogłoszeniem upadłości umów wzajemnych, których wykonania żądał syndyk albo zarządca, należności z tytułu bezpodstawnego wzbogacenia masy upadłości oraz należności, które powstały z czynności upadłego dokonanych za zgodą nadzorcy sądowego;

2) kategoria druga – podatki, inne daniny publiczne oraz niepodlegające zaspokojeniu w kategorii pierwszej należności z tytułu składek na ubezpieczenia społeczne należne za ostatni rok przed datą ogłoszenia upadłości wraz z należnymi od nich odsetkami i kosztami egzekucji;

3) kategoria trzecia – inne wierzytelności, jeżeli nie podlegają zaspokojeniu w kategorii czwartej, wraz z odsetkami za ostatni rok przed datą ogłoszenia upadłości, z odszkodowaniem umownym, kosztami procesu i egzekucji;

4) kategoria czwarta – odsetki, które nie należą do wyższych kategorii w kolejności, w jakiej podlega zaspokojeniu kapitał, a także sądowe i administracyjne kary grzywny oraz należności z tytułu darowizn i zapisów.

2. Wierzytelność nabyta w drodze przelewu lub indosu po ogłoszeniu upadłości, podlega zaspokojeniu w kategorii trzeciej, jeżeli nie podlega zaspokojeniu w kategorii czwartej. Nie dotyczy to wierzytelności powstałej wskutek czynności syndyka albo zarządcy albo czynności upadłego podjętych za zgodą nadzorcy sądowego.

3. Przepisy dotyczące zaspokojenia należności ze stosunku pracy stosuje się odpowiednio do roszczeń Funduszu Gwarantowanych Świadczeń Pracowniczych o zwrot z masy upadłości świadczeń wypłaconych przez Fundusz pracownikom upadłego.

Section II. Distribution Scheme

Chapter 1. General Provisions

Art. 342. [**Division into classes**] 1. Claims and amounts subject to satisfaction from the bankruptcy estate funds shall be divided into the following classes:

1) class one – the costs of bankruptcy proceedings, retirement, pension and illness security contributions of the employees, amounts arising under employment relationships and farmers' claims arising under agreements for the supply of products from their own agricultural farms for the previous two years, disease-related pensions, workers' compensation, disability or death benefits, alimonies payable by the bankrupt, amounts resulting from the acts of the trustee or administrator, amounts resulting from reciprocal agreements concluded by the bankrupt before the declaration of bankruptcy, the performance of which has been requested by the trustee or administrator, amounts resulting from unjust enrichment of the bankruptcy estate, as well as amounts resulting from the acts of the bankrupt performed upon the consent of the court supervisor,

2) class two – taxes, other public levies, social security contributions due for the year preceding the date of declaration of bankruptcy, not subject to satisfaction within class one, together with due interest and execution costs,

3) class three – other claims if they are not subject to satisfaction within class four, with the interest due for the year preceding the date bankruptcy is declared, liquidated damages, costs of the proceedings and execution,

4) class four – interest not included in the classes of higher priority, to be satisfied in the order in which the principal amount is to be satisfied, as well as court and administrative fines and amounts resulting from donations and legacies.

2. The claim acquired after the declaration of bankruptcy by way of an assignment or endorsement shall be subject to satisfaction within class three, provided that it is not subject to satisfaction within class four. The above does not apply to claims that result from the acts of the trustee or administrator, or the acts of the bankrupt performed upon the consent of the court supervisor.

3. The provisions concerning the satisfaction of amounts due under an employment relationship shall apply accordingly to the Guaranteed Employee Benefits Fund's claims for reimbursement from the bankruptcy estate of the benefits paid out by the Fund to the bankrupt's employees.

4. Do wierzytelności zasądzonych orzeczeniem sądu albo objętych ostateczną decyzją administracyjną, które zostały wydane przeciwko upadłemu po ogłoszeniu upadłości, jeżeli należności te podlegają zaspokojeniu z funduszów masy upadłości, stosuje się odpowiednio przepis art. 343 ust. 1.

Art. 343. [Zaspokojenie należności pierwszej kategorii] 1. Syndyk zaspokaja należności pierwszej kategorii za zgodą sędziego-komisarza w miarę wpływu do masy upadłości stosownych sum; jeżeli należności te w ten sposób nie będą zaspokojone, zostaną zaspokojone w drodze podziału funduszów masy upadłości. Ciążące na upadłym zobowiązania alimentacyjne syndyk zaspokaja w przypadających terminach ich płatności każdemu uprawnionemu do wysokości minimalnego wynagrodzenia za pracę.

2. Przepis ust. 1 nie dotyczy kosztów postępowania upadłościowego, które pokrywa się niezwłocznie w miarę posiadanych funduszy.

Art. 344. [Kolejność zaspokajania] Jeżeli suma przeznaczona do podziału nie wystarcza na zaspokojenie w całości wszystkich należności, należności dalszej kategorii zaspokaja się dopiero po zaspokojeniu w całości należności poprzedzającej kategorii, a gdy majątek nie wystarcza na zaspokojenie w całości wszystkich należności tej samej kategorii, należności te zaspokaja się stosunkowo do wysokości każdej z nich.

Rozdział 2. Kolejność spłacania wierzytelności zabezpieczonych hipoteką, zastawem, zastawem rejestrowym, zastawem skarbowym i hipoteką morską

Art. 345. [Zaspokajanie ze sprzedaży] 1. Jeżeli przepis szczególny nie stanowi inaczej, wierzytelności zabezpieczone hipoteką, zastawem, zastawem rejestrowym, zastawem skarbowym, hipoteką morską, a także wygasające według przepisów ustawy prawa oraz prawa i roszczenia osobiste ciążące na nieruchomości, podlegają zaspokojeniu z sumy uzyskanej ze sprzedaży przedmiotu obciążonego, pomniejszonej o koszty związane ze sprzedażą.

2. Wierzytelności, o których mowa w ust. 1, są zaspokajane w kolejności przysługującego im pierwszeństwa.

3. Wraz z wierzytelnościami zaspokajane są odsetki objęte zabezpieczeniami, o których mowa w ust. 1, oraz koszty postępowania w wysokości nieprzekraczającej dziesiątej części kapitału.

4. Article 343.1 shall apply accordingly to claims awarded in the court judgement or included in the final administrative decision issued against the bankrupt after bankruptcy has been declared, if such claims are to be satisfied from the bankruptcy estate funds.

Art. 343. [Satisfaction of claims of class one] 1. The trustee shall satisfy the claims of class one upon the consent of the judge-commissioner as the appropriate amounts are successively contributed to the bankruptcy estate; if these claims are not satisfied in this manner, they shall be satisfied by way of distribution of the bankruptcy estate funds. Alimonies payable by the bankrupt shall be paid by the trustee on their due payment dates; however, each of the entitled persons shall be satisfied up to the amount of minimum remuneration for work.

2. Section 1 shall not apply to the costs of the bankruptcy proceedings which shall be covered without delay, if the possessed funds so allow.

Art. 344. [Distribution scheme] If the amount assigned for distribution is not sufficient to satisfy all claims in full, the claims of a lower priority class shall be satisfied only after the claims of a higher priority class have been satisfied in full, and if the funds are not sufficient to satisfy in full all claims of the same class, the claims shall be satisfied pro rata.

Chapter 2. Distribution Scheme Related to Claims Secured by a Mortgage, Pledge, Registered Pledge, Tax Lien and Maritime Mortgage

Art. 345. [Satisfaction from sale] 1. Unless special provisions state otherwise, claims secured by a mortgage, pledge, registered pledge, tax lien, maritime mortgage, as well as rights expiring under this Law and personal rights and claims encumbering the real property, shall be satisfied from the proceeds of the sale of the encumbered asset, in an amount reduced by the costs connected with the sale.

2. The claims referred to in Section 1 shall be satisfied in accordance with their priority.

3. Interest covered by the collateral securities referred to in Section 1, as well as the costs of proceedings in the amount not exceeding one tenth of the principal amount, shall be satisfied together with the claims.

Art. 346. [Pierwszeństwo wierzytelności alimentacyjnych i pracowniczych] W razie sprzedaży nieruchomości, prawa użytkowania wieczystego, spółdzielczego prawa do lokalu lub statku morskiego wpisanego do rejestru okrętowego obciążonych odpowiednio hipoteką, hipoteką morską lub prawami, które wygasają według przepisów ustawy, oraz prawami i roszczeniami osobistymi, przed zaspokojeniem tych wierzytelności, które były tak zabezpieczone, zaspokaja się wierzytelności alimentacyjne oraz wierzytelności o wynagrodzenie za pracę pracowników upadłego pracujących na sprzedanej nieruchomości lub statku morskim za okres ostatnich trzech miesięcy przed dniem ich sprzedaży, jednak tylko do wysokości trzykrotnego minimalnego wynagrodzenia za pracę, jak również renty należne za wywołanie choroby, niezdolności do pracy, kalectwa lub śmierci.

Dział III. Postępowanie w sprawie podziału funduszów masy upadłości

Rozdział 1. Ustalenie planu podziału

Art. 347. [Plan podziału] 1. Syndyk sporządza i składa sędziemu-komisarzowi plan podziału funduszów masy upadłości, w którym:

1) określa sumę podlegającą podziałowi;

2) wymienia wierzytelności i prawa osób uczestniczących w podziale;

3) określa sumę, jaka każdemu z uczestników przypada z podziału;

4) wskazuje, które sumy mają być wypłacone, a które i z jakich przyczyn mają być pozostawione w depozycie sądowym;

5) określa, czy plan podziału jest częściowy czy ostateczny.

2. Sędzia-komisarz może wnieść do planu poprawki lub polecić syndykowi dokonanie wskazanych zmian w planie.

Art. 348. [Plan podziału sumy ze sprzedaży] 1. W sprawach, w których wierzycielom przysługują prawa na zbytych rzeczach lub prawach, o których mowa w art. 345 i 346, syndyk sporządza oddzielny plan podziału sum uzyskanych ze sprzedanych rzeczy lub praw. Do tego planu stosuje się odpowiednio przepis art. 347.

2. W planie podziału sumy uzyskanej ze sprzedaży nieruchomości syndyk wymienia dodatkowo prawa oraz prawa i roszczenia osobiste, które wskutek sprzedaży nieruchomości wygasły.

Art. 349. [Jawność planu podziału] Sędzia-komisarz zawiadamia upadłego i członków rady wierzycieli oraz ogłasza przez obwieszczenie i ogłoszenie w Monitorze Sądowym i Gospodarczym, że plan podziału można przeglądać w sekretariacie sądu i w terminie dwóch tygodni od dnia obwieszczenia wnosić zarzuty przeciwko planowi podziału.

Art. 346. **[Priority of alimonies and employees' claims]** In the case of a sale of real property, a perpetual usufruct right, co-operative ownership right to premises, or a sea vessel registered in the register of vessels which are encumbered with, respectively, a mortgage, maritime mortgage, rights expiring under this Law and personal rights and claims, the claims which were so secured shall be satisfied only after the payment of alimony claims, remuneration claims of the employees of the bankrupt working on the sold real property or sea vessel, due for the period of the last three months preceding the sale, however, only up to the amount not exceeding three times the minimum remuneration for work, as well as after the payment of disease-related pensions, workers' compensation, disability or death benefits.

Division III. Proceedings on the Distribution of the Bankruptcy Estate Funds
Chapter 1. Establishment of the Distribution Plan

Art. 347. **[Distribution plan]** 1. The trustee shall prepare and submit to the judge-commissioner a distribution plan of the bankruptcy estate funds, in which it shall:
1) specify the amount subject to distribution;
2) identify claims and rights of the persons participating in the distribution;
3) specify the amount to be paid to each of the participants under the distribution;
4) indicate which amounts are to be paid out, and which amounts and for what reasons shall be deposited with the court;
5) specify whether the distribution plan is partial or final.

2. The judge-commissioner may amend the plan or may order the trustee to amend the plan as instructed.

Art. 348. **[Distribution plan of proceeds of sale]** 1. In cases in which the creditors are vested with the rights to alienated things or the rights referred to in Articles 345 and 346, the trustee shall draw up a separate distribution plan of the proceeds of the sale of these things or rights. Article 347 shall apply accordingly to such plan.

2. In the distribution plan of the proceeds of the sale of the real property, the trustee shall additionally identify the rights and personal rights and claims which have expired due to the sale of the real property.

Art. 349. **[Public announcement on the distribution plan]** The judge-commissioner shall notify the bankrupt and members of the creditors' committee and shall make it public by an announcement and a notice in *Monitor Sądowy i Gospodarczy* that the distribution plan is available for viewing at the court's secretariat and that objections may be filed against the distribution plan within two weeks of the announcement date.

Art. 350. [Zgłaszanie zarzutów] 1. Zarzuty przeciwko planowi podziału rozpoznaje sędzia-komisarz.

2. W razie potrzeby sędzia-komisarz wysłucha osoby, których praw dotyczą zarzuty.

3. Na postanowienie sędziego-komisarza przysługuje zażalenie.

Art. 351. [Zatwierdzenie planu] 1. Jeżeli zarzutów nie wniesiono, sędzia-komisarz zatwierdza plan podziału.

2. W razie wniesienia zarzutów, sprostowanie i zatwierdzenie planu podziału następuje po uprawomocnieniu się postanowienia sędziego-komisarza w sprawie zarzutów, a w razie jego zaskarżenia – po wydaniu postanowienia sądu.

Rozdział 2. Wykonanie planu podziału

Art. 352. [Termin wykonania] 1. Plan podziału wykonuje się niezwłocznie po jego zatwierdzeniu. Wykonanie planu podziału nie może jednak nastąpić przed uprawomocnieniem się postanowienia o ogłoszeniu upadłości.

2. W razie wniesienia zarzutów przeciwko planowi podziału lub zażalenia na postanowienie w sprawie zarzutów, plan wykonuje się w tych częściach, których nie dotyczą żądania zgłoszone w zarzutach lub zażaleniu. W takim przypadku zakres wykonania planu określa sędzia-komisarz.

Art. 353. [Przekazanie kwoty wierzycielowi] Wykonując plan podziału, syndyk wydaje wierzycielowi należną mu kwotę lub przelewa ją na rachunek bankowy wierzyciela.

Art. 354. [Wpis w księdze wieczystej] 1. W razie zaspokojenia wierzytelności wierzyciela osobistego upadłego, zabezpieczonej na mieniu upadłego hipoteką lub hipoteką morską, przed zbyciem przedmiotu obciążonego, w prawa wierzyciela wchodzi upadły. Odpowiedniego wpisu o tym dokonuje się w księdze wieczystej lub w rejestrze okrętowym.

2. Podstawę wpisu stanowi wyciąg z planu podziału funduszów masy upadłości uwierzytelniony przez sekretarza sądowego.

Art. 355. [Zaspokojenie poręczyciela] 1. Sumę wydzieloną na zaspokojenie wierzytelności, za którą poręczyła osoba trzecia, wydaje się wierzycielowi w wysokości należnej mu w dniu sporządzenia planu podziału, poręczycielowi zaś do wysokości dokonanej zapłaty.

Art. 350. [Filing objections] 1. Objections to the distribution plan shall be considered by the judge-commissioner.

2. The judge-commissioner shall, if necessary, hear the persons whose rights the objections concern.

3. The decision of the judge-commissioner shall be subject to appeal.

Art. 351. [Approval of the plan] 1. If no objections are filed, the judge-commissioner shall approve the distribution plan.

2. If objections are filed, the distribution plan shall be rectified and approved once the decision of the judge-commissioner on the objections becomes valid, and if this decision is appealed against – once the court has issued a decision.

Chapter 2. Performance of the Distribution Plan

Art. 352. [Time limit for performance] 1. The distribution plan shall be performed immediately upon its approval. However, the distribution plan may not be performed before the decision declaring bankruptcy becomes valid.

2. If objections to the distribution plan are filed or if the decision on the objections has been appealed against, the plan shall be performed to the extent to which it has not been objected or appealed against. In such cases, the scope of the performance of the plan shall be determined by the judge-commissioner.

Art. 353. [Releasing amounts to a creditor] When performing the distribution plan, the trustee shall release the amount of the claim to the creditor or transfer it to the creditor's bank account.

Art. 354. [Entry in the land and mortgage register] 1. If a claim of a personal creditor of the bankrupt secured by a mortgage or a maritime mortgage is satisfied prior to disposal of the encumbered object, the bankrupt shall assume the rights of the creditor. An appropriate entry thereon shall be recorded in the land and mortgage register or in the register of vessels.

2. The basis for the entry shall be the extract from the distribution plan of the bankruptcy estate funds certified by the court secretary.

Art. 355. [Satisfaction of the guarantor] 1. The amount assigned for satisfying the claim guaranteed by a third party shall be released to the creditor in the amount due on the date the distribution plan is prepared and to the guarantor – up to the amount actually paid by the guarantor.

2. Sumę wydzieloną na zaspokojenie wierzytelności, za którą upadły odpowiada solidarnie lub niepodzielnie z osobą trzecią, wydaje się wierzycielowi w wysokości należnej mu w dniu sporządzenia planu, współdłużnikowi zaś w wysokości dokonanej zapłaty.

Art. 356. [**Zapłata wierzytelności warunkowych**] 1. Sumę wydzieloną na zaspokojenie wierzytelności, której wysokość zależy od warunku rozwiązującego, wydaje się wierzycielowi bez zabezpieczenia, chyba że obowiązek zabezpieczenia ciąży na wierzycielu z mocy istniejącego między nim a upadłym stosunku prawnego.

2. Sumę wydzieloną na zaspokojenie wierzytelności, której zapłata zależy od warunku zawieszającego, wydaje się wierzycielowi, jeżeli udowodni, że warunek się ziścił; w przeciwnym razie sumę tę składa się do depozytu sądowego.

3. Sumę wydzieloną na zaspokojenie wierzytelności niewymagalnej składa się do depozytu sądowego.

Art. 357. [**Pozostawienie w depozycie**] Sumy przypadające na zaspokojenie wierzytelności, co do których wniesiono zarzut, pozostawia się w depozycie sądowym do czasu rozpoznania zarzutu.

Art. 358. [**Nieodebranie w terminie**] Jeżeli wierzyciel nie odbierze swojej należności w terminie miesiąca lub gdy należna mu suma nie może być mu wydana z powodu podania nieprawidłowego adresu albo niepodania rachunku bankowego, sumy należne temu wierzycielowi składa się do depozytu sądowego.

Art. 359. [**Orzekanie w sprawach o złożenie do depozytu**] W sprawach o złożenie do depozytu sądowego orzeka sędzia-komisarz.

Art. 360. [**Wydanie z depozytu upadłemu**] Po umorzeniu lub zakończeniu postępowania upadłościowego sumy zatrzymane w depozycie, o ile nie przypadną osobie wskazanej w planie podziału, wydaje się upadłemu na jego wniosek.

Tytuł IX. Zakończenie i umorzenie postępowania upadłościowego oraz ich skutki

Art. 361. [**Powody umorzenia**] Sąd umorzy postępowanie upadłościowe, jeżeli:
1) majątek pozostały po wyłączeniu z niego przedmiotów majątkowych dłużnika obciążonych hipoteką, zastawem, zastawem rejestrowym, zastawem skarbowym lub hipoteką morską nie wystarcza na zaspokojenie kosztów postępowania;

2. The amount assigned for satisfying the claim for which the bankrupt is jointly and severally or indivisibly liable with a third party shall be released to the creditor in the amount due on the date the distribution plan is prepared, and to the co-debtor – up to the amount actually paid by the co-debtor.

Art. 356. [Payment of conditional claims] 1. The amount assigned for satisfying the claim, the amount of which is contingent upon a condition subsequent, shall be released to the creditor without demanding collateral security, unless the creditor is obligated to furnish such security under the existing legal relationship between it and the bankrupt.

2. The amount assigned for satisfying the claim, the amount of which is contingent upon the condition precedent, shall be released to the creditor, provided that it proves that the condition has been fulfilled. Otherwise, such amount shall be placed in the court deposit.

3. The amount assigned for satisfying an undue claim shall be placed in the court deposit.

Art. 357. [Leaving in deposit] The amount assigned for the satisfaction of claims against which an objection has been filed shall remain in the court deposit until the objection has been considered.

Art. 358. [Failure to collect within the time limit] If the creditor fails to collect the amount due to it within one month or if the amount due to the creditor may not be released due to the fact that a wrong address has been indicated or that the bank account has not been specified, the amounts due to such creditor shall be placed in the court deposit.

Art. 359. [Considering cases concerning deposits] The judge-commissioner shall consider the cases concerning the deposits placed in the court deposit.

Art. 360. [Releasing from the deposit to the bankrupt] After the discontinuance or closure of the bankruptcy proceedings any money retained in the court deposit shall be released to the bankrupt upon its motion, provided that such funds are not due to a person indicated in the distribution plan.

Title IX. Closure and Discontinuance of the Bankruptcy Proceedings and Its Effects

Art. 361. [Basis for discontinuance] The court shall discontinue the bankruptcy proceedings if:
1) the assets remaining after exemption of the debtor's proprietary items encumbered with a mortgage, pledge, registered pledge, tax lien or maritime mortgage are not sufficient to satisfy the costs of the proceedings;

2) wierzyciele zobowiązani uchwałą zgromadzenia wierzycieli albo postanowieniem sędziego-komisarza nie złożyli w wyznaczonym terminie zaliczki na koszty postępowania, a brak jest płynnych funduszów na te koszty;

3) wszyscy wierzyciele, którzy zgłosili swoje wierzytelności, żądają umorzenia postępowania.

Art. 362. [Ogłoszenie postanowienia] Postanowienie o umorzeniu postępowania upadłościowego ogłasza się przez obwieszczenie w Monitorze Sądowym i Gospodarczym oraz w dzienniku o zasięgu lokalnym i doręcza się upadłemu, syndykowi, nadzorcy sądowemu albo zarządcy oraz członkom rady wierzycieli.

Art. 363. [Wykreślenie wpisów w księdze wieczystej] Prawomocne postanowienie o umorzeniu postępowania upadłościowego stanowi podstawę do wykreślenia wpisów dotyczących upadłości w księdze wieczystej i w rejestrach.

Art. 364. [Wydanie majątku upadłemu] 1. Z dniem uprawomocnienia się postanowienia o umorzeniu postępowania upadłościowego upadły odzyskuje prawo zarządzania swoim majątkiem i rozporządzania jego składnikami.

2. Syndyk, nadzorca sądowy albo zarządca wyda niezwłocznie upadłemu jego majątek, księgi, korespondencję i dokumenty. W razie potrzeby, sędzia-komisarz wydaje postanowienie nakazujące przymusowe odebranie majątku. Postanowienie to jest tytułem wykonawczym bez nadawania mu klauzuli wykonalności.

Art. 365. [Oddanie na przechowanie] 1. Jeżeli upadły nie odbiera ksiąg, korespondencji lub dokumentów w terminie wyznaczonym przez syndyka, nadzorcę sądowego albo zarządcę, syndyk, nadzorca sądowy albo zarządca oddaje je na przechowanie na koszt upadłego.

2. Sędzia-komisarz zasądza od upadłego na rzecz przechowawcy koszty przechowania. Na postanowienie sędziego-komisarza przysługuje zażalenie.

3. W przypadku upadłości osoby prawnej oraz osobowej spółki handlowej sędzia-komisarz określa, czy koszty przechowania ponosi jedna, czy wszystkie osoby upoważnione do reprezentowania osoby prawnej.

4. Jeżeli oddanie na przechowanie ksiąg, korespondencji lub dokumentów okaże się niemożliwe, podlegają one złożeniu do właściwego archiwum wraz z aktami postępowania upadłościowego na koszt upadłego.

2) advance payments on account of the costs of the proceedings have not been extended by the set deadline by the creditors obliged to do so by the resolution of the meeting of creditors or by the decision of the judge-commissioner and there are no liquid assets to cover these costs; or
3) all of the creditors who have filed claims request the discontinuance of the proceedings.

Art. 362. [Announcement of the decision] The decision discontinuing the bankruptcy proceedings shall be made public by an announcement in Monitor Sądowy i Gospodarczy and in a local daily newspaper and shall be served on the bankrupt, trustee, court supervisor or administrator and the members of the creditors' committee.

Art. 363. [Deleting entries from land and mortgage registers] The valid decision discontinuing the bankruptcy proceedings shall serve as the basis for deleting the entries concerning the bankruptcy from the land and mortgage register and other registers.

Art. 364. [Releasing assets to the bankrupt] 1. On the day the decision discontinuing the bankruptcy proceedings becomes valid, the bankrupt shall recover the right to administer and to dispose of its assets.

2. The trustee, court supervisor or administrator shall without delay release to the bankrupt its assets, records, correspondence and documents. The judge-commissioner shall, if necessary, issue a decision ordering a compulsory collection of the assets. The decision shall constitute a writ of execution without giving it an enforceability clause.

Art. 365. [Deposit] 1. If the bankrupt fails to collect the records, correspondence or documents by the deadline set by the trustee, court supervisor or administrator, the trustee, court supervisor or administrator shall place them in a deposit at the expense of the bankrupt.

2. The judge-commissioner shall award to the depositary from the bankrupt the costs of the storage. The decision of the judge-commissioner shall be subject to appeal.

3. In the case of bankruptcy of a legal person or a commercial partnership, the judge-commissioner shall decide whether the costs of the storage shall be borne by one or by all persons authorised to represent the legal person.

4. If it is not possible to place the records, correspondence or documents in a deposit, such documents shall be deposited with the relevant archive, together with the files of the bankruptcy proceedings, at the expense of the bankrupt.

Art. 366. [Likwidacja majątku] 1. Jeżeli upadły nie odbierze swojego majątku w terminie wyznaczonym przez syndyka, nadzorcę sądowego albo zarządcę, sędzia-komisarz zarządza likwidację majątku i określa sposób likwidacji.

2. Jeżeli likwidacja majątku w sposób określony przez sędziego-komisarza okaże się niemożliwa lub nadmiernie utrudniona, sędzia-komisarz może nakazać likwidację na koszt upadłego przez przekazanie majątku na cele dobroczynne lub w inny sposób.

3. Na postanowienie sędziego-komisarza w przedmiocie kosztów likwidacji przysługuje zażalenie.

Art. 367. [Umorzenie wszczętych postępowań] 1. Po umorzeniu postępowania upadłościowego umarza się wszczęte przez syndyka, nadzorcę sądowego albo zarządcę niezakończone procesy o uznanie za bezskuteczną czynności dokonanej przez upadłego ze szkodą dla wierzycieli. Wzajemne roszczenia o zwrot kosztów procesu wygasają.

2. W innych postępowaniach cywilnych upadły wchodzi w postępowaniu na miejsce syndyka albo zarządcy.

Art. 368. [Zakończenie postępowania upadłościowego] 1. W sprawach, w których postępowanie upadłościowe obejmowało likwidację majątku, sąd po wykonaniu ostatecznego planu podziału stwierdzi zakończenie postępowania upadłościowego.

2. Sąd stwierdza zakończenie postępowania także wtedy, gdy w toku postępowania upadłościowego obejmującego likwidację majątku upadłego wszyscy wierzyciele zostali zaspokojeni.

3. Przepisy art. 362–367 stosuje się odpowiednio.

Art. 369. [Wniosek o umorzenie zobowiązań upadłego] 1. W postanowieniu o zakończeniu postępowania upadłościowego obejmującego likwidację majątku upadłego, którym jest osoba fizyczna, sąd, na wniosek upadłego, może orzec o umorzeniu w całości lub części zobowiązań upadłego, które nie zostały zaspokojone w postępowaniu upadłościowym, jeżeli:

1) niewypłacalność była następstwem wyjątkowych i niezależnych od upadłego okoliczności;

2) materiał zebrany w sprawie daje podstawę do stwierdzenia, że nie zachodzą okoliczności stanowiące podstawę do pozbawienia upadłego prawa prowadzenia działalności gospodarczej na własny rachunek oraz pełnienia funkcji reprezentanta lub pełnomocnika w spółce handlowej, przedsiębiorstwie, spółdzielni, fundacji lub stowarzyszeniu;

Art. 366. [Liquidation of assets] 1. If the bankrupt fails to collect its assets by the deadline set by the trustee, court supervisor or administrator, the judge-commissioner shall order the liquidation of the assets, setting out the manner of liquidation.

2. If the liquidation of the assets in the manner ordered by the judge-commissioner proves to be impossible or excessively burdensome, the judge - commissioner may order the liquidation at the expense of the bankrupt by transferring the assets to a charity or in any other manner.

3. The decision of the judge-commissioner on the costs of liquidation shall be subject to appeal.

Art. 367. [Discontinuance of opened proceedings] 1. Upon the discontinuance of the bankruptcy proceedings, pending actions brought by the trustee, court supervisor or administrator, concerning the declaration of the bankrupt's acts performed to the detriment of creditors as ineffective shall also be discontinued. Reciprocal claims for reimbursement of the costs of the proceedings shall expire.

2. In other pending civil actions the bankrupt shall replace the trustee or administrator.

Art. 368. [Closure of bankruptcy proceedings] 1. In cases when the bankruptcy proceedings included the liquidation of the assets, the court shall, upon the performance of the final distribution plan, decree the closure of the bankruptcy proceedings.

2. The court shall decree the closure of the bankruptcy proceedings also when in the course of the bankruptcy proceedings including the liquidation of the bankrupt's assets all creditors have been satisfied.

3. Articles 362–367 shall apply accordingly.

Art. 369. [Motion to discharge the bankrupt from its obligations] 1. In the decision closing the bankruptcy proceedings comprising the liquidation of the assets of the bankrupt who is a natural person, the court may – upon a motion of the bankrupt – discharge the bankrupt in full or in part from its obligations which have not been satisfied in the bankruptcy proceedings, if:
1) insolvency resulted from exceptional circumstances beyond the bankrupt's control;
2) the evidence collected during the proceedings support the conclusion that no basis exists to deprive the bankrupt of the right to carry on economic activity on its own account or the right to be appointed as the representative or attorney-in-fact of a commercial company or partnership, (state) enterprise, co-operative, foundation or association;

3) upadły rzetelnie wykonywał obowiązki nałożone na niego w postępowaniu upadłościowym.

2. Umorzeniem objęte są wierzytelności umieszczone na liście wierzytelności oraz wierzytelności, które mogły zostać zgłoszone, jeżeli ich istnienie stwierdzone było dokumentami upadłego.

3. Nie podlegają umorzeniu należności alimentacyjne, renty z tytułu odszkodowania za wywołanie choroby, niezdolności do pracy, kalectwa lub śmierci, wierzytelności ze stosunku pracy oraz składki na ubezpieczenie emerytalne, rentowe i chorobowe pracowników.

Art. 370. [Możliwości zarobkowe upadłego] 1. Przy orzekaniu o umorzeniu całości lub części zobowiązań upadłego sąd bierze pod uwagę możliwości zarobkowe upadłego, wysokość niezaspokojonych wierzytelności i realność ich zaspokojenia w przyszłości.

2. Na postanowienie sądu przysługuje zażalenie, a na postanowienie sądu drugiej instancji przysługuje kasacja.

3. Przepisów art. 369 ust. 1 nie stosuje się, jeżeli już wcześniej wobec upadłego ogłoszono upadłość albo odmówiono wszczęcia postępowania upadłościowego z powodu braku majątku wystarczającego na zaspokojenie kosztów postępowania, a od zakończenia tego postępowania lub odmowy jego wszczęcia do dnia wszczęcia obecnego postępowania upadłościowego nie upłynęło dziesięć lat.

Art. 371. [Przyczyny uchylenia] Postępowanie upadłościowe podlega uchyleniu w razie prawomocnego odrzucenia albo oddalenia wniosku o ogłoszenie upadłości. Przepisy art. 362–367 stosuje się odpowiednio.

Art. 372. [Obowiązywanie zmian] 1. Zmiany stosunków prawnych dokonane na podstawie przepisów ustawy obowiązują upadłego i drugą stronę również po umorzeniu lub zakończeniu postępowania upadłościowego.

2. Przepis ust. 1 stosuje się odpowiednio w razie uchylenia postępowania upadłościowego, z tym że:
1) upadły może cofnąć wypowiedzenie umów dokonane przez syndyka albo zarządcę, jeżeli nie upłynął termin wypowiedzenia;
2) upadły może w terminie miesiąca od dnia ogłoszenia albo doręczenia postanowienia, którym uchylono postępowanie – odstąpić od umów zawartych przez syndyka albo zarządcę, jeżeli umowa przez nich zawarta nie została wykonana albo została wykonana częściowo.

3) the bankrupt has duly fulfilled the obligations imposed upon it in the bankruptcy proceedings.

2. The discharge shall concern the claims recorded on the list of claims and such claims which could have been filed if their existence was confirmed by the bankrupt's documentation.

3. The discharge shall not concern alimonies, disease-related pensions, workers' compensation, disability or death benefits, claims arising under employment relationships or retirement, pension and illness security contributions of the employees.

Art. 370. [Earning capacity of the bankrupt] 1. In deciding on the discharge of the bankrupt from all or a part of its obligations the court shall take into account the earning capacity of the bankrupt, the amount of unsatisfied claims and the likelihood of the claims being satisfied in the future.

2. The decision of the court shall be subject to appeal and the decision of the court of second instance shall be subject to appeal to the Supreme Court.

3. Article 369.1 shall not apply if bankruptcy had already been declared in relation to the bankrupt or if the opening of the bankruptcy proceedings had been denied due to a lack of assets sufficient to satisfy the costs of the proceedings and if from the date of closure or refusal to open such proceedings until the date of the opening of the current bankruptcy proceedings ten years have not yet lapsed.

Art. 371. [Basis for quashing] The bankruptcy proceedings shall be quashed in the case of a valid rejection or dismissal of the petition to declare bankruptcy. Articles 362–367 shall apply accordingly.

Art. 372. [Brinding force of modifications] 1. Any modifications of legal relationships, effected under this Law, shall bind the bankrupt and the other party also after the discontinuance or closure of the bankruptcy proceedings.

2. Section 1 shall apply accordingly if the bankruptcy proceedings are quashed, subject to the following:
1) the bankrupt may revoke the termination of the agreements, made by the trustee or administrator if the termination notice has not yet elapsed;
2) the bankrupt may, within one month of the date of announcement or service of the decision by way of which the proceedings were quashed, rescind the agreements concluded by the trustee or administrator, if the agreement concluded by the trustee or administrator has not yet been performed or has been performed only in part.

Tytuł X. Postępowanie w sprawach orzekania zakazu prowadzenia działalności gospodarczej

Art. 373. [Przyczyny orzeczenia zakazu] 1. Sąd może orzec pozbawienie na okres od trzech do dziesięciu lat prawa prowadzenia działalności gospodarczej na własny rachunek oraz pełnienia funkcji członka rady nadzorczej, reprezentanta lub pełnomocnika w spółce handlowej, przedsiębiorstwie państwowym, spółdzielni, fundacji lub stowarzyszeniu osoby, która ze swej winy:

1) będąc do tego zobowiązana z mocy ustawy, nie złożyła w terminie dwóch tygodni od dnia powstania podstawy do ogłoszenia upadłości wniosku o ogłoszenie upadłości albo

2) po ogłoszeniu upadłości nie wydała lub nie wskazała majątku, ksiąg handlowych, korespondencji lub innych dokumentów upadłego, do których wydania lub wskazania była zobowiązana z mocy ustawy, albo

3) po ogłoszeniu upadłości ukrywała, niszczyła lub obciążała majątek wchodzący w skład masy upadłości, albo

4) jako upadły w toku postępowania upadłościowego nie wykonała innych obowiązków ciążących na nim z mocy ustawy lub orzeczenia sądu albo sędziego-komisarza, albo też w inny sposób utrudniała postępowanie.

2. Przy orzekaniu zakazu, o którym mowa w ust. 1, sąd bierze pod uwagę stopień winy oraz skutki podejmowanych działań, w szczególności obniżenie wartości ekonomicznej przedsiębiorstwa upadłego i rozmiar pokrzywdzenia wierzycieli.

3. Sąd może orzec pozbawienie na okres od trzech do dziesięciu lat prawa prowadzenia działalności gospodarczej na własny rachunek oraz pełnienia funkcji członka rady nadzorczej, reprezentanta lub pełnomocnika w spółce handlowej, przedsiębiorstwie państwowym, spółdzielni, fundacji lub stowarzyszeniu osoby, wobec której:

1) już co najmniej raz ogłoszono upadłość, z umorzeniem jej długów po zakończeniu postępowania upadłościowego;

2) ogłoszono upadłość nie dawniej niż pięć lat przed ponownym ogłoszeniem upadłości.

Art. 374. [Celowe działanie lub rażące niedbalstwo] 1. Sąd może orzec zakaz prowadzenia działalności gospodarczej, o którym mowa w art. 373, wobec dłużnika będącego osobą fizyczną, także jeżeli niewypłacalność dłużnika jest następstwem jego celowego działania lub rażącego niedbalstwa.

2. Przepis ust. 1 stosuje się również do osób, które były uprawnione do reprezentowania osoby prawnej lub spółki handlowej niemającej osobowości prawnej oraz innych przedsiębiorców.

Title X. Proceedings to Ban the Conduct of Economic Activity

Art. 373. [Basis for declaring the ban] 1. The court may ban the conduct of economic activity on one's own account for a period of three to ten years, or on serving as a member of the supervisory board, representative or attorney-in-fact of a commercial company or partnership, state enterprise, co-operative, foundation or association, with regard to a person who by his fault:

1) did not file a petition to declare bankruptcy within two weeks of the date the basis arose for declaring bankruptcy, despite being obliged to do so under this Law; or

2) following the declaration of bankruptcy, did not release or identify the assets, records, correspondence or other documents of the bankrupt, despite being obliged to do so under this Law; or

3) following the declaration of bankruptcy, concealed, destroyed or encumbered the assets included in the bankruptcy estate; or

4) as a bankrupt, in the course of the bankruptcy proceedings, did not fulfil other obligations imposed upon him under this Law or by the judgement of the court or the judge-commissioner, or has in any other manner impeded the proceedings.

2. When issuing the ban referred to in Section 1, the court shall take into account the degree of the person's fault and the effects of undertaken activities, in particular the decrease in the economic value of the bankrupt's enterprise and the extent of the creditors' detriment.

3. The court may ban the conduct of economic activity on one's own account for a period of three to ten years, or on serving as a member of the supervisory board, representative or attorney-in-fact of a commercial company or partnership, state enterprise, co-operative, foundation or association, with regard to a person:

1) in relation to whom bankruptcy has already been declared at least once and whose debts were discharged after the closure of the bankruptcy proceedings,

2) in relation to whom bankruptcy has been declared within the last five years before re-declaring bankruptcy.

Art. 374. [Wilful misconduct or gross negligence] 1. The court may ban the conduct of economic activity, referred to in Article 373 in relation to a debtor who is a natural person also when the insolvency of the debtor results from wilful misconduct or gross negligence.

2. Section 1 shall also apply to persons who were authorised to represent a legal person or a commercial partnership, as well as other entrepreneurs.

Art. 375. [Właściwość sądu] 1. W sprawach, o których mowa w art. 373 i 374, orzeka sąd upadłościowy.

2. Jeżeli postępowania upadłościowego nie wszczęto albo oddalono wniosek o ogłoszenie upadłości lub umorzono postępowanie upadłościowe, orzeka sąd właściwy do rozpoznania sprawy o ogłoszenie upadłości.

Art. 376. [Wszczęcie na wniosek] 1. Postępowanie w sprawach, o których mowa w art. 373 i 374, wszczyna się na wniosek wierzyciela, syndyka, nadzorcy sądowego albo zarządcy, a także Prezesa Urzędu Ochrony Konkurencji i Konsumentów i Przewodniczącego Komisji Papierów Wartościowych i Giełd. W sprawach tych stosuje się przepisy o postępowaniu nieprocesowym.

2. Sąd wydaje postanowienie po przeprowadzeniu rozprawy.

3. Od postanowienia sądu drugiej instancji przysługuje kasacja.

4. Odpis prawomocnego postanowienia sąd przesyła do Krajowego Rejestru Sądowego.

Art. 377. [Niemożność orzeczenia zakazu] Nie orzeka się zakazu, o którym mowa w art. 373, jeżeli postępowanie w tej sprawie nie zostało wszczęte w terminie roku od umorzenia lub zakończenia postępowania upadłościowego albo oddalenia wniosku o ogłoszenie upadłości na podstawie art. 13, a gdy nie złożono wniosku o ogłoszenie upadłości, od dnia, w którym dłużnik obowiązany był taki wniosek złożyć.

Część druga. Przepisy z zakresu międzynarodowego postępowania upadłościowego

Tytuł I. Przepisy ogólne

Art. 378. [Wyłączenia] 1. Przepisów niniejszej części nie stosuje się, jeżeli umowa międzynarodowa, której Rzeczpospolita Polska jest stroną, albo prawo organizacji międzynarodowej, której Rzeczpospolita Polska jest członkiem, stanowi inaczej.

2. Przepisy niniejszej części stosuje się odpowiednio do postępowania prowadzonego wobec instytucji kredytowych i zakładów ubezpieczeń oraz ich oddziałów mających siedzibę w państwach członkowskich Unii Europejskiej, jeżeli przepisy szczególne nie stanowią inaczej.

Art. 379. [Objaśnienia] Ilekroć w przepisach niniejszej części mowa jest o:

Art. 375. [Jurisdiction] 1. The matters, referred to in Articles 373 and 374 shall be considered by the bankruptcy court.

2. If the bankruptcy proceedings have not been opened or the petition to declare bankruptcy has been dismissed or the bankruptcy proceedings have been discontinued, the court competent to consider the case concerning the declaration of bankruptcy shall have jurisdiction.

Art. 376. [Opening upon a motion] 1. The proceedings in the matters, referred to in Articles 373 and 374 shall be opened upon a motion of the creditor, trustee, court supervisor or administrator, as well as the President of the Office for Competition and Consumer Protection and the Chairman of the Securities and Exchange Commission. In such matters the provisions on non-litigation proceedings shall apply.

2. The court shall issue a decision after holding a trial.

3. The decision of the court of second instance shall be subject to appeal to the Supreme Court.

4. The court shall deliver a copy of the valid decision to the National Court Register.

Art. 377. [Inadmissibility of decrecing the ban] The ban referred to in Article 373 shall not be decreed if the proceedings in this matter have not been opened within one year of the discontinuance or closure of the bankruptcy proceedings or of the dismissal of the petition to declare bankruptcy under Article 13, and if the petition to declare bankruptcy has not been filed – of the date when the debtor was obliged to file such petition.

Part Two. Provisions on International Bankruptcy Proceedings

Title I. General Provisions

Art. 378. [Exemptions] 1. The provisions of this Part shall not apply if an international agreement to which the Republic of Poland is a party, or the law of an international organisation of which the Republic of Poland is a member states otherwise.

2. The provisions of this Part shall apply accordingly to the proceedings conducted against credit institutions, insurance companies and their branches having their registered office in the member states of the European Union, provided separate provisions do not state otherwise.

Art. 379. [Definitions] For the purpose of this Part:

PrUpadNapr Art. 380–381 Część druga. Przepisy z zakresu międz.

1) „zagranicznym postępowaniu upadłościowym" – oznacza to wszelkie prowadzone za granicą postępowania sądowe lub administracyjne, których przedmiotem jest wspólne dochodzenie roszczeń, nawet jeśli mają charakter tymczasowy, przeciwko niewypłacalnemu dłużnikowi, w których mienie i sprawy dłużnika są poddane kontroli lub zarządowi zagranicznego sądu w celu ich restrukturyzacji lub likwidacji;

2) „głównym zagranicznym postępowaniu upadłościowym" – oznacza to postępowanie, o którym mowa w pkt 1, jeżeli prowadzone jest w państwie, w którym znajduje się główny ośrodek działalności gospodarczej dłużnika; domniemywa się, że główny ośrodek działalności gospodarczej dłużnika znajduje się w miejscu jego siedziby lub zamieszkania;

3) „ubocznym zagranicznym postępowaniu upadłościowym" – oznacza to postępowanie, o którym mowa w pkt 1, jeżeli nie ma charakteru głównego i jeżeli prowadzone jest w państwie miejsca prowadzenia działalności gospodarczej dłużnika;

4) „zarządcy zagranicznym" – oznacza to osobę lub podmiot wyznaczony w zagranicznym postępowaniu upadłościowym do zarządzania, reorganizowania lub likwidacji majątku dłużnika;

5) „sądzie zagranicznym" – oznacza to sąd lub inny organ uprawniony do prowadzenia lub nadzorowania zagranicznego postępowania upadłościowego;

6) „miejscu prowadzenia działalności gospodarczej" – oznacza to miejsce, w którym dłużnik podejmuje czynności w zakresie działalności gospodarczej, jeżeli nie mają charakteru jednorazowego lub krótkotrwałego.

Art. 380. [Prawa wierzyciela zamieszkałego za granicą] 1. Wierzyciel zamieszkały za granicą lub mający siedzibę za granicą korzysta w postępowaniu upadłościowym z praw, które przysługują wierzycielowi krajowemu, z zastrzeżeniem ust. 2 i 3.

2. Wierzyciel zamieszkały za granicą lub mający siedzibę za granicą, jeżeli nie ustanowił w Rzeczypospolitej Polskiej pełnomocnika procesowego, jest obowiązany ustanowić w Rzeczypospolitej Polskiej pełnomocnika do doręczeń.

3. W postępowaniu upadłościowym prowadzonym w Rzeczypospolitej Polskiej nie podlegają zaspokojeniu należności podatkowe i inne ciężary publiczne oraz należności z tytułu ubezpieczeń społecznych oraz kary majątkowe, które nie mają charakteru cywilnoprawnego, orzeczone przez sądy lub organy administracyjne za granicą.

Art. 381. [Odpowiednie stosowanie KPC] W sprawach nieuregulowanych przepisami niniejszej części stosuje się odpowiednio przepisy Kodeksu postępowania cywilnego dotyczące międzynarodowego postępowania cywilnego.

1) „foreign bankruptcy proceedings" – shall mean court or administrative proceedings in which claims are pursued collectively, even interim, conducted abroad against an insolvent debtor, in which proceedings the debtor's assets and affairs are subject to control or administration of a foreign court for the purpose of reorganisation or liquidation;

2) „main foreign bankruptcy proceedings" – shall mean the proceedings, referred to in Subsection 1 when conducted in the state where the debtor has the centre of its main interests; it shall be presumed that the debtor's centre of main interests is situated at its registered office or domicile;

3) „secondary foreign bankruptcy proceedings" – shall mean the proceedings referred to in Subsection 1 other than main foreign bankruptcy proceedings and if they are conducted in the state where the debtor has an establishment;

4) „foreign representative" – shall mean a person or body, appointed in the foreign bankruptcy proceedings, whose function is to administer, reorganise or liquidate the debtor's assets;

5) „foreign court" – shall mean a court or other authority empowered to conduct or supervise the foreign bankruptcy proceedings;

6) „establishment" – shall mean any place of operation where the debtor carries out non-transitory economic activity.

Art. 380. [Rights of a creditor residing abroad] 1. A creditor having a domicile or registered office abroad shall have the same rights in the bankruptcy proceedings as a domestic creditor, subject to Sections 2 and 3.

2. A creditor having a domicile or registered office abroad shall, when it has not appointed an attorney-in-fact in the Republic of Poland, be required to appoint an attorney-in-fact for delivery in the Republic of Poland.

3. In the bankruptcy proceedings conducted in the Republic of Poland tax liabilities and other public levies as well as amounts arising from social security and proprietary fines, if not of a civil law nature, adjudicated or decreed by courts or administrative bodies abroad, shall not be subject to satisfaction.

Art. 381. [*Mutatis mutandis* applicability of the Civil Proceedings Code] Provisions of the Civil Proceedings Code on international civil proceedings shall apply accordingly to matters not governed by the provisions of this Part.

Tytuł II. Jurysdykcja krajowa

Art. 382. [Jurysdykcja sądów polskich] 1. Do wyłącznej jurysdykcji sądów polskich należą sprawy upadłościowe, jeżeli w Rzeczypospolitej Polskiej znajduje się główny ośrodek działalności gospodarczej dłużnika.

2. Sądom polskim przysługuje również jurysdykcja, jeżeli dłużnik prowadzi w Rzeczypospolitej Polskiej działalność gospodarczą albo ma miejsce zamieszkania lub siedzibę albo majątek.

Art. 383. [Umowy o jurysdykcję] W sprawach upadłościowych nie stosuje się przepisów dotyczących umów o jurysdykcję.

Art. 384. [Ustanowienie zarządcy zagranicznego] Ustanowienie przez sąd zagraniczny zarządcy zagranicznego do podejmowania czynności w Rzeczypospolitej Polskiej nie wyłącza jurysdykcji krajowej sądów polskich.

Tytuł III. Uznanie zagranicznych postępowań upadłościowych

Art. 385. [Odpowiednie stosowanie] Do postępowania w przedmiocie uznania zagranicznego postępowania upadłościowego oraz postępowania w przedmiocie uchylenia lub zmiany orzeczenia o uznaniu takiego postępowania, w sprawach nieunormowanych przepisami niniejszego tytułu stosuje się odpowiednio przepisy części pierwszej tytułu II.

Art. 386. [Wszczęcie na wniosek] 1. Postępowanie w przedmiocie uznania zagranicznego postępowania upadłościowego wszczyna się na wniosek zarządcy zagranicznego.

2. Do wniosku o uznanie należy dołączyć:
1) odpis orzeczenia lub decyzji o wszczęciu zagranicznego postępowania upadłościowego i ustanowieniu zarządcy albo
2) zaświadczenie sądu zagranicznego potwierdzające prowadzenie postępowania i wyznaczenie zagranicznego zarządcy.

3. W razie braku dokumentów wymienionych w ust. 2 do wniosku należy dołączyć inny wiarygodny dowód na piśmie wszczęcia zagranicznego postępowania i wyznaczenia zagranicznego zarządcy.

4. Do wniosku należy ponadto dołączyć oświadczenie zarządcy zagranicznego o innych postępowaniach zagranicznych prowadzonych wobec upadłego, które są znane zarządcy zagranicznemu.

5. Do dokumentów lub dowodów na piśmie, wymienionych w ust. 2–4, należy ponadto dołączyć ich uwierzytelnione tłumaczenie na język polski.

Title II. Domestic Jurisdiction

Art. 382. [Jurisdiction of Polish courts] 1. The Polish courts shall have exclusive jurisdiction in bankruptcy cases if the debtor has the centre of its main interests in the Republic of Poland.

2. The Polish courts shall also have jurisdiction if the debtor has an establishment, domicile, registered office or assets in the Republic of Poland.

Art. 383. [Agreements conferring jurisdiction] The provisions on agreements conferring jurisdiction shall not apply in bankruptcy cases.

Art. 384. [Appointment of a foreign representative] Appointment by a foreign court of a foreign representative to perform acts in the Republic of Poland shall not exclude domestic jurisdiction of Polish courts.

Title III. Recognition of Foreign Bankruptcy Proceedings

Art. 385. [*Mutatis mutandis* applicability of other provisions] In matters not regulated in this Title, provisions of Part I Title II shall apply accordingly to the proceedings conducted to recognise foreign bankruptcy proceedings and to the proceedings related to annulment or amendment of a judgement on recognition of such proceedings.

Art. 386. [Opening upon a motion] 1. Proceedings to recognise foreign bankruptcy proceedings shall be opened upon a motion of the foreign representative.

2. The motion for recognition must include the following:
1) a copy of a judgement or decision opening foreign bankruptcy proceedings and appointing the representative, or
2) a certificate from the foreign court affirming the conduct of the proceedings and the appointment of the foreign liquidator.

3. If the documents referred to in Section 2 are not available, other plausible written evidence that the foreign proceedings have been opened and that the foreign representative has been appointed should be appended to the motion.

4. Additionally, a statement of the foreign representative identifying other foreign proceedings conducted against the bankrupt, which are known to the foreign representative, must be appended to the motion.

5. Certified translation into Polish of all the documents or written evidence listed in Sections 2–4 must be also appended.

PrUpadNapr Art. 387–392 Część druga. Przepisy z zakresu międz.

Art. 387. **[Uczestnicy postępowania]** Uczestnikami postępowania w przedmiocie uznania zagranicznego postępowania upadłościowego są upadły i zarządca zagraniczny.

Art. 388. **[Zawiadomienie uczestników o posiedzeniu]** Zawiadomienia uczestników postępowania o pierwszym posiedzeniu sądu można dokonać za pośrednictwem poczty przesyłką poleconą za potwierdzeniem odbioru.

Art. 389. **[Obowiązek informowania sądu]** Po wniesieniu wniosku o uznanie zagranicznego postępowania upadłościowego, zarządca zagraniczny jest obowiązany niezwłocznie informować sąd:
1) o każdej zmianie uznawanego postępowania zagranicznego oraz o zmianie zarządcy;
2) o wszelkich innych zagranicznych postępowaniach upadłościowych dotyczących upadłego oraz innych postępowaniach sądowych lub administracyjnych dotyczących majątku upadłego, które są znane zarządcy zagranicznemu.

Art. 390. **[Postanowienie o zabezpieczeniu]** 1. Z dniem wniesienia wniosku o uznanie zagranicznego postępowania upadłościowego sąd na wniosek zarządcy zagranicznego może:
1) wydać postanowienie o zabezpieczeniu;
2) zabezpieczyć dowody potrzebne do dochodzenia roszczeń przeciw upadłemu.

2. Sąd może odmówić wydania postanowienia o zabezpieczeniu, jeżeli zabezpieczenie to utrudniłoby zarządzanie majątkiem upadłego w głównym zagranicznym postępowaniu upadłościowym.

Art. 391. **[Domniemanie prawdziwości]** 1. Jeżeli z przedłożonych dokumentów wynika, że zagraniczne postępowanie jest głównym postępowaniem upadłościowym, a zarządca jest zarządcą zagranicznym, sąd może przyjąć domniemanie zgodności dokumentów z rzeczywistym stanem rzeczy i nie prowadzić dalszych dowodów.

2. W razie wątpliwości sąd może zażądać uwierzytelnienia przedłożonych dokumentów lub urzędowego poświadczenia autentyczności podpisu.

Art. 392. **[Uznanie postępowania]** Zagraniczne postępowanie upadłościowe podlega uznaniu, jeżeli:
1) dotyczy sprawy, która nie należy do wyłącznej jurysdykcji sądów polskich;
2) uznanie nie jest sprzeczne z podstawowymi zasadami porządku prawnego w Rzeczypospolitej Polskiej.

Art. 387. [Parties to proceedings] The bankrupt and the foreign representative shall be the parties to the proceedings to recognise foreign bankruptcy proceedings.

Art. 388. [Notification on hearing] Notification of the initial court hearing may be sent to the parties to the proceedings by certified mail – return receipt requested.

Art. 389. [Duty to inform the court] From the time of filing the motion for recognition of foreign bankruptcy proceedings, the foreign representative shall inform the court without delay about:
1) every modification of the foreign proceedings being recognised and on the change of the representative,
2) any other foreign bankruptcy proceedings concerning the bankrupt and other court or administrative proceedings concerning the bankrupt's assets that become known to the foreign representative.

Art. 390. [Decision securing assets] 1. From the date of the filing of the motion for recognition of foreign bankruptcy proceedings, the court may, upon a motion of the foreign representative:
1) issue a decision securing the assets,
2) secure evidence necessary to pursue claims against the bankrupt.

2. The court may refuse to issue a decision securing the assets if such security would interfere with the administration of the bankrupt's assets in the main foreign bankruptcy proceedings.

Art. 391. [Presumption of authenticity] 1. If from the submitted documents it appears that the foreign proceedings are the main bankruptcy proceedings and that the representative is a foreign representative, the court may presume that the documents are authentic and not conduct further evidentiary proceedings.

2. If in doubt, the court may request that the submitted documents be certified or that the signature be officially authenticated.

Art. 392. [Recognition of proceedings] The foreign bankruptcy proceedings shall be recognised, provided that:
1) the proceedings concern a case over which the Polish courts do not have exclusive jurisdiction,
2) the recognition is not contrary to the fundamental principles of the legal order in the Republic of Poland.

PrUpadNapr Art. 393–395 Część druga. Przepisy z zakresu międz.

Art. 393. [Elementy postanowienia] 1. W postanowieniu o uznaniu zagranicznego postępowania upadłościowego określa się:

1) imię i nazwisko albo firmę upadłego oraz odpowiednio miejsce zamieszkania albo siedzibę upadłego;
2) sąd zagraniczny, który ogłosił upadłość;
3) zarządcę zagranicznego przez wskazanie jego imienia i nazwiska albo firmy oraz odpowiednio miejsca zamieszkania albo siedziby;
4) czy uznane postępowanie jest postępowaniem głównym czy ubocznym.

2. W postanowieniu o uznaniu zagranicznego postępowania upadłościowego wzywa się wierzycieli upadłego do zgłoszenia wierzytelności, wskazując termin zgłaszania wierzytelności oraz adres, pod którym wierzytelności należy zgłosić, jak również niezbędne dane, które należy podać w zgłoszeniu, i język zgłoszenia.

Art. 394. [Zakres uznania] 1. Jeżeli przepisy ustawy nie stanowią inaczej, uznanie zagranicznego postępowania upadłościowego obejmuje uznanie wydanych w jego toku orzeczeń dotyczących powołania, odwołania oraz zmiany zarządcy zagranicznego, a także orzeczeń dotyczących toku zagranicznego postępowania upadłościowego, jego zawieszenia i zakończenia.

2. Egzekucja przeciwko upadłemu na podstawie zagranicznych tytułów egzekucyjnych wykonalnych w państwie, w którym zostały wydane w uznanym zagranicznym postępowaniu upadłościowym, w tym na podstawie listy wierzytelności lub innych podobnych dokumentów, jak również egzekucja na podstawie postanowień układu zawartego w uznanym zagranicznym postępowaniu upadłościowym, a także egzekucja na podstawie wyciągów, odpisów i innych podobnych dokumentów wystawionych na podstawie układu zawartego w uznanym postępowaniu upadłościowym może być prowadzona po stwierdzeniu ich wykonalności przez sąd uznający zagraniczne postępowanie upadłościowe.

3. Stwierdzenie wykonalności następuje przez nadanie klauzuli wykonalności na wniosek wierzyciela. Do stwierdzenia istnienia podstaw wykonalności przepis art. 392 stosuje się odpowiednio.

Art. 395. [Zmiana lub uchylenie orzeczenia] 1. Orzeczenie o uznaniu zagranicznego postępowania upadłościowego może być w każdym czasie zmienione lub uchylone w razie późniejszego wykrycia, że nie było podstaw do jego uznania albo podstawy te przestały istnieć.

Art. 393. [Contents of the decision] 1. The decision recognising foreign bankruptcy proceedings shall indicate:

1) the first name and surname or the business name, and - accordingly - the domicile or registered office of the bankrupt,
2) the foreign court which has declared bankruptcy,
3) the foreign representative, by indicating his first name and surname or the business name, and – accordingly – his domicile or its registered office,
4) whether the recognised proceedings are main or secondary proceedings.

2. The decision recognising foreign bankruptcy proceedings shall summon the bankrupt's creditors to file claims, setting the deadline for filing claims and indicating the address at which the claims shall be filed, as well as the necessary data to be given in the filing and the language thereof.

Art. 394. [Scope of recognition] 1. Unless the provisions of this Law state otherwise, the recognition of foreign bankruptcy proceedings shall include the recognition of the judgements issued in the course of the proceedings, concerning the appointment, dismissal and change of the foreign representative, as well as judgements concerning the course of the foreign bankruptcy proceedings, their stay and closure.

2. Execution against the bankrupt under foreign enforcement titles enforceable in the state in which such titles have been issued in the course of the recognised foreign bankruptcy proceedings, in particular under the list of claims or other similar documents, as well as execution under the arrangement made in the recognised foreign bankruptcy proceedings, as well as execution under extracts, copies and other similar documents issued on the basis of the arrangement made in the recognised bankruptcy proceedings may be carried out after their enforceability has been declared by the court recognising the foreign bankruptcy proceedings.

3. The court shall declare enforceability by giving – upon the motion of the creditor – an enforceability clause. Article 392 shall apply accordingly to determination of whether basis for enforceability exists.

Art. 395. [Amending or annulling the decision] 1. The judgement recognising the foreign bankruptcy proceedings may at any time be amended or annulled if it is later revealed that no basis existed for recognition of the foreign bankruptcy proceedings or that the basis ceased to exist.

PrUpadNapr Art. 396–400 Część druga. Przepisy z zakresu międz.

2. Postępowanie w przedmiocie uchylenia lub zmiany orzeczenia o uznaniu zagranicznego postępowania upadłościowego może być wszczęte na wniosek każdego, kogo uznanie może dotyczyć, a także z urzędu.

Art. 396. [Postanowienie o zmianie] 1. W postanowieniu o zmianie orzeczenia o uznaniu zagranicznego postępowania upadłościowego sąd określa zakres zmian, a w szczególności zakres uprawnień zarządcy zagranicznego.

2. W razie pozbawienia zarządcy zagranicznego prawa do prowadzenia postępowań cywilnych, wszczęte przez niego postępowania podlegają umorzeniu, chyba że sąd postanowi, że do postępowań tych może wstąpić inny zarządca zagraniczny albo syndyk albo zarządca ustanowiony w postępowaniu upadłościowym. Przepis ten stosuje się odpowiednio do interwencji ubocznych zgłoszonych przez zarządcę zagranicznego.

Art. 397. [Skutki uznania] 1. Z dniem uznania zagranicznego postępowania upadłościowego, z mocy prawa:
1) ulegają zawieszeniu postępowania sądowe dotyczące majątku upadłego oraz postępowanie egzekucyjne prowadzone do jego majątku; przepisy art. 144–146 stosuje się odpowiednio;
2) upadły traci prawo do zarządzania i rozporządzania swoim majątkiem, chyba że wszczęto postępowanie przewidujące możliwość zawarcia układu i pozostawiono jemu zarząd.

2. Przepis ust. 1 nie wyklucza jednak możliwości wnoszenia powództw przeciwko upadłemu, jeżeli jest to konieczne dla zachowania praw osób trzecich.

Art. 398. [Prawa wierzycieli] Przepis art. 397 nie ogranicza praw wierzycieli do żądania wszczęcia postępowania upadłościowego w Rzeczypospolitej Polskiej oraz do zgłaszania wierzytelności w takim postępowaniu.

Art. 399. [Zabezpieczenie dowodów] Z dniem uznania zagranicznego postępowania upadłościowego, zarówno głównego jak i ubocznego, sąd na wniosek zarządcy zagranicznego może zabezpieczyć dowody, a także wyda postanowienie o zabezpieczeniu majątku upadłego, jeżeli wcześniej nie było wydane.

Art. 400. [Interwenient uboczny] 1. Po uznaniu zagranicznego postępowania upadłościowego zarządca zagraniczny może wystąpić z interwencją uboczną w procesach, w których upadły jest stroną.

2. Proceedings to amend or annul the judgement recognising the foreign bankruptcy proceedings may be opened upon a motion of any person whom the recognition may concern, as well as ex officio.

Art. 396. [Decision to amend] 1. In the decision to amend the judgement recognising the foreign bankruptcy proceedings the court shall determine the scope of changes, in particular the scope of powers of the foreign representative.

2. If the foreign representative is deprived of the right to conduct civil proceedings, the proceedings opened by it shall be discontinued, unless the court decides that another foreign representative or trustee or administrator, appointed in the bankruptcy proceedings, may join in these proceedings. This provision shall apply accordingly to secondary interventions of the foreign representative.

Art. 397. [Effects of recognition] 1. Upon the date the foreign bankruptcy proceedings are recognised, by virtue of law:
1) the court proceedings concerning the bankrupt's assets and execution proceedings conducted against the bankrupt's assets shall be stayed; Articles 144–146 shall apply accordingly;
2) the bankrupt shall lose the right to administer and dispose of its assets, unless proceedings have been opened which include the possibility to make an arrangement and the bankrupt has retained administration.

2. Section 1 shall not exclude the possibility to bring actions against the bankrupt if it is necessary to preserve third party rights.

Art. 398. [Rights of creditors] Article 397 shall not restrict the creditors' rights to request the opening of the bankruptcy proceedings in the Republic of Poland or to file claims in such proceedings.

Art. 399. [Securing evidences] Upon the date of the recognition of the foreign bankruptcy proceedings, main as well as secondary, the court may, upon a motion of the foreign representative, secure the evidence; the court shall issue the decision securing the bankrupt's assets, if not previously issued.

Art. 400. [Secondary intervener] 1. After the recognition of the foreign bankruptcy proceedings, the foreign representative may bring a secondary intervention in the pending actions to which the bankrupt is a party.

2. Po uznaniu zagranicznego postępowania upadłościowego zarządca zagraniczny ma prawo wnosić powództwa o ustalenie nieważności lub o unieważnienie czynności prawnych upadłego dokonanych sprzecznie z prawem lub zasadami współżycia społecznego albo zmierzających do obejścia prawa. Może również wnosić powództwa o uznanie za bezskuteczne czynności prawnych dokonanych z pokrzywdzeniem wierzycieli.

3. Jeżeli zarządca zagraniczny ustanowiony został w ubocznym postępowaniu upadłościowym, uprawnienie, o którym mowa w ust. 1, przysługuje mu tylko w stosunku do mienia objętego tym postępowaniem.

Art. 401. [Spis inwentarza; oszacowanie] 1. Po uznaniu zagranicznego postępowania upadłościowego zarządca zagraniczny sporządza spis inwentarza i oszacowanie, które obejmuje wchodzący do masy upadłości majątek upadłego znajdujący się na terenie Rzeczypospolitej Polskiej. Spis inwentarza wraz z oszacowaniem zarządca zagraniczny składa sądowi uznającemu zagraniczne postępowanie w terminie czterech miesięcy od dnia uprawomocnienia się postanowienia o uznaniu upadłości. O dokonanym spisie i oszacowaniu należy dokonać obwieszczenia. Wnioski o wyłączenie z masy upadłości rozpoznaje sąd uznający zagraniczne postępowanie. Termin do wniesienia takich wniosków wynosi jeden miesiąc od dnia obwieszczenia.

2. Po sporządzeniu spisu inwentarza i oszacowania zarządca zagraniczny składa sądowi uznającemu postępowanie zagraniczne plan likwidacji majątku położonego w Rzeczypospolitej Polskiej oraz ogólną informację o przewidywanym sposobie zaspokojenia wierzycieli, w tym również mających miejsce zamieszkania albo siedzibę w Rzeczypospolitej Polskiej. Na tej podstawie sąd postanowieniem wyda zarządcy zagranicznemu zezwolenie na likwidację majątku upadłego znajdującego się na terenie Rzeczypospolitej Polskiej. Postanowienie to sąd wydaje nie wcześniej niż po upływie terminu, w którym można żądać wyłączenia z masy upadłości. Na postanowienie o odmowie wydania zezwolenia przysługuje zażalenie.

3. Zezwolenie, o którym mowa w ust. 2, nie obejmuje mienia, o które toczy się postępowanie o wyłączenie z masy upadłości. Zarządca zagraniczny jest uprawniony do likwidacji tego mienia dopiero po uprawomocnieniu się wyroku oddalającego powództwo o wyłączenie z masy upadłości lub po umorzeniu postępowania w tej sprawie, a gdy powództwa tego nie wniesiono, po upływie terminu, w którym powództwo takie skarżący mógł wnieść.

2. After the recognition of the foreign bankruptcy proceedings, the foreign representative may bring actions to declare null and void or to invalidate legal acts of the bankrupt which have been performed in breach of the law, principles of community life or which were intended to evade the law. The foreign representative may also bring an action to declare as ineffective legal acts performed to the creditors' detriment.

3. If the foreign representative has been appointed in the secondary bankruptcy proceedings, he shall be vested with the right referred to in Section 1, only in relation to the assets comprised in these proceedings.

Art. 401. [Inventory, appraisal] 1. After the foreign bankruptcy proceedings have been recognised, the foreign representative shall prepare an inventory and appraisal comprising the bankrupt's assets situated within the territory of the Republic of Poland, included in the bankruptcy estate. The foreign representative shall file the inventory and the appraisal with the court recognising the foreign proceedings, within four months of the date on which the decision recognising bankruptcy became valid. The preparation of the inventory and appraisal should be made public by an announcement. The motions for exemptions from the bankruptcy estate shall be considered by the court recognising the foreign proceedings. The time limit to file such motions shall be one month from the date of announcement.

2. After preparing the inventory and appraisal, the foreign representative shall file with the court recognising the foreign proceedings the plan of liquidation of the assets situated in the Republic of Poland and general information on the contemplated method of satisfying the creditors, including those having a domicile or registered office in the Republic of Poland. On the basis of the above, the court shall issue a decision permitting the foreign representative to liquidate the bankrupt's assets situated within the territory of the Republic of Poland. This decision shall be issued not earlier than after the time limit to request exemption from the bankruptcy estate has elapsed. The decision refusing such permission shall be subject to appeal.

3. The permission referred to in Section 2 does not concern the assets included in the proceedings concerning exemption from the bankruptcy estate. The foreign representative shall be entitled to liquidate those assets only after the ruling dismissing an action for exemption from the bankruptcy estate has become valid or after the proceedings in this matter have been discontinued, and if such action had not been brought – after the time limit for bringing such action by the complainant has elapsed.

4. Do ustalenia składu masy upadłości, spisu inwentarza i oszacowania, wyłączeń z masy upadłości, zarządu masą mienia znajdującego się w Rzeczypospolitej Polskiej oraz likwidacji masy upadłości stosuje się przepisy niniejszej ustawy. Sąd uznający zagraniczne postępowanie upadłościowe może zezwolić na likwidację masy upadłości w inny sposób, jeżeli nie narusza to podstawowych zasad porządku prawnego w Rzeczypospolitej Polskiej.

Art. 402. [**Uprawnienia zarządcy zagranicznego**] Po uznaniu zagranicznego postępowania upadłościowego zarządca zagraniczny jest uprawniony do złożenia wniosku o ogłoszenie upadłości oraz do udziału w postępowaniu upadłościowym prowadzonym przez sądy polskie, tak jak wierzyciel.

Art. 403. [**Ocena skutków według prawa polskiego**] 1. W razie uznania zagranicznego postępowania upadłościowego, skutki ogłoszenia upadłości co do majątku upadłego położonego w Rzeczypospolitej Polskiej oraz zobowiązań, które powstały lub mają być wykonywane w Rzeczypospolitej Polskiej, ocenia się według prawa polskiego.

2. Bezskuteczność i zaskarżanie czynności upadłego, dotyczących znajdujących się w Rzeczypospolitej Polskiej składników mienia wchodzącego w skład masy upadłości, ocenia się według prawa polskiego.

Art. 404. [**Zaspokajanie wierzytelności**] Zaspokojenie wierzytelności zabezpieczonych ograniczonymi prawami rzeczowymi na rzeczach znajdujących się w Rzeczypospolitej Polskiej albo wpisanymi do ksiąg wieczystych i rejestrów w Rzeczypospolitej Polskiej następuje według prawa polskiego.

Tytuł IV. Wtórne postępowanie upadłościowe

Art. 405. [**Postępowanie w Polsce**] 1. Uznanie zagranicznego postępowania upadłościowego nie stanowi przeszkody do wszczęcia przez sąd polski postępowania upadłościowego. Jeżeli jednak uznane zostało główne zagraniczne postępowanie upadłościowe, w Rzeczypospolitej Polskiej może być prowadzone wyłącznie postępowanie dotyczące majątku położonego w Rzeczypospolitej Polskiej (wtórne postępowanie upadłościowe).

2. Do postępowania, o którym mowa w ust. 1, stosuje się przepisy tytułu niniejszego.

3. Jeżeli uznane zostało uboczne zagraniczne postępowanie upadłościowe, postępowanie upadłościowe w Rzeczypospolitej Polskiej toczy się na zasadach ogólnych.

4. The provisions of this Law shall apply to the identification of the property of the bankruptcy estate, the inventory and appraisal, the exemptions from the bankruptcy estate, the administration of the assets situated in the Republic of Poland and to the liquidation of the bankruptcy estate. The court recognising the foreign bankruptcy proceedings may allow for the liquidation of the bankruptcy estate in another manner, provided it does not infringe the fundamental principles of the legal order in the Republic of Poland.

Art. 402. [Rights of the foreign representative] After the foreign bankruptcy proceedings have been recognised, the foreign representative may file a petition to declare bankruptcy and to participate in the bankruptcy proceedings conducted by Polish courts, just as the creditor.

Art. 403. [Determination of effects according to Polish law] 1. If the foreign bankruptcy proceedings have been recognised, the effects of the declaration of bankruptcy with regard to the bankrupt's assets situated in the Republic of Poland and to the obligations which have arisen or are to be performed in the Republic of Poland shall be determined according to Polish law.

2. The ineffectiveness of and challenging of the bankrupt's acts related to the assets situated in the Republic of Poland included in the bankruptcy estate shall be determined according to Polish law.

Art. 404. [Satisfaction of claims] Satisfaction of claims secured by limited rights in rem on things situated in the Republic of Poland or entered into land and mortgage registers and other registers in the Republic of Poland shall be performed in accordance with Polish law.

Title IV. Concurrent Bankruptcy Proceedings

Art. 405. [Proceedings in Poland] 1. The recognition of foreign bankruptcy proceedings shall not prevent a Polish court from opening bankruptcy proceedings. However, in the event the main foreign bankruptcy proceedings have been recognised, only proceedings concerning the assets situated in the Republic of Poland may be conducted in the Republic of Poland (concurrent bankruptcy proceedings).

2. The provisions of this Title shall apply to the proceedings referred to in Section 1.

3. If secondary foreign bankruptcy proceedings have been recognised, the bankruptcy proceedings in the Republic of Poland shall be conducted in accordance with general rules.

Art. 406. [Odpowiednie stosowanie przepisów] 1. Przepisy o wtórnym postępowaniu upadłościowym stosuje się również do postępowań upadłościowych wszczętych przed uznaniem zagranicznego postępowania upadłościowego, jeżeli sąd polski uzna zagraniczne postępowanie upadłościowe za główne.

2. W przypadku, o którym mowa w ust. 1, sąd zmienia wydane wcześniej postanowienie o ogłoszeniu upadłości na postanowienie o wszczęciu wtórnego postępowania upadłościowego.

Art. 407. [Wszczęcie postępowania] 1. Sąd wszczyna wtórne postępowanie upadłościowe, jeżeli wnosi o to wierzyciel mający miejsce zamieszkania lub siedzibę w Rzeczypospolitej Polskiej.

2. Wtórne postępowanie upadłościowe może być wszczęte z urzędu, jeżeli wymaga tego ochrona interesów zamieszkałych w Rzeczypospolitej Polskiej wierzycieli ze stosunków pracy oraz wierzycieli, którym przysługuje należność z tytułu odszkodowania za wywołanie choroby, niezdolności do pracy, kalectwa lub śmierci, jak również wierzycieli alimentacyjnych.

Art. 408. [Domniemanie niewypłacalności] W razie uznania głównego zagranicznego postępowania upadłościowego domniemywa się, że dłużnik jest niewypłacalny.

Art. 409. [Zmiana zabezpieczeń] Po wniesieniu wniosku o wszczęcie wtórnego postępowania upadłościowego, jeżeli były ustanowione zabezpieczenia, o których mowa w art. 390 i 399, zmienia się je na zabezpieczenia, o których mowa w art. 39 i 40.

Art. 410. [Przejęcie zarządu majątkiem upadłego] Jeżeli wszczęcie wtórnego postępowania upadłościowego nastąpiło po uznaniu zagranicznego postępowania upadłościowego:
1) zarząd majątkiem upadłego położonym w Rzeczypospolitej Polskiej wykonywany dotychczas przez zarządcę zagranicznego przejmuje syndyk albo zarządca ustanowiony we wtórnym postępowaniu upadłościowym;
2) syndyk albo zarządca wchodzi do spraw sądowych lub administracyjnych prowadzonych przez zarządcę zagranicznego.

Art. 411. [Charakter układu] Jeżeli wtórne postępowanie upadłościowe wszczęto z możliwością zawarcia układu, a w toku postępowania nastąpiła likwidacja upadłego, układ może mieć wyłącznie charakter likwidacyjny.

Art. 406. [*Mutatis mutandis* applicability of other provisions] 1. The provisions on concurrent bankruptcy proceedings shall also apply to the bankruptcy proceedings opened before recognition of foreign bankruptcy proceedings, if the Polish court deems the foreign bankruptcy proceedings as the main proceedings.

2. In the case referred to in Section 1, the court shall convert the decision declaring bankruptcy, issued earlier, into the decision opening the concurrent bankruptcy proceedings.

Art. 407. [Opening proceedings] 1. The court shall open the concurrent bankruptcy proceedings when a creditor having a domicile or registered office in the Republic of Poland so requests.

2. The concurrent bankruptcy proceedings may be opened ex officio when it is required to protect the interests of the creditors domiciled in the Republic of Poland whose claims have arisen under employment relationships and in connection with disease-related pensions, workers' compensation, disability or death benefits and alimonies.

Art. 408. [Presumption of insolvency] If the main foreign bankruptcy proceedings have been recognised, it shall be presumed that the debtor is insolvent.

Art. 409. [Change of security] After the petition to open the concurrent bankruptcy proceedings has been filed, collateral securities established under Articles 390 and 399 shall be changed to the securities referred to in Articles 39 and 40.

Art. 410. [Administration of bankrupt's assets to be taken over] When the concurrent bankruptcy proceedings have been opened after the recognition of the foreign bankruptcy proceedings:
1) the administration of the bankrupt's assets situated in the Republic of Poland, carried out up to that moment by the foreign representative, shall be taken over by the trustee or administrator appointed in the concurrent bankruptcy proceedings,
2) the trustee or administrator shall join in the court or administrative cases conducted by the foreign representative.

Art. 411. [Nature of the arrangement] If the opened concurrent bankruptcy proceedings comprised the possibility to make an arrangement, but in the course of the proceedings the bankrupt's assets were liquidated, the arrangement may only be a liquidation arrangement.

Art. 412. **[Fundusze masy upadłości]** Sumy uzyskane z podziału funduszów masy upadłości pozostałe po zaspokojeniu wierzycieli we wtórnym postępowaniu upadłościowym przekazuje się do głównego zagranicznego postępowania upadłościowego.

Tytuł V. Współpraca z sądami zagranicznymi i zarządcami zagranicznymi

Art. 413. **[Porozumienie sądów]** W sprawach uregulowanych przepisami niniejszej części sąd i sędzia-komisarz mogą porozumieć się bezpośrednio z sądem zagranicznym i zarządcą zagranicznym.

Art. 414. **[Pośrednictwo sędziego-komisarza]** Syndyk, nadzorca sądowy lub zarządca ustanowieni w postępowaniu upadłościowym porozumiewają się z sądem zagranicznym oraz z zarządcą zagranicznym za pośrednictwem sędziego-komisarza.

Art. 415. **[Współpraca z sądem zagranicznym]** 1. W sprawach uregulowanych przepisami niniejszej części sąd i sędzia-komisarz współpracują z sądem zagranicznym i zarządcą zagranicznym.

2. Jeżeli wszczęto w Rzeczypospolitej Polskiej postępowanie upadłościowe, sąd prowadzący to postępowanie podejmuje działania przewidziane w niniejszym tytule.

Art. 416. **[Sprawność postępowań]** W ramach współpracy z sądem zagranicznym i zarządcą zagranicznym sąd i sędzia-komisarz mogą podejmować działania, które zapewniają sprawne prowadzenie postępowań upadłościowych, a w szczególności przekazywać oraz zwracać się o informacje:
1) dotyczące majątku upadłego i miejsca jego położenia, jak również informacje dotyczące spraw sądowych i administracyjnych dotyczących upadłego;
2) o sposobie zabezpieczenia i likwidacji majątku upadłego;
3) o zaspokojeniu poszczególnych wierzycieli.

Art. 417. **[Kilka postępowań]** 1. Jeżeli w Rzeczypospolitej Polskiej wszczęto postępowanie upadłościowe i uznano dwa lub więcej zagraniczne postępowania upadłościowe przeciwko temu samemu upadłemu, sędzia-komisarz określa, jaki majątek dłużnika objęty zostanie poszczególnymi postępowaniami. Na postanowienie sędziego-komisarza przysługuje zażalenie.

Art. 412. [**Bankruptcy estate funds**] The proceeds of the distribution of the bankruptcy estate funds remaining after the creditors have been satisfied in the concurrent bankruptcy proceedings shall be transferred to the main foreign bankruptcy proceedings.

Title V. Co-operation with Foreign Courts and Foreign Representatives

Art. 413. [**Communication between courts**] In matters regulated in this Part, the court and the judge-commissioner may directly communicate with the foreign court and the foreign representative.

Art. 414. [**Communication through judge-commissioner**] The trustee, court supervisor or administrator appointed in the bankruptcy proceedings shall communicate with the foreign court and the foreign representative through the judge-commissioner.

Art. 415. [**Co-operation with foreign courts**] 1. In matters regulated in this Part, the court and the judge-commissioner shall co-operate with the foreign court and the foreign representative.

2. If bankruptcy proceedings have been opened in the Republic of Poland, the court conducting these proceedings shall take the actions set forth in this Title.

Art. 416. [**Efficiency of proceedings**] Within the scope of the co-operation with the foreign court and the foreign representative, the court and the judge-commissioner may take actions which shall ensure the efficient conduct of the bankruptcy proceedings, in particular the court and the judge-commissioner may pass and request information:
1) concerning the bankrupt's assets and their location, as well as information on the court and administrative cases concerning the bankrupt,
2) on the manner of securing and liquidating the bankrupt's assets, and
3) on the satisfaction of particular creditors.

Art. 417. [**Several proceedings**] 1. If in the Republic of Poland bankruptcy proceedings have been opened, and two or more foreign bankruptcy proceedings against the same bankrupt have been recognised, the judge-commissioner shall determine which assets of the debtor shall be included in the particular proceedings. The decision of the judge-commissioner shall be subject to appeal.

2. Jeżeli w Rzeczypospolitej Polskiej nie zostało wszczęte postępowanie upadłościowe obejmujące majątek należący do podmiotu, wobec którego prowadzone są zagraniczne postępowania upadłościowe, postanowienie, o którym mowa w ust. 1, wydaje sąd, który uznał zagraniczne postępowanie upadłościowe. Przepisy tytułu II stosuje się.

Część trzecia. Odrębne postępowania upadłościowe

Tytuł I. Postępowanie upadłościowe wszczęte po śmierci niewypłacalnego dłużnika

Art. 418. [Upadłość po śmierci przedsiębiorcy] Jeżeli wniosek o ogłoszenie upadłości wobec przedsiębiorcy lub osoby, o której mowa w art. 8 lub art. 9, złożono po ich śmierci, postępowanie upadłościowe prowadzone jest według przepisów zawartych w tytule niniejszym.

Art. 419. [Ustanowienie kuratora] 1. Jeżeli w postępowaniu nie bierze udziału spadkobierca, którego prawa zostały stwierdzone prawomocnym postanowieniem o stwierdzeniu nabycia spadku, albo kurator spadku, sąd w postanowieniu o ogłoszeniu upadłości ustanowi kuratora, do którego stosuje się przepis art. 187. Po ogłoszeniu upadłości orzeczenie o powołaniu lub zmianie kuratora wydaje sędzia-komisarz.

2. W razie zbycia spadku przed ogłoszeniem upadłości postępowanie prowadzi się z udziałem nabywcy spadku, do którego stosuje się przepisy dotyczące upadłego.

Art. 420. [Stosowanie przepisów] W sprawach objętych przepisami niniejszego tytułu postępowanie upadłościowe prowadzone jest według przepisów o postępowaniu upadłościowym obejmującym likwidację majątku upadłego.

Art. 421. [Skład masy upadłości] Do masy upadłości wchodzą aktywa spadku po zmarłym dłużniku.

Art. 422. [Bezskuteczność zapisów i poleceń] Ustanowienie wykonawcy testamentu oraz zapisy i polecenia są bezskuteczne wobec masy upadłości.

Art. 423. [Terminy] Przepisy art. 127–130 stosuje się do czynności upadłego, dokonanych na sześć miesięcy przed jego śmiercią.

Art. 424. [Skutki prawne przejęcia spadku] W razie ogłoszenia upadłości w sprawach objętych przepisami niniejszego tytułu skutki prawne związane z przyjęciem spadku powstają po zakończeniu postępowania upadłościowego.

2. If in the Republic of Poland no bankruptcy proceedings have been opened comprising the assets belonging to an entity against whom foreign bankruptcy proceedings are being conducted, the decision referred to in Section 1 shall be issued by the court which has recognised the foreign bankruptcy proceedings. The provisions of Title II shall apply.

Part Three. Special Bankruptcy Proceedings

Title I. Bankruptcy Proceedings Opened after the Death Of an Insolvent Debtor

Art. 418. [**Bankruptcy after the death of the entrepreneur**] If the petition to declare bankruptcy concerning an entrepreneur or a person referred to in Article 8 or 9 was filed after their death, the bankruptcy proceedings shall be conducted in accordance with the provisions set forth in this Title.

Art. 419. [**Appointment of a curator**] 1. If an heir whose rights have been ascertained under a valid decision confirming entitlement to the inheritance estate or an administrator of the inheritance estate do not participate in the proceedings, the court, in the decision declaring bankruptcy, shall appoint a curator, to whom Article 187 shall apply. After the declaration of bankruptcy, the judgement on appointing or changing the curator shall be issued by the judge-commissioner.

2. If the inheritance estate is alienated before the declaration of bankruptcy, the proceedings shall be conducted with the participation of the acquirer of the inheritance estate, to which the provisions concerning the bankrupt shall apply.

Art. 420. [**Applicability of other provisions**] In the cases governed by the provisions of this Title the bankruptcy proceedings shall be conducted in accordance with the provisions concerning the bankruptcy proceedings which include the liquidation of the bankrupt's assets.

Art. 421. [**Composition of the bankruptcy estate**] The bankruptcy estate shall include assets of the inheritance estate of the deceased debtor.

Art. 422. [**Ineffectiveness of legacies and instructions**] The appointment of an executor, as well as legacies and instructions, shall be ineffective with respect to the bankruptcy estate.

Art. 423. [**Time limits**] Articles 127–130 shall apply to the acts of the bankrupt performed in the last six months prior to his death.

Art. 424. [**Legal effects of acceptance of succession**] If bankruptcy is declared, in matters not governed by the provisions of this Title the legal effects connected with the acceptance of succession shall arise after the closure of the bankruptcy proceedings.

Art. 425. [**Tytuł egzekucyjny przeciwko spadkobiercy**] Po zakończeniu albo umorzeniu postępowania upadłościowego wyciąg z zatwierdzonej listy wierzytelności, zawierający oznaczenie wierzytelności oraz sumy na jej poczet otrzymane przez wierzyciela, jest tytułem egzekucyjnym przeciwko spadkobiercy.

Tytuł II. Postępowanie upadłościowe wobec banków

Dział I. Przepisy ogólne

Art. 426. [**Zgłoszenie wniosku**] 1. Wniosek o ogłoszenie upadłości banku może zgłosić tylko Komisja Nadzoru Bankowego.

2. W postępowaniu upadłościowym wobec banku nie stosuje się przepisów art. 38–43.

Art. 427. [**Wysłuchanie członków zarządu banku**] 1. Przed ogłoszeniem upadłości banku, sąd wysłuchuje co do podstaw ogłoszenia upadłości oraz co do osoby syndyka, nadzorcy sądowego albo zarządcy: przedstawiciela Komisji Nadzoru Bankowego, przedstawiciela Bankowego Funduszu Gwarancyjnego, prezesa oraz innych członków ostatniego zarządu albo zarządu komisarycznego, względnie likwidatora banku, którego dotyczy wniosek. W przypadku postępowania dotyczącego upadłości banku państwowego lub banku będącego podmiotem zależnym od Skarbu Państwa, sąd wysłuchuje także przedstawiciela ministra właściwego do spraw Skarbu Państwa.

2. Sąd może odstąpić od wysłuchania prezesa oraz innych członków zarządu banku, jeżeli ich wysłuchanie spowodowałoby zwłokę w rozpoznaniu sprawy.

3. Syndykiem może być także inny bank.

4. O ogłoszeniu upadłości orzeka sąd najpóźniej w terminie miesiąca od otrzymania wniosku.

Art. 428. [**Dopuszczalność oddalenia wniosku**] 1. Wniosek o ogłoszenie upadłości banku nie może być oddalony z przyczyn, o których mowa w art. 13 ust. 1 i 2.

2. Przepisu art. 361 pkt 1 nie stosuje się.

3. W przypadkach, o których mowa w ust. 1 i 2, koszty postępowania pokrywa Narodowy Bank Polski.

Art. 429. [**Upadłość z możliwością zawarcia układu**] 1. Sąd ogłasza upadłość banku z możliwością zawarcia układu.

Art. 425. [Enforcement title against heirs] After closure or discontinuance of the bankruptcy proceedings the extract from the approved list of claims, containing the specification of the claim and the amount received on its account by the creditor, shall represent an enforcement title against the heir.

Title II. Bankruptcy Proceedings against Banks

Division I. General Provisions

Art. 426. [Filling the petition] 1. The petition to declare bankruptcy of a bank may be filed only by the Commission for Banking Supervision.

2. Articles 38–43 shall not apply to bankruptcy proceedings against a bank.

Art. 427. [Hearing of members of the bank's management board] 1. Before declaring bankruptcy of a bank, the court shall hear a representative of the Commission for Banking Supervision, a representative of the Bank Guarantee Fund, the president and other members of the last management board or the compulsory administration, or the liquidator of the bank with regard to which the petition was filed, with respect to the basis for declaring bankruptcy, as well as with respect the trustee, court supervisor or administrator. In the case of proceedings concerning the bankruptcy of a state-owned bank or a bank which is a dependent entity of the State Treasury, the court shall also hear the representative of the minister appropriate for the State Treasury.

2. The court may decide not to hear the president and other members of the management board of the bank if their hearing would delay the case.

3. Another bank may also be the trustee.

4. The court shall decide on the declaration of bankruptcy not later than within one month of the day it received the petition.

Art. 428. [Admissibility of dismissing the petition] 1. The petition to declare bankruptcy of a bank may not be dismissed due to the reasons referred to in Article 13.1 and 13.2.

2. Article 361 Subsection 1 shall not apply.

3. In the cases referred to in Sections 1 and 2 the costs of the proceedings shall be borne by the National Bank of Poland.

Art. 429. [Bankruptcy with a possibility to make an arrangement] 1. The court shall declare bankruptcy of a bank with the possibility to make an arrangement.

2. Przepisów o wstępnym zgromadzeniu wierzycieli nie stosuje się.

3. W postanowieniu o ogłoszeniu upadłości sąd ustanawia kuratora do reprezentowania banku w postępowaniu upadłościowym. Do kuratora stosuje się przepisy art. 187 ust. 3 i 4.

Art. 430. [BFG uczestnikiem postępowania] 1. Bankowy Fundusz Gwarancyjny jest uczestnikiem postępowania upadłościowego.

2. Wypłaty środków gwarantowanych dokonuje syndyk albo zarządca w imieniu i na rachunek Bankowego Funduszu Gwarancyjnego zgodnie z odrębnymi przepisami.

3. Przepis ust. 2 stosuje się do kuratora ustanowionego zgodnie z art. 429 ust. 3, jeżeli powierzono mu zarząd masą upadłości.

Art. 431. [Zaspokojenie wierzytelności bez zgłoszenia] Wierzytelności, o których mowa w art. 2 pkt 2 ustawy z dnia 14 grudnia 1994 r. o Bankowym Funduszu Gwarancyjnym (Dz.U. z 2000 r. Nr 9, poz. 131, Nr 86, poz. 958, Nr 119, poz. 1252 i Nr 122, poz. 1316 oraz z 2001 r. Nr 154, poz. 1802), zaspokaja się bez ich zgłoszenia do masy upadłości.

Art. 432. [Sprawozdania] Sprawozdania, o których mowa w art. 168, syndyk, nadzorca sądowy albo zarządca przekazuje do wiadomości Komisji Nadzoru Bankowego i Bankowemu Funduszowi Gwarancyjnemu.

Art. 433. [Skutki ogłoszenia upadłości] Z dniem ogłoszenia upadłości:
1) organy zarządzające i nadzorcze banku ulegają rozwiązaniu;
2) wygasają zarząd komisaryczny, powołanie likwidatora oraz uprawnienia kuratora ustanowionego na podstawie art. 144 ust. 1 ustawy z dnia 29 sierpnia 1997 r. – Prawo bankowe (Dz.U. z 2002 r. Nr 72, poz. 665, Nr 126, poz. 1070, Nr 141, poz. 1178, Nr 144, poz. 1208, Nr 153, poz. 1271, Nr 169, poz. 1385 i 1387 i Nr 241, poz. 2074 oraz z 2003 r. Nr 50, poz. 424);
3) wygasają wszelkie uprawnienia osób wchodzących w skład organów banku do odpraw pieniężnych, jak też do wynagrodzenia za okres po ogłoszeniu upadłości.

Art. 434. [Rozwiązanie umów] Z dniem ogłoszenia upadłości ulegają rozwiązaniu:
1) umowy rachunku bankowego; oprocentowanie rachunków bankowych jest naliczane do dnia ogłoszenia upadłości;

2. The provisions on the preliminary meeting of creditors shall not apply.

3. In the decision on declaring bankruptcy the court shall appoint a curator to represent the bank in the bankruptcy proceedings. Article 187.3 and 187.4 shall apply to the curator.

Art. 430. [BGF as a party to proceedings] 1. The Bank Guarantee Fund shall be a party to the bankruptcy proceedings.

2. The guaranteed funds shall be disbursed by the trustee or administrator in the name and on of behalf of the Bank Guarantee Fund in accordance with separate provisions.

3. Section 2 shall apply to the curator appointed under Article 429.3, provided it has been entrusted with the administration of the bankruptcy estate.

Art. 431. [Satisfaction of claims without filing] The claims referred to in Article 2 Subsection 2 of the Law of 14 December 1994 on the Bank Guarantee Fund (Journal of Laws of 2000, No. 9, Item 131, No. 86, Item 958, No. 119, Item 1252, and No. 122, Item 1316; and of 2001, No. 154, Item 1802) shall be satisfied without the need to file them to the bankruptcy estate.

Art. 432. [Reports] The trustee, court supervisor or administrator shall submit the reports referred to in Article 168 to the Commission for Bank Supervision and to the Bank Guarantee Fund.

Art. 433. [Effects of declaring bankruptcy] Upon the date bankruptcy is declared:
1) the managing and supervisory bodies of the bank shall be dissolved;
2) the compulsory administration, appointment of the liquidator and the powers of the curator appointed under Article 144.1 of the Act of 29 August 1997 - Banking Law (Journal of Laws of 2002, No. 72, Item 665, No. 126, Item 1070, No. 141, Item 1178, No. 144, Item 1208, No. 153, Item 1271, No. 169, Item 1385 and 1387 and No. 241, Item 2074; and of 2003, No. 50, Item 424) shall expire;
3) all rights of persons making up the authorities of the banks to severance pay, as well as to remuneration for the period after the declaration of bankruptcy, shall expire.

Art. 434. [Termination of agreements] Upon the date bankruptcy is declared the following shall be terminated:
1) bank account agreements; the interest on the deposits shall be calculated until the date bankruptcy is declared;

2) umowy kredytu i pożyczki, jeżeli do dnia ogłoszenia upadłości nie nastąpiło oddanie środków pieniężnych do dyspozycji kredytobiorcy (pożyczkobiorcy);

3) umowy poręczenia, gwarancji bankowych i akredytyw, jeżeli do dnia ogłoszenia upadłości bank nie otrzymał prowizji z tytułu tych czynności;

4) umowy o udostępnienie skrytek sejfowych oraz umowy przechowania, z tym że wydanie przedmiotów i papierów wartościowych powinno nastąpić w terminie uzgodnionym z oddającym na przechowanie.

Art. 435. [Czynności syndyka] 1. Syndyk albo zarządca obowiązany jest do wykonywania czynności związanych z wypłatą środków gwarantowanych przez Bankowy Fundusz Gwarancyjny, określonych w przepisach odrębnych.

2. Koszty czynności, o których mowa w ust. 1, zalicza się do kosztów postępowania upadłościowego.

Art. 436. [Podmioty zgłaszające propozycje układowe] 1. Propozycje układowe mogą złożyć także akcjonariusze (członkowie) reprezentujący dwie trzecie kapitału zakładowego banku w formie spółki akcyjnej lub funduszu udziałowego banku spółdzielczego, jak również bank zrzeszający, którego bank spółdzielczy jest akcjonariuszem.

2. Przed zatwierdzeniem układu sąd zasięga opinii Komisji Nadzoru Bankowego.

Art. 437. [Postanowienie o likwidacji majątku banku] 1. Jeżeli nie doszło do zawarcia układu, sąd zmienia postanowienie o ogłoszeniu upadłości z możliwością zawarcia układu na postanowienie obejmujące likwidację majątku banku.

2. Warunki nabycia przedsiębiorstwa bankowego przez inne banki oraz termin składania ofert określa sędzia-komisarz po zasięgnięciu opinii Komisji Nadzoru Bankowego.

3. Postanowienie zatwierdzające wybór oferty sędzia-komisarz wydaje po zasięgnięciu opinii Komisji Nadzoru Bankowego.

Art. 438. [Sprzedaż banku] 1. Nabywca przedsiębiorstwa bankowego przejmuje zobowiązania z tytułu rachunków bankowych.

2. Po zawarciu umowy sprzedaży przedsiębiorstwa bankowego syndyk zgłasza niezwłocznie sprzedaż banku do rejestru, w którym bank jest wpisany.

2) bank credit and loan agreements, if by the date bankruptcy is declared the funds have not been disbursed to the borrower;

3) suretyship, bank guarantee agreements and letters of credit, if by the date bankruptcy is declared the bank has not yet received the commission due under these agreements;

4) the agreements on providing safe-deposit boxes and on safe-keeping; items and securities shall be returned on the date agreed upon with the depositor.

Art. 435. [Actions of the trustee] 1. The trustee or the administrator shall take actions connected with the disbursement of funds guaranteed by the Bank Guarantee Fund, specified in separate provisions.

2. The costs of the actions referred to in Section 1 shall be added to the costs of the bankruptcy proceedings.

Art. 436. [Entities submitting arrangement proposals] 1. The arrangement proposals may be also submitted by the shareholders (members) representing two thirds of the share capital of a bank being a joint stock company or a share fund of a co-operative bank, as well as by the associating bank, of which the co-operative bank is a shareholder.

2. Before approving the arrangement the court shall seek the opinion of the Commission for Banking Supervision.

Art. 437. [Decision on liquidation of bank's assets] 1. If an arrangement has not been made, the court shall convert the decision declaring bankruptcy with the possibility to make an arrangement into the decision declaring bankruptcy with liquidation of the bank's assets.

2. The terms and conditions of aquisition of the bank enterprise by other banks and the time limit to submit offers shall be set by the judge-commissioner after seeking the opinion of the Commission for Banking Supervision.

3. The judge-commissioner shall issue the decision approving the selection of the winning offer after seeking the opinion of the Commission for Banking Supervision.

Art. 438. [Sale of bank] 1. The acquirer of the bank enterprise shall assume the obligations related to bank accounts.

2. After concluding the agreement for the sale of the bank enterprise, the trustee shall without delay notify the register in which the bank is registered about the sale of the bank.

Art. 439. **[Sprzedaż części]** Jeżeli przedsiębiorstwo bankowe nie jest sprzedane w całości, syndyk za zezwoleniem sędziego-komisarza przystąpi do sprzedaży poszczególnych składników majątku upadłego banku.

Art. 440. **[Zaspokojenie wierzytelności i należności]** 1. Zaspokojenie wierzytelności i należności przypadających od upadłego banku, nieobjętych przepisem art. 438 ust. 1, następuje zgodnie z art. 342.

2. Należności Bankowego Funduszu Gwarancyjnego z tytułu przekazania kwot na wypłatę środków gwarantowanych, o których mowa w art. 430 ust. 2, ulegają zaspokojeniu w kategorii pierwszej bezpośrednio po kosztach postępowania upadłościowego oraz po zaspokojeniu należności za pracę.

3. Wierzytelności z rachunków bankowych ulegają zaspokojeniu po zaspokojeniu należności, o których mowa w ust. 2.

Art. 441. **[Ograniczone prawa rzeczowe]** Jeżeli wierzytelności i należności od upadłego były zabezpieczone ograniczonymi prawami rzeczowymi, ich zaspokojenie następuje zgodnie z art. 345 i 346.

Dział II. Postępowanie upadłościowe wobec banków hipotecznych

Art. 442. **[Osobna masa upadłości]** W razie ogłoszenia upadłości banku hipotecznego wierzytelności, prawa i środki, o których mowa w art. 18 ust. 3 i 4 ustawy z dnia 29 sierpnia 1997 r. o listach zastawnych i bankach hipotecznych (Dz.U. Nr 140, poz. 940, z 1998 r. Nr 107, poz. 669, z 2000 r. Nr 6, poz. 70 i Nr 60, poz. 702, z 2001 r. Nr 15, poz. 148 i Nr 39, poz. 459 oraz z 2002 r. Nr 126, poz. 1070 i Nr 153, poz. 1271), wpisane do rejestru zabezpieczenia listów zastawnych, tworzą osobną masę upadłości, która służy przede wszystkim zaspokojeniu roszczeń wierzycieli z listów zastawnych; po zaspokojeniu roszczeń wierzycieli z listów zastawnych nadwyżkę środków z osobnej masy zalicza się do masy upadłości.

Art. 443. **[Kurator]** 1. W postanowieniu o ogłoszeniu upadłości sąd ustanowi kuratora dla reprezentowania w postępowaniu praw posiadaczy listów zastawnych. Przed ustanowieniem kuratora sąd zasięga opinii Komisji Nadzoru Bankowego co do osoby kuratora.

2. Do kuratora, o którym mowa w ust. 1, stosuje się odpowiednio przepisy art. 187 ust. 3 i 4 oraz przepisy o sprawozdaniach syndyka.

Art. 444. **[Czynności kuratora]** Kurator zgłasza do masy upadłości:

Art. 439. **[Sale of a part]** When the bank enterprise has not been sold as a whole, the trustee shall, upon the consent of the judge-commissioner, proceed to sell particular assets of the bankrupt bank.

Art. 440. **[Satisfaction of claims and amounts]** 1. The satisfaction of claims and amounts due from the bankrupt bank not governed by the Article 438.1 shall be performed in accordance with Article 342.

2. The claims of the Bank Guarantee Fund related to the amounts disbursed to the bankrupt bank for the payment of the guaranteed funds, referred to in Article 430.2 shall be satisfied within class one, immediately after the costs of the bankruptcy proceedings and the claims connected with remuneration for work have been satisfied.

3. The claims related to the bank accounts shall be satisfied after the claims referred to in Section 2 have been satisfied.

Art. 441. **[Limited rights in rem]** If claims and amounts due from the bankrupt were secured by limited rights in rem, they shall be satisfied in accordance with Articles 345 and 346.

Division II. Bankruptcy Proceedings against Mortgage Banks

Art. 442. **[Separate bankruptcy estate]** If bankruptcy of a mortgage bank is declared, the claims, rights and means referred to in Article 18.3 and 18.4 of the Law of 29 August 1997 on Mortgage Bonds and Mortgage Banks (Journal of Laws No. 140, Item 940; of 1998, No. 107 Item 669; of 2000, No. 6, Item 70 and No. 60, Item 702; of 2001, No. 15, Item 148, No. 39, item 459; and of 2002, No. 126, Item 1070 and No. 153, Item 1271), recorded in the mortgage bonds cover register, shall constitute a separate bankruptcy estate, which shall serve in the first place to satisfy the claims of mortgage bond creditors; after satisfying the mortgage bonds creditors, the surplus of the assets of the separate estate shall be allocated to the bankruptcy estate.

Art. 443. **[Curator]** 1. In the decision declaring bankruptcy the court shall appoint a curator to represent the mortgage bondholders in the proceedings. Before appointing the curator, the court shall seek the opinion of the Commission for Banking Supervision with respect to the proposed curator.

2. Article 187.3 and 187.4 and the provisions on the trustee's reports shall apply accordingly to the curator, referred to in Section 1.

Art. 444. **[Acts of curator]** The curator shall file the following with the bankruptcy estate:

1) ogólną sumę nominalną nieumorzonych do dnia ogłoszenia upadłości listów zastawnych, których termin płatności przypada przed tym dniem, oraz ogólną sumę niezapłaconych odsetek;

2) ogólną sumę nominalną listów zastawnych oraz odsetek płatnych po dniu ogłoszenia upadłości, oraz premii przewidzianych w planie.

Art. 445. [Dostęp do informacji] 1. Syndyk, nadzorca sądowy oraz zarządca udzielą kuratorowi wszelkich potrzebnych mu informacji. Kurator ma prawo przeglądać księgi i dokumenty upadłego banku.

2. Na zgromadzeniu wierzycieli kurator ma prawo głosu tylko w sprawach, które mogą mieć wpływ na prawa posiadaczy listów zastawnych.

Art. 446. [Terminy wymagalności] Ogłoszenie upadłości banku hipotecznego nie narusza terminów wymagalności jego zobowiązań wobec wierzycieli z listów zastawnych.

Art. 447. [Sprzedaż składników mienia] 1. Likwidację osobnej masy upadłości syndyk przeprowadza z udziałem kuratora.

2. W razie wyrażenia zgody przez radę wierzycieli lub sędziego-komisarza na sprzedaż z wolnej ręki mienia wchodzącego w skład osobnej masy upadłości sprzedaż wymaga zgody kuratora.

3. Składniki mienia wpisane do rejestru zabezpieczenia hipotecznych listów zastawnych sprzedaje się innemu bankowi hipotecznemu, chyba że nie jest to możliwe albo że cena oferowana przez inne banki hipoteczne jest znacznie niższa od kwot, które można uzyskać ze ściągnięcia należności zabezpieczonych i pozostałych składników. Sprzedaż tych składników powoduje przejście na nabywcę zobowiązań upadłego banku wobec wierzycieli z hipotecznych listów zastawnych. Na przejście to zgoda wierzycieli z hipotecznych listów zastawnych nie jest wymagana. Na sprzedaż składników mienia wymagana jest zgoda kuratora. O dokonanej sprzedaży należy obwieścić.

4. Przepis ust. 3 stosuje się odpowiednio do sprzedaży składników mienia wpisanych do rejestru zabezpieczenia publicznych listów zastawnych.

5. Umowa sprzedaży wierzytelności zabezpieczonej hipoteką, o której mowa w ust. 2, stanowi podstawę wpisu w księdze wieczystej.

Art. 448. [Kolejność zaspokojenia] Z osobnej masy upadłości zaspokaja się kolejno:

1) the total nominal sum of the mortgage bonds which were not redeemed by the date bankruptcy was declared and the payment date of which was due before that date, and the total amount of unpaid interest,
2) the total nominal sum of the mortgage bonds and the interest, payable after the date bankruptcy is declared and the premiums provided for under the plan.

Art. 445. [Access to information] 1. The trustee, court supervisor and the administrator shall furnish the curator with all necessary information. The curator shall have the right to inspect the books and documents of the bankrupt bank.

2. At the meeting of creditors the curator shall have the right to vote only in matters which may affect the rights of the mortgage bondholders.

Art. 446. [Due dates of obligations] The declaration of bankruptcy of a mortgage bank shall not affect the due dates of its obligations towards mortgage bonds creditors.

Art. 447. [Sale of assets] 1. The trustee shall liquidate the separate bankruptcy estate with the participation of the curator.

2. If the creditors' committee or the judge - commissioner consents to the unrestricted sale of the assets of the separate bankruptcy estate, the sale shall require the authorisation of the curator.

3. Assets recorded in the mortgage bonds cover register shall be sold to another mortgage bank, unless it is not possible or unless the price quoted by other mortgage banks is significantly lower than the sums which may be obtained by way of executing the secured claims and other assets. The sale of these assets results in the purchaser assuming the obligations of the bankrupt bank towards the mortgage bonds creditors. The consent of the mortgage bonds creditors to such assumption shall not be required. The consent of the curator shall be required for the sale of the assets. The effected sale shall be subject to an announcement.

4. Section 3 shall apply accordingly to the sale of the assets recorded in the public mortgage bonds cover register.

5. The agreement for the sale of a claim secured by mortgage referred to in Section 2 shall serve as the basis for recording entries in the land and mortgage register.

Art. 448. [Distribution scheme] The following order shall apply to the satisfaction from the separate bankruptcy estate:

1) koszty likwidacji tej masy, które obejmują także wynagrodzenie kuratora;
2) należności posiadaczy listów zastawnych i listy zastawne według ich wartości nominalnej;
3) odsetki (kupony).

Art. 449. [Podział funduszów masy upadłości] Jeżeli osobna masa upadłości nie wystarcza na pełne zaspokojenie posiadaczy listów zastawnych, pozostała suma podlega zaspokojeniu w podziale funduszów masy upadłości; z tą sumą kurator głosuje przy zawarciu układu, przy czym przysługuje mu jeden głos od każdej sumy, która wynika z podziału sumy wszystkich innych wierzytelności, uprawnionych do głosowania, przez liczbę wierzycieli, którzy reprezentują te wierzytelności. Sumę na zaspokojenie posiadaczy listów zastawnych z funduszu masy upadłości przekazuje się do funduszu osobnej masy upadłości.

Art. 450. [Umorzenie listów zastawnych] Nie można wprowadzać do obiegu listów zastawnych emitowanych przez upadłego, które są jego własnością. Listy takie podlegają umorzeniu.

Dział III. Postępowanie upadłościowe wobec zagranicznych banków, instytucji kredytowych oraz ich oddziałów

Rozdział 1. Przepisy ogólne

Art. 451. [Zakres stosowania] Przepisy niniejszego działu stosuje się w przypadku:
1) ogłoszenia upadłości banku krajowego, jeżeli prowadzi on działalność także za granicą Rzeczypospolitej Polskiej w państwie lub państwach członkowskich Unii Europejskiej;
2) ogłoszenia upadłości, otwarcia postępowania układowego lub innego podobnego postępowania wobec oddziału banku zagranicznego lub instytucji kredytowej, jeżeli prowadzą one działalność w Rzeczypospolitej Polskiej;
3) ogłoszenia upadłości, otwarcia postępowania układowego lub innego podobnego postępowania wobec oddziału banku zagranicznego, jeżeli bank zagraniczny prowadzi działalność w Rzeczypospolitej Polskiej oraz w co najmniej jednym innym państwie członkowskim Unii Europejskiej.

Art. 452. [Objaśnienia pojęć] 1. Ilekroć w ustawie jest mowa o „banku krajowym", „banku zagranicznym", „instytucji kredytowej", „oddziale banku krajowego", „oddziale banku zagranicznego" i „oddziale instytucji kredytowej" – rozumie się przez to instytucje określone w przepisach prawa bankowego.

1) the costs of liquidation of this estate, including also the remuneration of the curator,
2) the amounts due to the mortgage bondholders and the mortgage bonds per their nominal value,
3) interest (coupons).

Art. 449. [Distribution of bankruptcy estate funds] When the separate bankruptcy estate does not suffice to fully satisfy the mortgage bondholders, the remaining balance shall be satisfied by the distribution of the bankruptcy estate funds; with that sum the curator shall vote when the arrangement is being adopted; the curator shall have, however, one vote per each sum resulting from the division of the total of all other claims giving the right to vote by the number of creditors who hold those claims. The amount for satisfying the mortgage bondholders shall be transferred from the bankruptcy estate funds to the separate bankruptcy estate funds.

Art. 450. [Redemption of mortgage bonds] Mortgage bonds issued by the bankrupt and which are the bankrupt's property may not be traded. Such bonds shall be redeemed.

Division III. Bankruptcy Proceedings with Respect to Foreign Banks, Credit Institutions and Their Branches

Chapter 1. General Provisions

Art. 451. [Scope of application] The provisions of this Division shall apply in the event of:
1) the declaration of bankruptcy of a domestic bank, provided it also operates outside the Republic of Poland, in a member state or states of the European Union,
2) the declaration of bankruptcy, opening of arrangement proceedings or other similar proceedings against a branch of a foreign bank or credit institution, provided they operate in the Republic of Poland,
3) the declaration of bankruptcy, opening of arrangement proceedings or other similar proceedings against a branch of a foreign bank, provided the foreign bank operates in the Republic of Poland and in at least one other member state of the European Union.

Art. 452. [Definitions] 1. Whenever the terms "domestic bank", "foreign bank", "credit institution", "branch of a domestic bank ", "branch of a foreign bank", and "branch of a credit institution" are mentioned in this Law, these terms shall mean the institutions specified in the banking law.

2. Użyte w niniejszym dziale określenia oznaczają:

1) „sąd zagraniczny" – sąd lub inny organ uprawniony do prowadzenia lub nadzorowania postępowania upadłościowego, układowego lub innego podobnego postępowania w innym państwie członkowskim Unii Europejskiej;

2) „zarządca zagraniczny" – osobę lub podmiot wyznaczony w zagranicznym postępowaniu upadłościowym, układowym lub innym podobnym postępowaniu do zarządzania, reorganizowania lub likwidacji majątku dłużnika, ustanowiony zgodnie z prawem obowiązującym w innym państwie członkowskim Unii Europejskiej.

Art. 453. [Wyłączenie stosowania] W stosunku do oddziałów instytucji kredytowych prowadzących działalność na terytorium Rzeczypospolitej Polskiej przepisu art. 382 nie stosuje się.

Art. 454. [Uznanie z mocy prawa] Zagraniczne postępowanie upadłościowe, postępowanie układowe lub inne podobne postępowanie prowadzone wobec instytucji kredytowych podlega uznaniu z mocy prawa, jeżeli postępowanie wszczął właściwy sąd zagraniczny w państwie Unii Europejskiej, w którym instytucja kredytowa ma siedzibę.

Art. 455. [Skład masy upadłości] W skład masy upadłości wchodzi mienie upadłego znajdujące się na terytorium państwa członkowskiego Unii Europejskiej. Nie dotyczy to ogłoszenia upadłości oddziału banku zagranicznego.

Rozdział 2. Postępowanie

Art. 456. [Wszczęcie postępowania] 1. Sąd, który ogłosił upadłość banku krajowego lub oddziału banku zagranicznego, powiadamia o tym niezwłocznie właściwe organy państwa członkowskiego Unii Europejskiej, w którym znajduje się oddział banku krajowego, albo inny oddział banku zagranicznego, informując o skutkach ogłoszenia upadłości.

2. Jeżeli wszczęcie postępowania, o którym mowa w ust. 1, może wpływać na prawa osób trzecich w państwie będącym członkiem Unii Europejskiej albo gdy takim osobom przysługuje zażalenie na postanowienie o ogłoszeniu upadłości, postanowienie to podlega obwieszczeniu w Dzienniku Urzędowym Wspólnot Europejskich oraz w dwóch czasopismach o zasięgu ogólnokrajowym w każdym państwie, w którym znajduje się oddział banku. Termin do wniesienia zażalenia liczy się od dnia obwieszczenia w Dzienniku Urzędowym Wspólnot Europejskich.

2. For the purposes of this Division:
1) "foreign court" – shall mean a court or authority empowered to conduct or supervise the bankruptcy or arrangement proceedings or other similar proceedings in another member state of the European Union,
2) "foreign representative" – shall mean a person or body, appointed in the foreign bankruptcy or arrangement proceedings or other similar proceedings, whose function is to administer, reorganise or liquidate the debtor's assets, appointed in accordance with the laws of another member state of the European Union.

Art. 453. [Exclusion of applicability] Article 382 shall not apply to branches of credit institutions operating within the territory of the Republic of Poland.

Art. 454. [Recognition by virtue of law] Foreign bankruptcy proceedings, arrangement proceedings or other similar proceedings conducted against credit institutions shall be recognised by virtue of law if the proceedings were opened by the competent foreign court in the member state of the European Union where the credit institution has its registered office.

Art. 455. [Property of the bankruptcy estate] The bankruptcy estate shall include the bankrupt's assets situated in the member state of the European Union. This shall not apply to the declaration of bankruptcy of the branch of a foreign bank.

Chapter 2. Proceedings

Art. 456. [Opening of proceedings] 1. The court which has declared the bankruptcy of a domestic bank or a branch of a foreign bank shall without delay give notice to the competent authorities of the member state of the European Union, where the branch of the domestic bank or other branch of the foreign bank is located, informing about the effects of the declaration of bankruptcy.

2. If the opening of the proceedings referred to in Section 1 is likely to affect the rights of third parties in a member state of the European Union or if an appeal may be brought by such parties against the decision declaring bankruptcy, such decision is subject to an announcement in the Official Journal of the European Communities and in two national newspapers in each member state where the branch of the bank is located. The time limit for bringing the appeal shall be calculated from the date of announcement in the Official Journal of the European Communities.

3. Obwieszczenie, o którym mowa w ust. 2, jest dokonywane w języku lub jednym z języków urzędowych państwa, w którym jest zamieszczane. W obwieszczeniu należy określić cel i podstawy prawne ogłoszenia upadłości, termin wniesienia zażalenia oraz adres sądu właściwego do jego rozpoznania wraz z adresem sądu, za pośrednictwem którego wnosi się zażalenie.

Art. 457. [Zgłaszanie wierzytelności] 1. Wezwanie do zgłaszania wierzytelności przez wierzycieli zamieszkałych lub mających siedzibę w państwie członkowskim Unii Europejskiej powinno zawierać nagłówek o treści: „Wezwanie do zgłaszania wierzytelności. Termin zgłoszenia". Wezwanie powinno wskazywać termin zgłoszenia wierzytelności, skutki jego uchybienia, zawierać informację, czy wierzyciele posiadający wierzytelności uprzywilejowane lub zabezpieczone rzeczowo muszą dokonać zgłoszenia wierzytelności, a także określać obowiązek załączenia dowodów stwierdzających istnienie wierzytelności.

2. Wierzyciel zamieszkały lub mający siedzibę w państwie członkowskim Unii Europejskiej może zgłosić wierzytelność w języku urzędowym lub jednym z języków urzędowych państwa, w którym ma miejsce zamieszkania albo siedzibę, jednakże co najmniej nagłówek „Zgłoszenie wierzytelności" powinien być wyrażony w języku polskim. Sąd może zażądać uwierzytelnionego tłumaczenia zgłoszenia na język polski.

Art. 458. [Równe prawa wierzycieli] 1. Wierzyciele upadłościowi banku lub instytucji kredytowej mający miejsce zamieszkania albo siedzibę w państwie członkowskim Unii Europejskiej mają w postępowaniu takie same prawa jak wierzyciele krajowi.

2. Zagraniczne należności publicznoprawne zaspokaja się w kategorii czwartej.

Art. 459. [Urzędowe poświadczenie uprawnień] 1. W przypadku ogłoszenia upadłości, otwarcia postępowania układowego lub innego podobnego postępowania w stosunku do instytucji kredytowej, mającej oddział na terytorium Rzeczypospolitej Polskiej, zarządca zagraniczny zamierzający wykonywać swe czynności w Rzeczypospolitej Polskiej obowiązany jest wykazać swe uprawnienia urzędowo poświadczonym odpisem orzeczenia lub decyzji o jego ustanowieniu wraz z uwierzytelnionym tłumaczeniem na język polski.

2. Zarządca zagraniczny, o którym mowa w ust. 1, korzysta w zakresie swych czynności urzędowych w Rzeczypospolitej Polskiej z takich samych uprawnień, jakie przysługują mu w państwie, w którym został powołany.

3. The announcement referred to in Section 2 shall be published in the official language or one of the official languages of the state where it is published. The purpose and the legal basis for declaring bankruptcy, the time limit for bringing an appeal, address of the court competent to consider an appeal, as well as the address of the court through which the appeal shall be brought shall be specified in the announcement.

Art. 457. [Filing claims] 1. The invitation to file claims by creditors who have their domicile or registered office in a member state of the European Union shall bear the heading 'Invitation to lodge a claim. Time limits to be observed.' The invitation shall specify the time limits for filing a claim, the effects of their expiration, information on whether the creditors whose claims are preferential or secured in rem need file their claim, as well as indicate the obligation to append documents proving the existence of the claim.

2. A creditor who has its domicile or registered office in a member state of the European Union may file the claim in the official language or one of the official languages of the state where it has its domicile or registered office, but at least the heading 'Lodgement of claim' shall be in Polish. The court may request a certified translation of the filing into Polish.

Art. 458. [Equal rights of creditors] 1. The bankruptcy creditors of a bank or credit institution who have their domicile or registered office in a member state of the European Union shall have, in the proceedings, the same rights as domestic creditors.

2. Foreign public levies shall be satisfied within class four.

Art. 459. [Official certification of powers] 1. In the case of the declaration of bankruptcy, opening arrangement proceedings or other similar proceedings conducted against a credit institution which has a branch within the territory of the Republic of Poland, the foreign representative who wishes to act in the Republic of Poland shall prove his powers by an officially certified copy of a judgement or decision on his appointment, with a certified translation into Polish.

2. The foreign representative referred to in Section 1 shall be entitled to exercise in the Republic of Poland all the powers to which he is entitled in the state of his appointment.

3. Zarządca zagraniczny obowiązany jest wystąpić z wnioskiem o ujawnienie ogłoszenia upadłości, otwarcia postępowania układowego lub innego podobnego postępowania w księgach wieczystych, Krajowym Rejestrze Sądowym i innych rejestrach prowadzonych w Rzeczypospolitej Polskiej. Z żądaniem takim wystąpić mogą właściwe organy sądowe lub administracyjne państwa, w którym ogłoszono upadłość, otwarto postępowanie układowe lub wszczęto inne podobne postępowanie. Koszty poniesione w związku z tym ujawnieniem wchodzą w skład kosztów postępowania.

Rozdział 3. Prawo właściwe oraz skutki ogłoszenia upadłości

Art. 460. [Prawo polskie] W postępowaniu upadłościowym wszczętym w Rzeczypospolitej Polskiej stosuje się prawo polskie, o ile przepisy niniejszego rozdziału nie stanowią inaczej.

Art. 461. [Prawo właściwe] 1. Stosunki pracy pracowników zatrudnionych na terytorium innego państwa członkowskiego Unii Europejskiej podlegają prawu właściwemu dla umowy o pracę.

2. Uznanie danej rzeczy za nieruchomość ocenia się według prawa miejsca położenia rzeczy.

3. Do umów mających za przedmiot korzystanie albo nabycie nieruchomości położonej na terytorium innego państwa członkowskiego Unii Europejskiej stosuje się prawo państwa, w którym nieruchomość jest położona.

4. Prawa dotyczące nieruchomości położonej na terytorium innego państwa członkowskiego Unii Europejskiej oraz statku morskiego lub powietrznego, wpisanych do rejestru, podlegają prawu państwa, w którym prowadzony jest rejestr.

Art. 462. [Prawa osób trzecich] 1. Ogłoszenie upadłości nie narusza praw wierzycieli i osób trzecich ciążących na rzeczy i innego mienia upadłego położonego na terytorium innego państwa członkowskiego Unii Europejskiej, nie wyłączając zorganizowanych części tego mienia, a w szczególności prawa do rozporządzenia mieniem w celu zaspokojenia należności lub prawa do zaspokojenia należności z pożytków, które mienie przynosi, prawa zastawu i hipoteki, prawa do żądania wydania mienia od osób, we władaniu których się ono znajduje wbrew woli uprawnionego, prawa do powierniczego korzystania z mienia.

2. Przepis ust. 1 stosuje się do praw i roszczeń osobistych, wpisanych do ksiąg wieczystych i innych rejestrów publicznych, których realizacja prowadzi do powstania praw wymienionych w ust. 1.

3. The foreign representative shall apply to have the declaration of bankruptcy, opening of arrangement proceedings or other similar proceedings recorded in the land and mortgage register, the National Court Register and other registers kept in the Republic of Poland. The same application may be filed by competent court or administrative authorities of the state where bankruptcy has been declared or arrangement proceedings or other similar proceedings have been opened. The costs of registration shall be added to the costs of the proceedings.

Chapter 3. Law Applicable and the Effects of the Declaration of Bankruptcy

Art. 460. [Polish law] In the bankruptcy proceedings opened in the Republic of Poland the Polish law shall apply, unless the provisions of this Chapter state otherwise.

Art. 461. [Applicable law] 1. Employment relationships of the employees employed within the territory of another member state of the European Union shall be governed by the law applicable to the employment contract.

2. The establishment of whether a thing is real property shall be governed by the law of the place where the thing is situated.

3. Agreements conferring the right to use or acquire real property situated within the territory of another member state of the European Union shall be governed by the law of that state where the real property is situated.

4. The rights concerning real property situated within the territory of another member state of the European Union and a sea vessel or aircraft, recorded in a register, shall be governed by the law of that state in which the register is kept.

Art. 462. [Rights of third parties] 1. A declaration of bankruptcy shall not affect the rights of creditors and third parties in respect of things and other assets situated within the territory of another member state of the European Union, not excluding organised parts of those assets, in particular the right to dispose of the assets to satisfy a claim or the right to satisfy the amounts from the profits produced by the assets, the right of pledge and mortgage, the right to demand assets from anyone having possession of them contrary to the wishes of the party so entitled and the right to fiduciary use of the assets.

2. Section 1 shall apply to personal rights and claims recorded in land and mortgage registers and other public registers, which – if exercised – give rise to the rights listed in Section 1.

3. Przepisy ust. 1 i 2 nie wyłączają możliwości żądania w drodze powództwa stwierdzenia nieważności czynności prawnej lub uznania za bezskuteczną czynności prawnej dokonanej z pokrzywdzeniem wierzycieli.

Art. 463. [**Zastrzeżenie prawa własności sprzedawcy**] 1. Zastrzeżenie w umowie sprzedaży prawa własności na rzecz sprzedawcy nie wygasa wskutek ogłoszenia upadłości banku krajowego będącego nabywcą przedmiotu umowy, jeżeli w chwili ogłoszenia upadłości przedmiot umowy znajdował się na terytorium innego państwa członkowskiego Unii Europejskiej.

2. Ogłoszenie upadłości banku krajowego będącego zbywcą składnika mienia nie może być podstawą do odstąpienia od umowy sprzedaży, jeżeli wydanie przedmiotu sprzedaży nastąpiło przed ogłoszeniem upadłości, a w chwili ogłoszenia upadłości przedmiot sprzedaży znajdował się za granicą.

3. Przepisy ust. 1 i 2 nie wyłączają możliwości żądania w drodze powództwa stwierdzenia nieważności czynności prawnej lub uznania za bezskuteczną czynności prawnej dokonanej z pokrzywdzeniem wierzycieli.

Art. 464. [**Wykonanie praw**] Wykonywanie praw, których powstanie, istnienie lub zbycie wymaga dokonania wpisu do ksiąg lub rejestrów, ujawnienia na rachunku albo złożenia do centralnego depozytu, podlega prawu państwa, w którym księgi lub rejestry, rachunki albo depozyty są prowadzone.

Art. 465. [**Prawo odkupu**] Z zastrzeżeniem art. 464, prawo odkupu podlega prawu właściwemu dla zobowiązań umownych, mającemu zastosowanie do umowy, z której prawo to wynika.

Art. 466. [**Zobowiązania umowne**] Z zastrzeżeniem art. 464, do umów zawieranych w ramach transakcji na rynku regulowanym w rozumieniu przepisów prawa o publicznym obrocie papierami wartościowymi stosuje się prawo właściwe dla zobowiązań umownych, mające zastosowanie do transakcji zawieranych na tym rynku.

Art. 467. [**Kompensowanie**] Czynność kompensowania podlega prawu właściwemu dla zobowiązań umownych, mającemu zastosowanie do tych umów.

3. Sections 1 and 2 shall not preclude the right to bring an action to declare null and void or ineffective a legal act made to the creditors' detriment.

Art. 463. [Reservation of ownership] 1. The reservation of the right of ownership stipulated in a sale agreement for the benefit of the seller shall not expire due to the declaration of bankruptcy of a domestic bank which is a purchaser of the object of the agreement if at the moment bankruptcy is declared the object of the agreement was situated within the territory of another member state of the European Union.

2. A declaration of bankruptcy of a domestic bank alienating an asset shall not constitute a basis for a rescission of the sale agreement if the object of sale had been released before bankruptcy was declared and at the time bankruptcy was declared the object of sale was situated abroad.

3. Sections 1 and 2 shall not preclude the right to bring an action to declare null and void or ineffective a legal act made to the creditors' detriment.

Art. 464. [Exercising of rights] The exercising of rights, the creation, existence or disposal of which requires their being entered in records or registers, an account or centralised deposit system shall be governed by the law of the state where the records or registers, accounts or deposits, are kept.

Art. 465. [Right of repurchase] Subject to Article 464, the right of repurchase shall be governed by the law of contractual obligations applicable to the agreement under which this right has been created.

Art. 466. [Contractual obligations] Subject to Article 464, transactions carried out on the regulated market within the meaning of the law on public trading in securities shall be governed by the law of contractual obligations applicable to such transactions.

Art. 467. [Netting] Netting agreements shall be governed by the law of contractual obligations applicable to such agreements.

Art. 468. **[Skuteczność czynności prawnej]** Skuteczność i ważność czynności prawnej rozporządzającej w stosunku do nieruchomości, statku morskiego lub powietrznego, podlegającego wpisowi do rejestru, albo w stosunku do praw, których powstanie, istnienie lub zbycie wymaga dokonania wpisu do ksiąg lub rejestrów, ujawnienia na rachunku albo złożenia do centralnego depozytu, dokonanej przez upadłego po ogłoszeniu upadłości podlega prawu państwa, w którym nieruchomość jest położona lub w którym prowadzone są księgi, rejestry, rachunki albo depozyty.

Art. 469. **[Wyłączenia]** Przepisów o nieważności i bezskuteczności czynności prawnej dokonanej z pokrzywdzeniem wierzycieli nie stosuje się, gdy prawo właściwe dla tej czynności nie przewiduje bezskuteczności czynności dokonanych z pokrzywdzeniem wierzycieli.

Art. 470. **[Prawo państwa orzekającego]** Wpływ ogłoszenia upadłości na postępowanie sądowe toczące się przed sądem państwa członkowskiego Unii Europejskiej ocenia się według prawa państwa, w którym postępowanie się toczy.

Tytuł III. Postępowanie upadłościowe wobec zakładów ubezpieczeń

Dział I. Przepisy ogólne

Art. 471. **[Uczestnik postępowania]** 1. Wniosek o ogłoszenie upadłości zakładu ubezpieczeń może zgłosić także Komisja Nadzoru Ubezpieczeń i Funduszy Emerytalnych, zwana dalej „Komisją".

2. Komisja jest uczestnikiem postępowania.

Art. 472. **[Syndyk]** 1. Przed ogłoszeniem upadłości zakładu ubezpieczeń sąd zasięga opinii Komisji co do osoby syndyka. Syndyk powinien posiadać znajomość organizacji i zasad działania zakładów ubezpieczeń. Syndykiem może być inny zakład ubezpieczeń.

2. Syndyk przedkłada Komisji co najmniej raz w roku sprawozdanie ze swoich czynności oraz sprawozdanie rachunkowe, po jego zatwierdzeniu przez sędziego-komisarza.

3. Syndyk o ogłoszeniu upadłości zawiadamia znanych mu wierzycieli, którzy udzielili upadłemu kredytu.

Art. 473. **[Kurator]** 1. W postanowieniu o ogłoszeniu upadłości sąd po zasięgnięciu opinii Komisji ustanawia kuratora do reprezentowania w postępowaniu upadłościowym interesów osób ubezpieczających, ubezpieczonych, uposażonych lub uprawnionych z umów ubezpieczenia.

Art. 468. **[Effectiveness of legal acts]** The effectiveness and validity of a legal act disposing of real property, sea vessel or aircraft, subject to recording in a register, or disposing of rights, the creation, existence or disposal of which requires their being entered in records or registers, an account or centralised deposit system, performed by the bankrupt after the declaration of bankruptcy, shall be governed by the law of the state where the real property is situated or where the records, registers, accounts or deposits are kept.

Art. 469. **[Exclusions]** The provisions on the invalidity and ineffectiveness of a legal act performed to the creditors' detriment shall not apply when the law applicable to that act does not provide for the invalidity or ineffectiveness of acts performed to the creditors' detriment.

Art. 470. **[Laws of the state where proceedings are pending]** The effects of a declaration of bankruptcy on court proceedings pending before a court in a member state of the European Union, shall be determined in accordance with the laws of the state where the proceedings are pending.

Title III. Bankruptcy Proceedings against Insurance Undertakings

Division I. General Provisions

Art. 471. **[Party to proceedings]** 1. The petition to declare bankruptcy of an insurance undertaking may be also filed by the Insurance and Pension Funds Supervisory Commission, hereinafter referred to as 'the Commission'.

2. The Commission shall be a party to the proceedings.

Art. 472. **[Trustee]** 1. Before declaring bankruptcy of an insurance undertaking the court shall seek the opinion of the Commission with regard to the trustee. The trustee shall be knowledgeable in the organisation of and the rules of operation of insurance undertakings. Another insurance undertaking may also be the trustee.

2. At least once a year the trustee shall submit a report to the Commission on its activities and a financial report approved by the judge-commissioner.

3. Known creditors who have extended credit to the bankrupt shall be notified by the trustee of the declaration of bankruptcy.

Art. 473. **[Curator]** 1. In the decision declaring bankruptcy, the court, after seeking the opinion of the Commission, shall appoint a curator to represent in the bankruptcy proceedings the interests of the insuring and insured persons and beneficiaries under insurance contracts.

PrUpadNapr Art. 474–477 Część trzecia. Odrębne postępowania ...

2. Do kuratora, o którym mowa w niniejszym dziale, stosuje się odpowiednio przepisy art. 187 ust. 3 i 4 oraz przepisy o sprawozdaniach syndyka.

3. Kuratorowi przysługuje wynagrodzenie w wysokości ustalonej przez sędziego-komisarza na wniosek Komisji. Wynagrodzenie wypłaca się z funduszów masy upadłości i zalicza się do kosztów postępowania upadłościowego.

Art. 474. [**Dostęp do informacji**] 1. Syndyk, nadzorca sądowy oraz zarządca udzielają kuratorowi wszelkich potrzebnych mu wiadomości. Kurator ma prawo przeglądać księgi i dokumenty upadłego. Na zgromadzeniu wierzycieli kurator ma prawo głosu tylko w sprawach, które mogą mieć wpływ na prawa ubezpieczonych.

2. Kurator ma prawo wnoszenia środków zaskarżenia w imieniu własnym na rzecz osób ubezpieczonych, upoważnionych i uprawnionych z umów ubezpieczenia, oraz jest uprawniony do zawarcia umowy o przeniesienie portfela ubezpieczeń do innego zakładu z możliwością obniżenia sum ubezpieczenia lub wysokości wypłacanych odszkodowań lub świadczeń. W przypadku zatwierdzenia przez Komisję umowy o przeniesienie portfela, kurator ogłasza niezwłocznie jej treść trzykrotnie w dzienniku o zasięgu ogólnopolskim.

3. Ubezpieczonym nie przysługuje prawo sprzeciwu co do zawarcia umowy o przeniesienie portfela ubezpieczeń.

4. Do umowy o przeniesienie portfela ubezpieczeń zawartej przez kuratora stosuje się przepisy odrębne o przeniesieniu portfela ubezpieczeń.

Art. 475. [**Wyłączenie stosowania**] Do ubezpieczonych, uposażonych lub uprawnionych z umów ubezpieczenia przepisu art. 232 nie stosuje się.

Art. 476. [**Wygaśnięcie umów ubezpieczenia**] Umowy ubezpieczenia zawarte przez upadły zakład ubezpieczeń wygasają, jeżeli kurator nie zawarł umowy o przeniesienie portfela:
1) z umów obowiązkowych oraz umów ubezpieczenia na życie, w terminie trzech miesięcy od ogłoszenia upadłości;
2) z innych umów w terminie miesiąca od dnia ogłoszenia upadłości.

Art. 477. [**Osobna masa upadłości**] 1. Z dniem ogłoszenia upadłości aktywa stanowiące pokrycie rezerw techniczno-ubezpieczeniowych upadłego zakładu ubezpieczeń tworzą osobną masę upadłości przeznaczoną na zaspokojenie roszczeń z tytułu umów ubezpieczenia oraz kosztów likwidacji tej masy.

2. Article 187.3 and 187.4 and the provisions on the trustee's reports shall apply accordingly to the curator referred to in this Division.

3. The curator shall be entitled to remuneration in the amount fixed by the judge-commissioner upon a motion of the Commission. The remuneration shall be paid out from the bankruptcy estate funds and shall be added to the costs of the bankruptcy proceedings.

Art. 474. [Access to information] 1. The trustee, court supervisor and the administrator shall furnish the curator with all necessary information. The curator shall have the right to inspect the books and documents of the bankrupt. At the meeting of creditors the curator shall have the right to vote only in matters which may affect the rights of the insured persons.

2. The curator may file appeals in its own name, but on behalf of the insured persons and beneficiaries under the insurance contracts, and it shall be entitled to conclude an agreement on transferring the insurance portfolio to another insurance undertaking, including the possibility of reducing the insurance amount or the amount of payable indemnities and benefits. If the Commission approves the agreement to transfer the portfolio, the curator shall without delay announce the contents of the agreement three times in a national daily newspaper.

3. The insured persons shall have no right to object against the conclusion of the agreement to transfer the insurance portfolio.

4. Separate provisions governing the transfer of the insurance portfolio shall apply to the agreement to transfer the insurance portfolio concluded by the curator.

Art. 475. [Exclusion of applicability] Article 232 shall not apply to the insured persons and beneficiaries under the insurance contract.

Art. 476. [Expiry of insurance contracts] The insurance contracts concluded by the bankrupt insurance undertaking shall expire if the curator has not concluded the agreement to transfer the portfolio:
1) of the compulsory insurance and life insurance contracts – within three months of the date bankruptcy is declared,
2) of other contracts – within one month of the date bankruptcy is declared.

Art. 477. [Separate bankruptcy estate] 1. Upon the date bankruptcy is declared the assets constituting the coverage of technical provisions of the bankrupt insurance undertaking shall constitute a separate bankruptcy estate assigned for satisfying claims under the insurance contracts and the costs of liquidating that estate.

2. Likwidację osobnej masy upadłości przeprowadza syndyk z udziałem kuratora.

3. W razie wyrażenia zgody przez radę wierzycieli lub sędziego-komisarza na sprzedaż z wolnej ręki mienia wchodzącego w skład osobnej masy upadłości sprzedaż wymaga zgody kuratora.

Art. 478. [Kolejność zaspokojenia] 1. Z osobnej masy upadłości zaspokaja się kolejno:
1) koszty likwidacji osobnej masy upadłości;
2) wierzytelności z umów ubezpieczenia.

2. Niezaspokojone z osobnej masy upadłości wierzytelności z umów ubezpieczenia umieszcza się w planie podziału funduszów masy upadłości w odrębnej kategorii, zaspokajanej po kategorii pierwszej, określonej w art. 342.

3. Niezaspokojone w postępowaniu upadłościowym należności osób pokrzywdzonych i uprawnionych z tytułu ubezpieczeń obowiązkowych zaspokaja Ubezpieczeniowy Fundusz Gwarancyjny i Polskie Biuro Ubezpieczeń Komunikacyjnych według odrębnych przepisów.

Art. 479. [Zaspokojenie roszczeń przez Fundusz] W razie oddalenia wniosku o ogłoszenie upadłości zakładu ubezpieczeń z przyczyny, o której mowa w art. 13 ust. 1, jak również w razie umorzenia postępowania upadłościowego, Ubezpieczeniowy Fundusz Gwarancyjny zaspokaja roszczenia osób poszkodowanych i uprawnionych, w trybie i na zasadach określonych w odrębnych przepisach.

Art. 480. [Układ] Przy zawieraniu układu kurator głosuje sumą wierzytelności ubezpieczonych niezaspokojonych z osobnej masy upadłości, przy czym przysługuje mu jeden głos od każdej sumy, która wynika z podziału sumy wszystkich innych wierzytelności uprawniających do głosowania przez liczbę wierzycieli, którzy reprezentują te wierzytelności.

2. The trustee shall liquidate the separate bankruptcy estate with the participation of the curator.

3. If the creditors' committee or the judge - commissioner consents to the unrestricted sale of the assets of the separate bankruptcy estate, the sale shall require the authorisation of the curator.

Art. 478. [Distribution scheme] 1. The following order shall apply to the satisfaction from the separate bankruptcy estate:
1) the costs of liquidation of this estate,
2) the amounts due under insurance contracts.

2. The claims under insurance contracts which have not been satisfied from the separate bankruptcy estate shall be included in the distribution plan of the bankruptcy estate funds in a separate class, to be satisfied after class one specified in Article 342.

3. The claims of the injured persons and persons entitled under compulsory insurance which have not been satisfied in the bankruptcy proceedings shall be satisfied by the Insurance Guarantee Fund and the Polish Motor Insurance Bureau in accordance with separate provisions.

Art. 479. [Satisfaction of claims by the Fund] If the petition to declare bankruptcy of an insurance undertaking is dismissed due to the reason referred to in Article 13.1 or if the bankruptcy proceedings are discontinued, the Insurance Guarantee Fund shall satisfy the claims of the injured and entitled persons in the manner and according to the rules set forth in separate provisions.

Art. 480. [Arrangement] When the arrangement is being adopted, the curator shall vote with the sum of the insured persons' claims which have not been satisfied from the separate bankruptcy estate; it shall have, however, one vote per each sum resulting from the division of the total of all other claims giving the right to vote by the number of creditors who hold those claims.

Dział II. Postępowanie upadłościowe wobec mających siedzibę w państwach członkowskich Unii Europejskiej zakładów ubezpieczeń oraz ich oddziałów

Art. 481. [Odpowiednie stosowanie] Przepisy art. 454–470 stosuje się odpowiednio w przypadku ogłoszenia upadłości krajowego zakładu ubezpieczeń, jeżeli prowadzi on działalność także za granicą Rzeczypospolitej Polskiej w państwie lub państwach członkowskich Unii Europejskiej, oraz w przypadku ogłoszenia upadłości, otwarcia postępowania układowego lub innego podobnego postępowania wobec zagranicznego zakładu ubezpieczeń mającego siedzibę lub oddział w państwie członkowskim Unii Europejskiej, jeżeli prowadzi on działalność w Rzeczypospolitej Polskiej, lub ogłoszenia upadłości, otwarcia postępowania układowego lub innego podobnego postępowania wobec oddziału zakładu ubezpieczeń mającego siedzibę w państwie niebędącym członkiem Unii Europejskiej.

Art. 482. [Objaśnienie pojęć] Użyte w art. 481 określenia oznaczają:

1) „krajowy zakład ubezpieczeń" – przedsiębiorcę mającego siedzibę na terenie Rzeczypospolitej Polskiej, który uzyskał zezwolenie na wykonywanie działalności ubezpieczeniowej w rozumieniu odrębnych przepisów;

2) „oddział krajowego zakładu ubezpieczeń" – jednostkę organizacyjną krajowego zakładu ubezpieczeń, wykonującą w jego imieniu i na jego rzecz wszystkie lub niektóre czynności wynikające z zezwolenia udzielonego krajowemu zakładowi ubezpieczeń;

3) „zagraniczny zakład ubezpieczeń" – przedsiębiorcę mającego siedzibę za granicą Rzeczypospolitej Polskiej, wykonującego działalność ubezpieczeniową w rozumieniu odrębnych przepisów;

4) „oddział zagranicznego zakładu ubezpieczeń" – jednostkę organizacyjną zagranicznego zakładu ubezpieczeń, wykonującą w jego imieniu i na jego rzecz działalność ubezpieczeniową.

Tytuł IV. Postępowanie upadłościowe wobec emitentów obligacji

Art. 483. [Zakres stosowania] 1. Przepisy niniejszego działu stosuje się w razie ogłoszenia upadłości podmiotu emitującego obligacje, jeżeli na zabezpieczenie praw z obligacji ustanowiono zabezpieczenie na majątku emitenta.

2. Przepisów niniejszego działu nie stosuje się w razie ogłoszenia upadłości emitenta obligacji przychodowych, jeżeli emitent w treści obligacji ograniczył swą odpowiedzialność do kwoty przychodów lub wartości majątku przedsięwzięcia. Środki przeznaczone na zaspokojenie praw obligatariuszy z takich obligacji nie wchodzą do masy upadłości, a roszczenia obligatariuszy nie podlegają zaspokojeniu w postępowaniu upadłościowym.

Division II. Bankruptcy Proceedings against Insurance Undertakings Having Their Registered Office in Member States of the European Union and Their Branches

Art. 481. [*Mutatis mutandis* **applicability of other provisions**] Articles 454– 470 shall apply accordingly in the case of a declaration of bankruptcy of a domestic insurance undertaking, provided that it also operates outside the Republic of Poland in a member state or states of the European Union and in the case of a declaration of bankruptcy, opening of arrangement proceedings or other similar proceedings against a foreign insurance undertaking that has its registered office or branch in a member state of the European Union, provided that it operates in the Republic of Poland, or in the case of a declaration of bankruptcy, opening of arrangement proceedings or other similar proceedings against a branch of an insurance undertaking which has its registered office in a non-EU state.

Art. 482. [**Definitions**] The terms used in Article 481 shall have the following meaning:

1) "domestic insurance undertaking" – an entrepreneur having its registered office within the territory of the Republic of Poland which has received official authorisation to carry on an insurance business within the meaning of separate provisions,

2) "branch of a domestic insurance undertaking" – an organisational unit of a domestic insurance undertaking, which performs in the name and on behalf of the undertaking all or some of the activities resulting from the authorisation granted to the domestic insurance undertaking,

3) "foreign insurance undertaking" – an entrepreneur having its registered office outside the Republic of Poland carrying on an insurance business within the meaning of separate provisions,

4) "branch of a foreign insurance undertaking" – an organisational unit of a foreign insurance undertaking, which performs an insurance business in the name and on behalf of the undertaking.

Title IV. Bankruptcy Proceedings against Bond Issuers

Art. 483. [**Scope of application**] 1. This Title shall apply in the case of a declaration of bankruptcy of a bond issuer if bonds have been secured on the assets of the issuer.

2. This Title shall not apply in the case of a declaration of bankruptcy of an issuer of revenue bonds when in the bond the issuer has limited its liability to the amount of revenue or the value of the project's property. The funds assigned to satisfy the rights of bondholders from these bonds shall not be included in the bankruptcy estate and the bondholders' claims shall not be satisfied in the bankruptcy proceedings.

Art. 484. [Ustanowienie kuratora] Dla reprezentowania praw obligatariuszy sąd ustanawia kuratora. Kuratorem może być także bank, z którym upadły zawarł umowę o reprezentowanie obligatariuszy wobec emitenta.

Art. 485. [Odpowiednie stosowanie] Do kuratora, o którym mowa w niniejszym tytule, stosuje się odpowiednio przepisy art. 187 ust. 3 i 4 oraz przepisy o sprawozdaniach syndyka.

Art. 486. [Dostęp do informacji] 1. Syndyk, nadzorca sądowy oraz zarządca udzielają kuratorowi wszelkich potrzebnych mu wiadomości. Kurator ma prawo przeglądać księgi i dokumenty upadłego. Na zgromadzeniu wierzycieli kurator ma prawo głosu tylko w sprawach, które mogą mieć wpływ na prawa obligatariuszy.

2. Przy zawieraniu układu kurator głosuje sumą wierzytelności obligatariuszy niezaspokojonych z osobnej masy upadłości, przy czym przysługuje mu jeden głos od każdej sumy, która wynika z podziału sumy wszystkich innych wierzytelności uprawniających do głosowania przez liczbę wierzycieli, którzy reprezentują te wierzytelności.

Art. 487. [Zgłoszenie do masy upadłości] 1. Kurator zgłasza do masy upadłości:
1) ogólną sumę nominalną nieumorzonych do dnia ogłoszenia upadłości obligacji, których termin płatności przypada przed tym dniem, oraz ogólną sumę niezapłaconych odsetek od tych obligacji;
2) ogólną sumę obligacji oraz odsetek płatnych po dniu ogłoszenia upadłości.

2. W zgłoszeniu należy wymienić składniki majątku emitenta, na których ustanowiono zabezpieczenie praw obligatariuszy.

Art. 488. [Osobna masa upadłości] 1. Przedmiot zabezpieczenia praw z obligacji tworzy osobną masę upadłości przeznaczoną na zaspokojenie praw obligatariuszy.

2. Likwidację osobnej masy upadłości przeprowadza syndyk z udziałem kuratora.

3. W razie wyrażenia zgody przez radę wierzycieli lub sędziego-komisarza na sprzedaż z wolnej ręki mienia wchodzącego w skład osobnej masy upadłości sprzedaż wymaga zgody kuratora.

Art. 489. [Kolejność zaspokojenia] Z osobnej masy upadłości zaspokaja się kolejno:

Art. 484. [**Appointment of curator**] The court shall appoint a curator to represent the rights of the bondholders. The curator may also be the bank with whom the bankrupt entered into an agreement to represent the bondholders towards the issuer.

Art. 485. [*Mutatis mutandis* **applicability of other provisions**] Article 187.3 and 187.4 and the provisions on the trustee's reports shall apply accordingly to the curator, referred to in this Title.

Art. 486. [**Access to information**] 1. The trustee, court supervisor and the administrator shall furnish the curator with all necessary information. The curator shall have the right to inspect the books and documents of the bankrupt. At the meeting of creditors the curator shall have the right to vote only in matters which may affect the rights of the bondholders.

2. When the arrangement is being adopted the curator shall vote with the sum of the bondholders' claims which have not been satisfied from the separate bankruptcy estate; it shall have, however, one vote per each sum resulting from the division of the total of all other claims giving the right to vote, by the number of creditors who hold those claims.

Art. 487. [**Filing to the bankruptcy estate**] 1. The curator shall file the following with the bankruptcy estate:
1) the total nominal sum of the bonds which were not redeemed by the date bankruptcy was declared and the payment date of which was due before that date, and the total amount of unpaid interest,
2) the total nominal sum of the bonds and the interest, payable after the date of bankruptcy is declared.

2. The filing shall indicate the issuer's assets on which the security of the bondholders' rights has been established.

Art. 488. [**Separate bankruptcy estate**] 1. The object of the bond security shall constitute a separate bankruptcy estate assigned to satisfy the bondholders' rights.

2. The trustee shall liquidate the separate bankruptcy estate with the participation of the curator.

3. If the creditors' committee or the judge-commissioner consents to the unrestricted sale of the assets of the separate bankruptcy estate, the sale shall require the authorisation of the curator.

Art. 489. [**Distribution scheme**] The following order shall apply to the satisfaction from the separate bankruptcy estate:

1) koszty likwidacji tej masy, które obejmują także wynagrodzenie kuratora;
2) należności obligatariuszy w nominalnej ich cenie;
3) odsetki (kupony).

Art. 490. [Zaspokojenie z funduszu upadłości] Jeżeli osobna masa upadłości nie wystarczy na pełne zaspokojenie należności obligatariuszy, należności niezaspokojone podlegają zaspokojeniu z funduszu masy upadłości.

Art. 491. [Umorzenie obligacji] Nie można wprowadzać do obiegu obligacji emitowanych przez upadłego, które są jego własnością. Obligacje takie podlegają umorzeniu.

Część czwarta. Postępowanie naprawcze w razie zagrożenia niewypłacalnością

Art. 492. [Zakres stosowania] 1. Przepisy niniejszej części stosuje się do zagrożonych niewypłacalnością przedsiębiorców wpisanych do Krajowego Rejestru Sądowego.

2. Przedsiębiorca jest zagrożony niewypłacalnością, jeżeli pomimo wykonywania swoich zobowiązań, według rozsądnej oceny jego sytuacji ekonomicznej jest oczywistym, że w niedługim czasie stanie się niewypłacalny.

3. Przepisów niniejszej części nie stosuje się do przedsiębiorcy:
1) który już prowadził postępowanie naprawcze, jeżeli od jego umorzenia nie upłynęły 2 lata;
2) który już był objęty układem zawartym w postępowaniu naprawczym albo upadłościowym, jeżeli od wykonania układu nie upłynęło 5 lat;
3) przeciw któremu przeprowadzono postępowanie upadłościowe obejmujące likwidację majątku, albo w którym przyjęto układ likwidacyjny, jeżeli od prawomocnego zakończenia postępowania nie upłynęło 5 lat;
4) w stosunku do którego oddalono wniosek o ogłoszenie upadłości albo umorzono postępowanie upadłościowe z braku majątku na zaspokojenie kosztów postępowania, jeżeli od uprawomocnienia się postępowania nie upłynęło 5 lat.

Art. 493. [Odpowiednie stosowanie] W zakresie nieuregulowanym w niniejszej części do postępowania naprawczego przepisy tytułu II części pierwszej stosuje się odpowiednio.

1) the costs of liquidation of this estate, including also the remuneration of the curator,
2) the amounts due to the bondholders per the nominal value of the bonds,
3) interest (coupons).

Art. 490. [Satisfaction from the bankruptcy estate funds] If the separate bankruptcy estate is not sufficient to fully satisfy the bondholders, the remaining balance shall be satisfied by the distribution of the bankruptcy estate funds.

Art. 491. [Redemption of bonds] Bonds issued by the bankrupt, which are its property, may not be traded. Such bonds shall be redeemed.

Part Four. Reorganisation Proceedings in the Case of a Threat of Insolvency

Art. 492. [Scope of application] 1. This Part shall apply to entrepreneurs recorded in the National Court Register which are threatened with insolvency.

2. An entrepreneur shall be deemed to be threatened with insolvency even if it duly performs its obligations, when – based on a rational estimate of its economic condition – it is evident that the entrepreneur will become insolvent shortly.

3. This Part shall not apply to an entrepreneur:
1) which has already conducted reorganisation proceedings, if two years have not yet elapsed since the discontinuation of the proceedings;
2) which has already been covered by an arrangement made in the reorganisation or bankruptcy proceedings, if five years have not yet elapsed since the performance of the arrangement;
3) against which bankruptcy proceedings were conducted which included the liquidation of the bankrupt's assets or in the course of which liquidation arrangement was adopted, if five years have not yet elapsed since a valid closure of these proceedings; or
4) in relation to which the petition to declare bankruptcy was dismissed or the bankruptcy proceedings were discontinued due to a lack of assets sufficient to satisfy the costs of the proceedings, if five years have not yet elapsed since the date these proceedings became valid.

Art. 493. [*Mutatis mutandis* applicability of other provisions] Within the scope not regulated in this Part, Part One Title II shall apply accordingly to the reorganisation proceedings.

Art. 494. [Oświadczenie o wszczęciu i plan naprawczy] 1. Przedsiębiorca zagrożony niewypłacalnością może złożyć w sądzie oświadczenie o wszczęciu postępowania naprawczego, zawierające dane wymienione w art. 22 ust. 1 pkt 1–3 i ust. 2, oraz oświadczenie, iż nie zachodzi żadna z okoliczności wymienionych w art. 492 ust. 3.

2. Wraz z oświadczeniem o wszczęciu postępowania naprawczego przedsiębiorca składa plan naprawczy, dokumenty wymienione w art. 23 ust. 1 oraz oświadczenie z podpisem notarialnie poświadczonym o prawdziwości danych i oświadczenia, zawartych w oświadczeniu o wszczęciu postępowania naprawczego i załączonych dokumentach.

3. Sąd może, w ciągu 14 dni od złożenia oświadczenia, o którym mowa w ust. 1, zakazać wszczęcia postępowania naprawczego, jeżeli oświadczenie to zostało złożone z naruszeniem przepisów ust. 1 lub 2, lub jeżeli zawarte w nim lub w załączonych dokumentach dane lub oświadczenia są nieprawdziwe. Na postanowienie sądu w tym przedmiocie służy zażalenie.

4. W razie uprawomocnienia się postanowienia sądu zakazującego wszczęcia postępowania naprawczego, oświadczenie, o którym mowa w ust. 1, uważa się za niezłożone. Ponowne złożenie oświadczenia o wszczęciu postępowania naprawczego przez tego samego przedsiębiorcę jest niedopuszczalne.

Art. 495. [Ogłoszenie] 1. O złożeniu oświadczenia o wszczęciu postępowania naprawczego przedsiębiorca ogłasza w Monitorze Sądowym i Gospodarczym oraz w co najmniej jednym dzienniku o zasięgu lokalnym i w jednym o zasięgu ogólnopolskim. Ogłoszenie może być obwieszczone ponadto w inny sposób.

2. Ogłoszenie, o którym mowa w ust. 1, nie może nastąpić przed upływem terminu, o którym mowa w art. 494 ust. 3, a w razie wydania w tym terminie przez sąd postanowienia zakazującego wszczęcia postępowania naprawczego – przed rozpatrzeniem zażalenia na to postanowienie.

Art. 496. [Dzień wszczęcia] 1. Data ogłoszenia oświadczenia, o którym mowa w art. 494 ust. 1, w Monitorze Sądowym i Gospodarczym jest dniem wszczęcia postępowania naprawczego.

2. Z dniem wszczęcia postępowania naprawczego przedsiębiorca składa wniosek o wpis do Krajowego Rejestru Sądowego.

Art. 494. [Statement on opening; reorganisation plan] 1. The entrepreneur threatened with insolvency may submit to the court a statement on opening reorganisation proceedings, containing the data listed in Article 22.1.1–3 and 22.2 and a declaration that none of the circumstances listed in Article 492.3 occurs.

2. Together with the statement on opening reorganisation proceedings, the entrepreneur shall submit a reorganisation plan, the documents listed in Article 23.1, and a written declaration with a signature certified by a notary public on the truthfulness of the data and the declaration included in the statement on opening reorganisation proceedings and in the appended documents.

3. Within 14 days of submission of the statement specified in Section 1, the court may prohibit the opening of the reorganisation proceedings if the above statement has been made in breach of Sections 1 or 2, or if the data or declarations included in the statement or in the appended documents are untrue. The decision of the court in this matter shall be subject to appeal.

4. If the court's decision prohibiting the opening of reorganisation proceedings becomes valid, the statement referred to in Section 1 shall be deemed as not having been made. The same entrepreneur shall be prevented from resubmitting a statement on opening reorganisation proceedings.

Art. 495. [Announcement] 1. The entrepreneur shall announce that it submitted the statement on opening reorganisation proceedings in *Monitor Sądowy i Gospodarczy* and in at least one local and one national daily newspaper. The announcement may also be made in another manner.

2. The announcement referred to in Section 1 cannot be made before the elapse of the time limit referred to in Article 494.3, and if the court issues – within the above time limit – the decision prohibiting the opening of reorganisation proceedings – before the consideration of the appeal against this decision.

Art. 496. [Date of opening] 1. The date of announcement of the statement referred to in Article 494.1 in *Monitor Sądowy i Gospodarczy* shall be the date of opening reorganisation proceedings.

2. Upon the day of opening reorganisation proceedings the entrepreneur shall file a motion for a relevant entry in the National Court Register to be made.

Art. 497. [Nadzorca sądowy] 1. Po wszczęciu postępowania naprawczego, na czas jego trwania, sąd ustanawia dla przedsiębiorcy nadzorcę sądowego oraz może powołać biegłego, o którym mowa w art. 31.

2. Do nadzorcy sądowego, ustanowionego na podstawie ust. 1, stosuje się odpowiednio przepisy o nadzorcy sądowym w postępowaniu upadłościowym, z zastrzeżeniem ust. 3.

3. Przedsiębiorca niezwłocznie zawiera z nadzorcą sądowym umowę zlecenia o wykonywanie czynności nadzorcy i wypłaca mu sukcesywnie wynagrodzenie w wysokości podwójnego przeciętnego miesięcznego wynagrodzenia w sektorze przedsiębiorstw bez wypłat nagród z zysku w czwartym kwartale roku poprzedniego, ogłoszonego przez Prezesa Głównego Urzędu Statystycznego.

Art. 498. [Skutki wszczęcia postępowania naprawczego] 1. Z dniem wszczęcia postępowania naprawczego:
1) zawiesza się spłatę zobowiązań przedsiębiorcy;
2) zawiesza się naliczanie odsetek należnych od przedsiębiorcy;
3) potrącenie wierzytelności dopuszczalne jest z zachowaniem przepisu art. 89;
4) nie mogą być wszczynane przeciwko przedsiębiorcy egzekucje i postępowania zabezpieczające, a wszczęte podlegają z mocy prawa zawieszeniu.

2. Sąd może na wniosek przedsiębiorcy zmienić zarządzenia tymczasowe wydane w celu zabezpieczenia roszczeń pieniężnych, w szczególności przez uchylenie dokonanych zajęć.

3. Przepisów ust. 1 i 2 nie stosuje się do wierzytelności, o których mowa w art. 273.

Art. 499. [Wszczęcie innych postępowań – dopuszczalność] 1. Wszczęcie postępowania naprawczego nie ma wpływu na wszczynanie przeciwko przedsiębiorcy postępowania sądowego, w tym postępowania w przedmiocie ogłoszenia upadłości na wniosek wierzyciela oraz postępowania administracyjnego.

2. W razie złożenia przez wierzyciela wniosku o ogłoszenie upadłości, sąd odroczy jego rozpoznanie do czasu zakończenia postępowania naprawczego albo połączy rozpoznanie wniosku z postępowaniem o zatwierdzenie układu.

3. Przepis ust. 2 nie wyklucza możliwości zabezpieczenia majątku na podstawie art. 36–43.

Art. 497. [Court supervisor] 1. After opening reorganisation proceedings the court shall appoint, for the duration of the proceedings, a court supervisor for the entrepreneur and may appoint the expert referred to in Article 31.

2. Subject to Section 3, the provisions on the court supervisor in the bankruptcy proceedings shall apply accordingly to the court supervisor appointed under Section 1.

3. The entrepreneur shall conclude without delay a mandate agreement with the court supervisor on performing supervisor's duties and pay it gradually the remuneration amounting to double the average monthly salary in the enterprise sector, excluding payments from profit, in force in the fourth quarter of the preceding year, published by the President of the Main Statistical Office.

Art. 498. [Effects of opening reorganisation proceedings] 1. Upon the date reorganisation proceedings are opened:
1) the payment of the entrepreneur's obligations shall be suspended,
2) the accrual of interest due from the entrepreneur shall be suspended,
3) a setoff of claims is admissible, subject to Article 89,
4) no execution proceedings or proceedings to secure claims may be opened against the entrepreneur, and the opened proceedings shall be stayed by virtue of law.

2. Upon a motion of the entrepreneur, the court may amend interim orders issued to secure pecuniary claims, in particular by revoking any seizures made.

3. Sections 1 and 2 shall not apply to the claims referred to in Article 273.

Art. 499. [Opening of other proceedings – admissibility] 1. The opening of reorganisation proceedings shall not affect the opening of court proceedings against the entrepreneur, including proceedings to declare bankruptcy upon a petition of the creditor, as well as administrative proceedings.

2. If the creditor files a petition to declare bankruptcy, the court shall adjourn the consideration of such petition until reorganisation proceedings have been closed or the court shall order the consolidation of the petition and the proceedings to approve the arrangement.

3. Section 2 shall not exclude the possibility of securing the assets under Articles 36–43.

Art. 500. [Sprawy z zakresu prawa pracy] W sprawach z zakresu prawa pracy wszczęcie postępowania naprawczego wywołuje skutki jak ogłoszenie upadłości, z wyłączeniem spraw dotyczących ochrony roszczeń pracowniczych w razie niewypłacalności pracodawcy.

Art. 501. [Zakaz zbywania i obciążania majątku] 1. Od dnia wszczęcia postępowania naprawczego do dnia prawomocnego rozstrzygnięcia co do zatwierdzenia układu albo umorzenia postępowania przedsiębiorca nie może zbywać ani obciążać swego majątku. Przepisy art. 81 i 82 stosuje się odpowiednio.

2. Przepisu ust. 1 nie stosuje się do rzeczy zbywanych w zakresie działalności gospodarczej przedsiębiorcy.

Art. 502. [Plan naprawczy] Plan naprawczy, o którym mowa w art. 494 ust. 2, powinien zapewniać przywrócenie przedsiębiorcy zdolności do konkurowania na rynku. Plan powinien zawierać uzasadnienie. Przepis art. 280 stosuje się odpowiednio.

Art. 503. [Propozycje restrukturyzacji] 1. Sposób naprawy przedsiębiorstwa powinien określać restrukturyzację zobowiązań, które mogą być objęte układami w postępowaniu upadłościowym, majątku oraz zatrudnienia w przedsiębiorstwie.

2. Do określenia sposobu restrukturyzacji zobowiązań stosuje się odpowiednio przepis art. 270.

3. Propozycje restrukturyzacji majątku przedsiębiorcy powinny wskazywać, jaka część majątku zostanie zbyta, wydzierżawiona lub wynajęta, określać sposoby zbycia oraz na co zostaną przeznaczone uzyskane środki. Propozycje te nie mogą obejmować składników majątku niestanowiących własności przedsiębiorcy, chyba że właściciel wyrazi na to zgodę na piśmie.

4. Propozycje restrukturyzacji zatrudnienia powinny wskazywać ogólną liczbę zatrudnionych, liczbę pracowników zwalnianych, zasady zwolnień oraz konsekwencje finansowe tych zmian.

Art. 504. [Zgromadzenie wierzycieli] Restrukturyzacja zobowiązań następuje w drodze układu zawartego na zgromadzeniu wierzycieli.

Art. 505. [Termin zgromadzenia] 1. Termin zgromadzenia wierzycieli ustala przedsiębiorca w porozumieniu z nadzorcą sądowym.

2. Zgromadzenie wierzycieli nie może się odbyć wcześniej niż po upływie miesiąca od dnia wszczęcia postępowania naprawczego.

Art. 500. **[Labour law matters]** In labour law matters, the opening of reorganisation proceedings shall have the same effects as the declaration of bankruptcy, save for matters concerning the protection of the employees' claims in the case of the employer's insolvency.

Art. 501. **[No right to alienate or encumber]** 1. From the date reorganisation proceedings are opened until a valid adjudication on the approval of the arrangement or until the discontinuance of the proceedings, the entrepreneur may not alienate or encumber its assets. Articles 81 and 82 shall apply accordingly.

2. Section 1 shall not apply to things alienated within the scope of the entrepreneur's economic activity.

Art. 502. **[Reorganisation plan]** The reorganisation plan referred to in Article 494.2 should allow for the recovery by the entrepreneur of the ability to compete on the market. The plan shall contain a justification. Article 280 shall apply accordingly.

Art. 503. **[Restructuring proposals]** 1. The manner of restructuring the enterprise shall comprise the restructuring of obligations which may be included in the arrangements in the bankruptcy proceedings, assets and of the employment in the enterprise.

2. Article 270 shall apply accordingly to the establishment of the manner of restructuring obligations.

3. The proposals for restructuring the entrepreneur's assets shall indicate which part of the assets shall be alienated, rented or leased; the proposals shall furthermore determine the methods of alienation and the purposes for which the proceeds shall be assigned. The proposals may not comprise assets which are not owned by the entrepreneur, unless the owner consents in writing therefor.

4. The proposals for restructuring the employment shall indicate the total number of employees, the number of employees to be made redundant, the terms of redundancy and the financial consequences of these changes.

Art. 504. **[Meeting of creditors]** The obligations shall be restructured by way of an arrangement adopted at the meeting of creditors.

Art. 505. **[Date of the meeting]** 1. The date of the meeting of creditors shall be set by the entrepreneur in agreement with the court supervisor.

2. The meeting of creditors may not be held before one month has elapsed from the date reorganisation proceedings are opened.

3. Przedsiębiorca zawiadamia wierzycieli o terminie i miejscu zgromadzenia wierzycieli listem poleconym lub za dowodem doręczenia co najmniej dwa tygodnie przed zgromadzeniem. Wraz z zawiadomieniem należy doręczyć wierzycielom plan naprawczy.

Art. 506. **[Uczestnicy zgromadzenia]** W zgromadzeniu wierzycieli mają prawo uczestniczyć wierzyciele, którzy zostali powiadomieni o terminie zgromadzenia, albo pomimo braku powiadomienia zgłoszą nadzorcy sądowemu swoje uczestnictwo, a przedsiębiorca nie zaprzeczy istnieniu ich wierzytelności.

Art. 507. **[Przewodniczący]** Zgromadzenie wierzycieli prowadzi nadzorca sądowy.

Art. 508. **[Prawo zgłaszania zmian]** Do czasu rozpoczęcia głosowania nad układem wierzyciele mogą zgłaszać zmiany do propozycji restrukturyzacji zobowiązań.

Art. 509. **[Grupy wierzycieli]** 1. Głosowanie nad układem może odbywać się w grupach wierzycieli. Podziału na grupy dokonuje przedsiębiorca. Przepis art. 278 ust. 1 stosuje się odpowiednio.

2. Na zgromadzeniu wierzycieli wierzyciele głosują z sumą swoich wierzytelności, jaką umieszczono na liście wierzytelności, sporządzoną przez przedsiębiorcę z zachowaniem wymogów art. 245–251.

3. Wierzyciele, którzy nie zostali umieszczeni na liście, a którzy zgłosili swój udział w zgromadzeniu wierzycieli, głosują z sumą zgłoszonych wierzytelności do wysokości niezaprzeczonej przez przedsiębiorcę.

Art. 510. **[Przyjęcie układu]** 1. Układ jest przyjęty, jeżeli wypowie się za nim większość wierzycieli uprawnionych do uczestniczenia w zgromadzeniu wierzycieli mających łącznie dwie trzecie ogólnej sumy wierzytelności uprawniających do głosowania.

2. Jeżeli wierzyciele głosowali w grupach, przepis art. 285 stosuje się odpowiednio.

Art. 511. **[Protokół z przebiegu]** 1. Z przebiegu zgromadzenia sporządza się protokół, który powinien zawierać osnowę układu oraz wymieniać wierzycieli głosujących za układem i przeciwko układowi.

2. Do zgromadzenia wierzycieli w sprawach nieuregulowanych w niniejszej części stosuje się odpowiednio przepisy art. 196–198, art. 283 ust. 1–3 i art. 284.

3. The entrepreneur shall notify the creditors on the date and venue of the meeting by registered mail or certified mail – return receipt requested, at least two weeks prior to the meeting. The reorganisation plan shall be served on the creditors together with the notification.

Art. 506. [Participants in the meeting] The right to participate in the meeting of creditors shall be vested in the creditors which have been duly notified of the date of the meeting or which, despite the lack of notification, inform the court supervisor of their participation, provided that the entrepreneur does not deny the existence of their claims.

Art. 507. [Chairman] The court supervisor shall chair the meeting of creditors.

Art. 508. [Right to submit changes] The creditors may submit changes to the proposals on restructuring the obligations up to the commencement of the vote on the arrangement.

Art. 509. [Groups of creditors] 1. The creditors may vote on the arrangement in groups. It shall be the entrepreneur who shall divide the creditors into groups. Article 278.1 shall apply accordingly.

2. At the meeting of creditors the creditors shall vote with the sum of their claims which has been recorded on the list of claims prepared by the entrepreneur according to the requirements provided under Articles 245–251.

3. The creditors that have not been recorded on the list and which have declared their participation in the meeting, shall vote with the sum of the declared claims, up to the amount not challenged by the entrepreneur.

Art. 510. [Adoption of the arrangement] 1. The arrangement shall be adopted if supported by the majority of creditors entitled to participate in the meeting of creditors, jointly holding two thirds of the total sum of claims which give the right to vote.

2. If the creditors have voted in groups, Article 285 shall apply accordingly.

Art. 511. [Minutes] 1. Minutes shall be taken from the meeting of creditors. The minutes shall contain the essentials of the arrangement and an indication of which creditors voted for or against the arrangement.

2. In matters not regulated in this Part, Articles 196–198, 283.1–3 and 284 shall apply accordingly to the meeting of creditors.

Art. 512. [**Skutki nieprzyjęcia układu**] 1. Nieprzyjęcie układu nie wyklucza możliwości ponownego zwołania zgromadzenia wierzycieli, na którym dopuszcza się zgłoszenie nowych propozycji restrukturyzacji zobowiązań oraz innych zmian w planie naprawczym.

2. O terminie ponownego zgromadzenia wierzycieli nadzorca sądowy ogłasza na zgromadzeniu, na którym układ nie został przyjęty.

3. Oddany poprzednio głos wierzyciela, który nie stawił się na ponowne zgromadzenie wierzycieli, zachowuje moc przy obliczaniu wyników głosowania, jeżeli nowe propozycje są dla tego wierzyciela nie mniej korzystne od propozycji, nad którymi wcześniej głosował.

Art. 513. [**Zgłaszanie zarzutów**] 1. Każdy z wierzycieli uprawniony do udziału w zgromadzeniu może zgłosić zarzuty przeciwko układowi.

2. Zarzuty może zgłosić wierzyciel nieuprawniony do udziału w zgromadzeniu, jeżeli wykaże, że układ może mu utrudnić dochodzenie roszczeń.

3. Zarzuty wnosi się do sądu w terminie tygodnia od dnia zawarcia układu. Dla wierzycieli, którzy nie zostali zawiadomieni o zgromadzeniu wierzycieli, termin ten biegnie od dnia obwieszczenia, o którym mowa w art. 514 ust. 1.

Art. 514. [**Zatwierdzenie układu przez sąd**] 1. Sąd zatwierdza układ po przeprowadzeniu rozprawy. O terminie rozprawy należy dokonać obwieszczenia zgodnie z przepisem art. 221 i przez ogłoszenie w Monitorze Sądowym i Gospodarczym oraz zawiadomić przedsiębiorcę i osoby, które wniosły zarzuty.

2. Sąd, zatwierdzając układ, może ustanowić nadzorcę sądowego na czas wykonywania układu. Przepis art. 497 stosuje się odpowiednio.

3. Na postanowienie w przedmiocie zatwierdzenia układu przysługuje zażalenie.

Art. 515. [**Odmowa zatwierdzenia**] 1. Sąd odmawia zatwierdzenia układu, jeżeli:

1) brak było podstaw do prowadzenia postępowania naprawczego;
2) przedsiębiorca nie złożył wymaganych w sprawie dokumentów;
3) dane zawarte w dokumentach i oświadczeniach przedsiębiorcy były nieprawdziwe;
4) przedsiębiorca nie zawiadomił wszystkich znanych mu wierzycieli o terminie zgromadzenia wierzycieli;

Art. 512. [Effects of failure to adopt the arrangement] 1. If the arrangement is not adopted, a new meeting of creditors may be convened; at the reconvened meeting of creditors new proposals for restructuring the obligations and other changes in the reorganisation plan may be submitted.

2. The date of the reconvened meeting of creditors shall be announced by the court supervisor at the meeting at which the arrangement was not adopted.

3. The vote cast previously by a creditor who has not appeared at the reconvened meeting of creditors shall be taken into account in the computation of votes, provided that the new proposals are not less beneficial to the creditors than the proposals on which it previously voted.

Art. 513. [Submitting objections] 1. Each of the creditors entitled to participate in the meeting of creditors may file objections against the arrangement.

2. The objections may also be filed by a creditor not entitled to participate in the meeting of creditors, provided it proves that the arrangement may impede the pursuit of its claims.

3. The objections shall be filed to the court within one week of adoption of the arrangement. For the creditors which have not been notified about the meeting of creditors, that time limit shall start on the date of the announcement referred to in Article 514.1.

Art. 514. [Approval of the arrangement by the court] 1. The court shall approve the arrangement after holding a hearing. The date of the hearing shall be announced pursuant to Article 221 and by giving notice in *Monitor Sądowy i Gospodarczy*; the date of the hearing shall be communicated to the entrepreneur and the persons who have filed objections.

2. Upon approving the arrangement, the court may appoint a court supervisor for the duration of the performance of the arrangement. Article 497 shall apply accordingly.

3. The decision approving the arrangement shall be subject to appeal.

Art. 515. [Refusal to approve] 1. The court shall refuse to approve the arrangement if:
1) no basis exists for conducting reorganisation proceedings,
2) the entrepreneur has not submitted the documents required in the case,
3) the data in the documents and declarations of the entrepreneur were untrue,
4) the entrepreneur has not notified all known creditors about the date of the meeting of creditors,

5) nadzorca sądowy nie miał możliwości sprawowania nadzoru;
6) w toku postępowania naruszono przepisy prawa, które mogły mieć wpływ na wynik głosowania;
7) przedsiębiorca zbył lub obciążył swe mienie albo udzielił niektórym wierzycielom większych korzyści z naruszeniem przepisów art. 501;
8) z okoliczności sprawy wynika, że układ nie będzie wykonany;
9) układ jest krzywdzący dla wierzycieli, którzy wnieśli zarzuty;
10) przyjęty plan naprawczy nie zapewnia przywrócenia przedsiębiorcy zdolności do konkurowania na rynku.

2. W przypadku zaistnienia okoliczności, o których mowa w ust. 1 pkt 9 i 10, sąd może zatwierdzić układ, jeżeli wierzyciele zostaną zaspokojeni na podstawie układu w stopniu nie mniej korzystnym niż w przypadku przeprowadzenia postępowania upadłościowego obejmującego likwidację majątku upadłego.

3. Odmowa zatwierdzenia układu wywołuje skutki takie jak uchylenie układu. W przypadku odmowy zatwierdzenia układu z przyczyn, o których mowa w ust. 1 pkt 1–3 i 7, odsetki od zobowiązań przedsiębiorcy należne za okres postępowania naprawczego przysługują w podwójnej wysokości.

Art. 516. [Moc wiążąca układu] 1. Układ wiąże wszystkich wierzycieli, którzy zostali zawiadomieni o zgromadzeniu wierzycieli, na którym doszło do zawarcia układu, oraz tych, którzy zgłosili nadzorcy sądowemu swoje uczestnictwo na zgromadzeniu wierzycieli, a przedsiębiorca nie zaprzeczył istnieniu ich wierzytelności.

2. Do wykonania układu przepis art. 296 stosuje się odpowiednio.

Art. 517. [Zakres układu] 1. Układem objęte są wierzytelności umieszczone na liście wierzytelności, jeżeli zostały potwierdzone przez wierzycieli.

2. Układem objęte są wierzytelności sporne, jeżeli spór o ich istnienie lub wysokość rozstrzygnięty został po zatwierdzeniu układu. W tym przypadku układem objęte są wierzytelności umieszczone na liście wierzytelności, do wysokości zgłoszonej przez przedsiębiorcę prowadzącego postępowanie naprawcze, a w sprawach wierzytelności nieumieszczonych na tej liście, lecz zgłoszonych przez wierzycieli, do wysokości niezaprzeczonej przez przedsiębiorcę.

5) the court supervisor has had no possibility to exercise supervision,
6) the provisions of the law which could affect the results of the vote have been breached in the course of the proceedings,
7) the entrepreneur has alienated or encumbered its assets or has given to some of the creditors more preferences, breaching Article 501,
8) from the circumstances of the case it results that the arrangement will not be performed,
9) the arrangement is detrimental to the creditors which have filed objections,
10) the approved reorganisation plan does not guarantee recovery by the of the ability to compete on the market.

2. When the circumstances referred to in Section 1 Subsections 9 and 10 arise, the court may approve the arrangement provided that the creditors are satisfied under the arrangement to a degree not less beneficial than in the case of conducting bankruptcy proceedings including the liquidation of the bankrupt's assets.

3. The refusal to approve the arrangement shall have the same effect as the revocation of the arrangement. If the arrangement is not approved due to the reasons referred to in Section 1 Subsections 1–3 and 7, the interest on the entrepreneur's obligations, due for the duration of the reorganisation proceedings, shall be payable in double the amount.

Art. 516. [Binding force of the arrangement] 1. The arrangement shall bind all creditors which have been notified about the meeting of creditors at which the arrangement was adopted, and those which informed the court supervisor on their participation in the meeting of creditors, provided that the entrepreneur did not deny the existence of their claims.

2. Article 296 shall apply accordingly to the performance of the arrangement.

Art. 517. [Scope of the arrangement] 1. The arrangement shall include claims recorded on the list of claims, provided they have been confirmed by the creditors.

2. The arrangement shall include challenged claims provided that the dispute concerning their existence or their amount has been settled after the approval of the arrangement. In that case, the arrangement shall include claims recorded on the list of claims up to the amount declared by the entrepreneur conducting reorganisation proceedings, and in the case of claims not recorded on the list, but filed by the creditors – up to the amount not challenged by the entrepreneur.

Art. 518. [Skutki układu] Do skutków układu przepisy art. 291 i 292 stosuje się odpowiednio.

Art. 519. [Umorzenie postępowania] Jeżeli postępowanie naprawcze prowadzi mały lub średni przedsiębiorca, postępowanie umarza się z mocy prawa w razie niezawarcia układu w terminie trzech miesięcy od dnia wszczęcia postępowania. W innych przypadkach postępowanie umarza się po upływie czterech miesięcy od dnia jego wszczęcia.

Art. 520. [Uchylenie układu] 1. Sąd uchyla układ, jeżeli przedsiębiorca nie wykonuje układu albo gdy przyczyny, o których mowa w art. 515 ust. 1 pkt 1–8 i 10, ujawniły się w okresie wykonywania układu.

2. Sąd może uchylić układ, jeżeli przedsiębiorca nie realizuje planu naprawczego przyjętego w toku postępowania naprawczego.

Art. 521. [Uchylenie układu na wniosek] 1. O uchyleniu układu sąd orzeka na wniosek zgłoszony przez każdego z wierzycieli lub przez osoby, które zgodnie z układem są uprawnione do nadzoru nad jego wykonaniem.

2. W razie zgłoszenia wniosku o ogłoszenie upadłości przedsiębiorcy, który zawarł układ w postępowaniu naprawczym, sąd, ogłaszając upadłość, z urzędu orzeka o uchyleniu układu.

3. Uchylenie układu powoduje zakończenie postępowania naprawczego. Poza tym do skutków uchylenia układu przepisy art. 304 i 305 stosuje się odpowiednio.

Część piąta. Przepisy karne

Art. 522. [Nieprawdziwość danych] 1. Kto będąc dłużnikiem albo osobą uprawnioną do reprezentowania dłużnika, który jest osobą prawną lub spółką handlową niemającą osobowości prawnej, podaje we wniosku o ogłoszeniu upadłości albo w oświadczeniu o wszczęciu postępowania naprawczego nieprawdziwe dane

– podlega karze pozbawienia wolności od 3 miesięcy do lat 5.

2. Tej samej karze podlega, kto będąc dłużnikiem lub osobą uprawnioną do reprezentowania dłużnika, który jest osobą prawną lub spółką handlową niemającą osobowości prawnej, w postępowaniu w przedmiocie ogłoszenia upadłości albo w postępowaniu naprawczym podaje sądowi nieprawdziwe informacje co do stanu majątku dłużnika.

Art. 518. [Effects of the arrangement] Articles 291 and 292 shall apply accordingly to the effects of the arrangement.

Art. 519. [Discontinuance of proceedings] If the reorganisation proceedings are conducted by a small or medium entrepreneur the proceedings shall be discontinued by virtue of law if the arrangement is not made within three months of the date the proceedings are opened. In other cases, the proceedings shall be discontinued after four months have elapsed from the date the proceedings are opened.

Art. 520. [Revocation of the arrangement] 1. The court shall revoke the arrangement if the entrepreneur does not perform the arrangement or when the circumstances referred to in Article 515.1 Subsections 1–8 and 10 were discovered in the course of performance of the arrangement.

2. The court may revoke the arrangement when the entrepreneur does not perform the reorganisation plan adopted in the course of the reorganisation proceedings.

Art. 521. [Revocation of the arrangement upon a motion] 1. The court shall adjudicate on the revocation of the arrangement upon a motion submitted by any of the creditors or by persons who – according to the arrangement – are entitled to supervise the performance thereof.

2. If a petition is filed to declare bankruptcy of an entrepreneur which has made the arrangement in reorganisation proceedings, upon declaring bankruptcy the court shall decide ex officio on the revocation of the arrangement.

3. The revocation of the arrangement shall result in closing reorganisation proceedings. Additionally, Articles 304 and 305 shall apply accordingly to the effects of the revocation of the arrangement.

Part Five. Penal Provisions

Art. 522. [Untrue data] 1. Whoever being a debtor or a person authorised to represent the debtor which is a legal person or a commercial partnership, includes untrue data in the petition to declare bankruptcy or in the statement on opening reorganisation proceedings:

– shall be subject to a penalty of imprisonment from 3 months up to 5 years.

2. The same penalty shall be imposed on whoever being a debtor or a person authorised to represent the debtor which is a legal person or a commercial partnership, in the proceedings to declare bankruptcy or in the reorganisation proceedings, provides the court with untrue information on the condition of the debtor's assets.

Art. 523. [Nieujawnianie ksiąg rachunkowych] 1. Kto będąc upadłym albo osobą uprawnioną do reprezentowania upadłego, który jest osobą prawną lub spółką handlową niemającą osobowości prawnej, nie wydaje syndykowi całego majątku wchodzącego do masy upadłości, ksiąg rachunkowych lub innych dokumentów dotyczących jego majątku

–

podlega karze pozbawienia wolności od 3 miesięcy do lat 5.

2. Tej samej karze podlega, kto będąc upadłym albo osobą uprawnioną do reprezentowania upadłego, który jest osobą prawną lub spółką handlową niemającą osobowości prawnej, nie udziela syndykowi lub sędziemu-komisarzowi informacji dotyczących majątku upadłego.

Część szósta. Zmiany w przepisach obowiązujących, przepisy przejściowe i przepisy końcowe

Dział I. Zmiany w przepisach obowiązujących

Art. 524–535. (*pominięto*)[1]

Dział II. Przepisy przejściowe

Art. 536. [Sprawy w toku] W sprawach, w których ogłoszono upadłość przed dniem wejścia w życie ustawy, stosuje się przepisy dotychczasowe.

Art. 537. [Sprawy wszczęte] W sprawach, w których przed dniem wejścia w życie ustawy wpłynął wniosek o ogłoszenie upadłości, lecz jeszcze nie wydano postanowienia o ogłoszeniu upadłości, postępowanie w przedmiocie ogłoszenia upadłości prowadzi się według przepisów ustawy.

Art. 538. [Postępowanie układowe w toku] 1. Jeżeli podanie o otwarcie postępowania układowego złożone zostało przed dniem wejścia w życie ustawy, lecz jeszcze nie orzeczono o otwarciu postępowania układowego, postępowanie prowadzi się według przepisów ustawy. Sąd może zobowiązać dłużnika do złożenia wniosku o ogłoszenie upadłości z możliwością zawarcia układu zgodnie z przepisami ustawy.

2. W sprawach, w których postanowienie o otwarciu układu zostało wydane przed dniem wejścia w życie ustawy, stosuje się przepisy dotychczasowe.

Art. 539. [Wpis do KRS] W sprawach, o których mowa w art. 536 i 538 ust. 2, wpisu do Krajowego Rejestru Sądowego dokonuje się według przepisów dotychczasowych.

---

1 Dotyczą innych ustaw.

Art. 523. [Failure to release book accounts] 1. Whoever being a bankrupt or a person authorised to represent the bankrupt which is a legal person or a commercial partnership, does not release to the trustee all of the assets included in the bankruptcy estate, book accounts or other documents concerning its assets:

– shall be subject to a penalty of imprisonment from 3 months up to 5 years.

2. The same penalty shall be imposed on whoever being a bankrupt or a person authorised to represent the bankrupt which is a legal person or a commercial partnership, does not provide the trustee or the judge-commissioner with the information concerning the bankrupt's assets.

Part Six. Amendments to Other Provisions, Transitional and Final Provisions

Division I. Amendments to Other Provisions

Art. 524-535. (*intentionally omitted*)

Division II. Transitional provisions

Art. 536. [Pending cases] The provisions in force to date shall apply to cases in which bankruptcy had been declared before the date of entry into force of this Law.

Art. 537. [Opened proceedings] The provisions of this Law shall apply to cases in which the petition to declare bankruptcy has been filed before the date of entry into force of this Law, but the decision declaring bankruptcy has not yet been issued.

Art. 538. [Pending arrangement proceedings] 1. The provisions of this Law shall apply to cases in which the petition to open the arrangement proceedings has been filed before the date of entry into force of this Law, but the decision opening the arrangement proceedings has not yet been issued. The court may oblige the debtor to file the petition to declare bankruptcy with the possibility to make an arrangement in accordance with this Law.

2. The provisions in force to date shall apply to cases in which the decision opening the arrangement proceedings has been issued before the date of entry into force of this Law.

Art. 539. [Entry into the National Court Register] In the matters referred to in Articles 536 and 538.2 the entry into the National Court Register shall be recorded in accordance with the provisions in force to date.

Art. 540. [**Stosowanie przepisów dotychczasowych**] Do postępowań wszczętych przed dniem wejścia w życie ustawy, na podstawie art. 17^2 rozporządzenia, o którym mowa w art. 545 pkt 1, stosuje się przepisy dotychczasowe.

Art. 541. [**Wymóg licencji**] 1. Do czasu wydania ustawy, o której mowa w art. 157 ust. 3, od syndyka, nadzorcy sądowego albo zarządcy i ich zastępców nie wymaga się licencji, o której mowa w art. 157 ust. 1.

2. W zakresie kwalifikacji wymaganych od syndyka zachowuje moc rozporządzenie Ministra Sprawiedliwości wydane na podstawie art. 14 § 4 rozporządzenia Prezydenta Rzeczypospolitej wymienionego w art. 545 pkt 1.

Art. 542. [**Moc obowiązująca przepisów wykonawczych**] Dotychczasowe przepisy wykonawcze wydane na podstawie art. 38 ust. 7 ustawy nowelizowanej w art. 528 zachowują moc do czasu wydania nowych przepisów wykonawczych.

Art. 543. [**Objaśnienie**] Ilekroć w przepisach odrębnych jest mowa o „postępowaniu upadłościowym", rozumie się przez to postępowanie upadłościowe obejmujące likwidację majątku upadłego.

Art. 544. [**Objaśnienie**] Ilekroć w przepisach odrębnych jest mowa o „postępowaniu układowym", rozumie się przez to także postępowanie upadłościowe z możliwością zawarcia układu.

Dział III. Przepisy końcowe

Art. 545. [**Derogacja**] Tracą moc:
1) rozporządzenie Prezydenta Rzeczypospolitej z dnia 24 października 1934 r. – Prawo upadłościowe (Dz.U. z 1991 r. Nr 118, poz. 512, z 1994 r. Nr 1, poz. 1, z 1995 r. Nr 85, poz. 426, z 1996 r. Nr 6, poz. 43, Nr 43, poz. 189, Nr 106, poz. 496 i Nr 149, poz. 703, z 1997 r. Nr 28, poz. 153, Nr 54, poz. 349, Nr 117, poz. 751, Nr 121, poz. 770 i Nr 140, poz. 940, z 1998 r. Nr 117, poz. 756, z 2000 r. Nr 26, poz. 306, Nr 84, poz. 948, Nr 94, poz. 1037 i Nr 114, poz. 1193 oraz z 2001 r. Nr 3, poz. 18);
2) rozporządzenie Prezydenta Rzeczypospolitej z dnia 24 października 1934 r. – Przepisy wprowadzające prawo upadłościowe (Dz.U. Nr 93, poz. 835 oraz z 1946 r. Nr 31, poz. 197, Nr 57, poz. 321 i Nr 60, poz. 329);

Art. 540. [Application of provisions in force to date] The provisions in force to date shall apply to proceedings opened before the date of entry into force of this Law pursuant to Article 17^2 of the Ordinance, referred to in Article 545 Subsection 1.

Art. 541. [Licence requirement] 1. Until the date the law referred to in Article 157.3 is enacted, the licence specified in Article 157.1 shall not be required from the trustee, court supervisor or the administrator and their deputies.

2. In relation to the qualifications required from the trustee, the Ordinance of the Minister of Justice issued under Article 14 § 4 of the Ordinance of the President of the Republic referred to in Article 545 Subsection 1 shall remain in force.

Art. 542. [Application of executory provisions in force to date] The executory provisions in force to date, issued under Article 38.7 of the Law amended in Article 528 shall remain in force until new executory provisions have been issued.

Art. 543. [Eksplonation] Wherever the term 'bankruptcy proceedings' is used in separate provisions it shall mean the bankruptcy proceedings including the liquidation of the bankrupt's assets.

Art. 544. [Eksplonation] Wherever the term 'arrangement proceedings' is used in separate provisions, it shall mean also the bankruptcy proceedings with a possibility to make an arrangement.

Division III. Final Provisions

Art. 545. [Derogation] The following shall be hereby repealed:
1) the Ordinance of the President of the Republic of 24 October 1934 – Bankruptcy Law (Journal of Laws of 1991, No. 118, Item 512; of 1994 No. 1, Item 1; of 1995 No. 85, Item 426; of 1996 No. 6, Item 43, No. 43, Item 189, No. 106, Item 496 and No. 149, Item 703; of 1997 No. 28, Item 153, No. 54 Item 349, No. 117, Item 751, No. 121, Item 770 and No. 140, Item 940; of 1998 No. 117, Item 756; of 2000 No. 26, Item 306, No. 84 Item 948, No. 94, Item 1037, No. 114, Item 1193 and of 2001, No. 3, Item 18),
2) the Ordinance of the President of the Republic of 24 October 1934 – Provisions Introducing the Bankruptcy Law (Journal of Laws No. 93 Item 835 and of 1946 No. 31, Item 197, No. 57, Item 321 and No. 60, Item 329),

3) rozporządzenie Prezydenta Rzeczypospolitej z dnia 24 października 1934 r. – Prawo o postępowaniu układowym (Dz.U. Nr 93, poz. 836, z 1950 r. Nr 38, poz. 349, z 1990 r. Nr 55, poz. 320, z 1996 r. Nr 6, poz. 43 i Nr 43, poz. 189 oraz z 1997 r. Nr 96, poz. 592, Nr 121, poz. 770 i Nr 133, poz. 885).

Art. 546. [Wejście w życie] Ustawa wchodzi w życie z dniem 1 października 2003 r., z tym że:

1) w przypadku przedsiębiorców, którzy złożyli wnioski, o których mowa w art. 12 ust. 1 ustawy z dnia 30 października 2002 r. o pomocy publicznej dla przedsiębiorców o szczególnym znaczeniu dla rynku pracy (Dz.U. Nr 213, poz. 1800), oraz dłużników odpowiadających solidarnie wraz z przedsiębiorcami, będących stroną postępowania restrukturyzacyjnego prowadzonego na podstawie tej ustawy, przepisy niniejszej ustawy o postępowaniu naprawczym wchodzą w życie po upływie 14 dni od dnia ogłoszenia, z tym że postępowanie naprawcze nie obejmuje zobowiązań cywilnoprawnych i publicznoprawnych objętych postępowaniem toczącym się na podstawie przepisów o pomocy publicznej dla przedsiębiorców o szczególnym znaczeniu dla rynku pracy, jeżeli przedsiębiorca jest stroną takiego postępowania w chwili ogłoszenia oświadczenia o wszczęciu postępowania naprawczego w Monitorze Sądowym i Gospodarczym;

2) przepisy art. 451, art. 454–470, art. 481 i art. 482 stosuje się z dniem przystąpienia Rzeczypospolitej Polskiej do Unii Europejskiej.

3) the Ordinance of the President of the Republic of 24 October 1934 –
   Law on Arrangement Proceedings (Journal of Laws No. 93, Item 836,
   1950 No. 38, Item 349; of 1990 No. 55, Item 320; of 1996 No. 6, Item
   43 and No. 43, Item 189 and of 1997 No. 96, Item 592, No. 121, Item
   770 and No. 133, Item 885).

Art. 546. [Entry into force] This Law shall enter into force on 1 October
2003; however:

1) in the case of entrepreneurs which filed the petitions referred to in Article 12.1 of the Law of 30 October 2002 on Public Aid for the
   Entrepreneurs of Significant Importance for the Employment Market
   (Journal of Laws No. 213, Item 1800), and the debtors jointly and severally liable with the entrepreneurs which are parties to the restructuring proceedings conducted on the basis of this law, the provisions of
   this Law on the reorganisation proceedings shall enter into force after
   14 days from the promulgation of this Law, but the reorganisation proceedings do not include civil law and public law obligations included
   in the proceedings conducted under the provisions on public aid for entrepreneurs of significant importance for the employment market, if the
   entrepreneur is a party to such proceedings at the moment notice is
   made on the statement on opening reorganisation proceedings in *Monitor Sądowy i Gospodarczy*;
2) Article 451, Articles 454–470, Article 481 and Article 482 shall enter
   into force as of the of the accession of the Republic of Poland to the
   European Union.

GLOSARIUSZ POLSKO-ANGIELSKI WYBRANEJ TERMINOLOGII Z ZAKRESU PRAWA UPADŁOŚCIOWEGO I NAPRAWCZEGO

POLISH-ENGLISH GLOSSARY OF SELECTED BANKRUPTCY AND REORGANISATION TERMINOLOGY

1	2
bezskuteczny (o czynności prawnej)	ineffective
czynność prawna	legal act
czynności przekraczające zakres zwykłego zarządu	acts exceeding the scope of regular administration
dług	debt
dłużnik	debtor
działalność gospodarcza	economic activity
egzekucja	execution
fundusze masy upadłości	bankruptcy estate funds
interwenient uboczny	secondary intervener
jednostka nieposiadająca osobowości prawnej	unincorporated organisational unit
kategoria interesów wierzycieli	class of the creditors' interests
kategoria zaspokojania wierzycieli	class
klauzula wykonalności	enforceability clause
kolejność zaspokajania wierzycieli	distribution scheme
księgi rachunkowe	book accounts
kurator (w postępowaniu upadłościowym)	curator
kurator spadku	administrator of the inheritance estate

Glossary

1	2
lista wierzytelności	list of claims
majątek	assets, property
majątkowy (o prawie, roszczeniu)	proprietary
masa upadłości	bankruptcy estate
nadzorca sądowy	court supervisor
nieważność (o czynności prawnej)	invalidity
nieważny (o czynności prawnej)	null and void
niewypłacalność	insolvency
obwieszczenie	announcement
oddalić (wniosek, powództwo)	dismiss
odrzucić (wniosek, sprzeciw)	reject
odstąpić (od umowy)	rescind
ogłosić upadłość	declare bankruptcy
orzeczenie	judgement
osoba fizyczna	natural person
osoba prawna	legal person
oświadczenie o wszczęciu postępowania naprawczego	statement on opening reorganisation proceedings
plan częściowego podziału (funduszów masy upadłości)	partial distribution plan
plan likwidacyjny	liquidation plan
plan naprawczy	reorganisation plan
plan ostatniego podziału (funduszów masy upadłości)	final distribution plan

1	2
plan podziału (funduszów masy upadłości)	distribution plan
podział funduszów masy upadłości	distribution of bankruptcy estate funds
pokrzywdzenie (wierzycieli)	detriment
połączyć do łącznego rozpoznania	consolidate
postanowienie	decision
postanowienie o wykonaniu układu	decision confirming that the arrangement has been performed
postanowienie o wyłączeniu z masy upadłości	decision on exemption from bankruptcy estate
postanowienie zatwierdzające układ	decision approving the arrangement
postępowanie naprawcze	reorganisation proceedings
powództwo o pozbawienie tytułu wykonawczego wykonalności	an action to quash the enforcement of the writ of execution
prawo rzeczowe	right in rem
preliminarz wydatków	estimate of expenses
przedsiębiorca	entrepreneur
przedsiębiorstwo	enterprise
propozycje układowe	arrangement proposals
restrukturyzacja (zobowiązań, majątku)	restructuring
rozwiązać (umowę)	terminate
rzecz	thing
sąd upadłościowy	bankruptcy court

Glossary

1	2
sędzia–komisarz	judge–commissioner
skład masy upadłości	property of the bankruptcy estate
służebność drogi koniecznej	easement by necessity
służebność gruntowa	easement appurtenant
spis inwentarza	inventory
spis wierzycieli	list of creditors
spis wierzytelności	record of claims
sprzeciw	objection
sprzedaż egzekucyjna	execution sale
syndyk	trustee
środki przymusu	coercive measures
tymczasowy nadzorca sądowy	interim court supervisor
tytuł egzekucyjny	enforcement title
tytuł wykonawczy	writ of execution
uchylić (orzeczenie)	annul
uchylić postępowanie upadłościowe	quash bankruptcy proceedings
uchylić (układ, zabezpieczenie)	revoke
układ	arrangement
układ likwidacyjny	liquidation arrangement
umorzyć (długi)	discharge
umorzyć (postępowanie)	discontinue
upadłość	bankruptcy

1	2
upadłość obejmująca likwidację majątku dłużnika	bankruptcy by liquidation of the debtor's assets
upadłość z możliwością zawarcia układu	bankruptcy with a possibility to make an arrangement
upadły	bankrupt
uznać (wierzytelność, dług)	acknowledge
ustalić skład masy upadłości	identify the property of the bankruptcy estate
uzupełniająca lista wierzytelności	supplementary list of claims
wierzytelność	claim
wniosek	motion, application
wniosek o ogłoszenie upadłości	petition to declare bankruptcy
wszcząć (postępowanie)	open
wyciąg (np. z listy wierzytelności)	extract
wygasnąć (o zobowiązaniu)	expire
wykonalność (orzeczenia)	enforceability
wykonalny (o orzeczeniu)	enforceable
wykonać zobowiązanie	perform the obligation
wyłączenie z masy upadłości	exemption from the bankruptcy estate
wymagalny	due
wyrok	ruling
wzajemny (o umowie, wierzytelności)	reciprocal
zadłużenie	indebtedness

Glossary

1	2
zakład (przedsiębiorstwa)	establishment
zakończyć (postępowanie)	close
zarząd masą upadłości	administration of the bankrupt-cy estate
zarząd przymusowy	mandatory administration
zarząd własny	self-administration
zarządca	administrator
zarządca przymusowy	mandatory administrator
zarządca tymczasowy	interim administrator
zarządzenie	order
zarządzenie tymczasowe	interim order
zatwierdzić (układ, plan)	approve
zawiesić (postępowanie)	stay
zażalenie	appeal
zgłosić wierzytelność	file a claim
zmienić (postanowienie o ogłoszeniu upadłości z możliwością układu na postanowienie o ogłoszeniu upadłości obejmującej likwidacje majątku dłużnika lub odwrotnie)	convert
zobowiązania (*lm*)	liabilities
zobowiązanie	obligation
zwykły zarząd	regular administration

GLOSARIUSZ POLSKO-ANGIELSKI WYBRANEJ TERMINOLOGII Z ZAKRESU MIĘDZYNARODOWEGO POSTĘPOWANIA UPADŁOŚCIOWEGO

POLISH-ENGLISH GLOSSARY OF INTERNATIONAL BANKRUPTCY PROCEEDINGS SELECTED TERMINOLOGY

główny ośrodek działalności gospodarczej	centre of main interests
jurysdykcja krajowa	domestic jurisdiction
miejsce prowadzenia działalności gospodarczej	establishment
międzynarodowe postępowanie upadłościowe	international bankruptcy proceedings
orzeczenie o uznaniu zagranicznego postępowania upadłościowego	judgement recognising foreign bankruptcy proceedings
pełnomocnik do doręczeń	attorney-in-fact for delivery
postępowanie główne	main proceedings
postępowanie uboczne	secondary proceedings
uznać (postępowanie)	recognise
wierzyciel krajowy	domestic creditor
wierzyciel zagraniczny	foreign creditor
wtórne postępowanie upadłościowe	concurrent bankruptcy proceedings
wykonalność	enforceability
wykonalny	enforceable
wyłączny (o jurysdykcji)	exclusive
zagraniczne postępowanie upadłościowe	foreign bankruptcy proceedings
zarządca zagraniczny	foreign representative

Prawo upadłościowe i naprawcze

Tom 5 + CD

Robert Pabis

Seria: Pisma Spółek Handlowych
1. wyd. 2004 r.; 900 str.
ISBN 83-787-162-4

Piąty tom serii Pisma Spółek Handlowych zawiera wzory pism
i dokumentów niezbędnych na poszczególnych etapach postępowania upadłościowego i naprawczego, zgodnie z nową, obowiązującą
od października 2003 r. ustawą – Prawo upadłościowe i naprawcze.
Każdy ze wzorów opatrzony jest szczegółowymi objaśnieniami,
ułatwiającymi właściwe ich wykorzystanie w praktyce, oraz wyka-
zem literatury i orzecznictwem.

Do książki dołączona jest **płyta CD** zawierająca wszystkie wzory,
przygotowane w formie formularzy, co umożliwia wypełnienie
i wydrukowanie gotowego pisma.

*Robert Pabis - radca prawny specjalizujący się w prawie cywilnym,
upadłościowym i handlowym, autor licznych publikacji, w tym ko-
mentarza do Spółki z o.o.*

Wydawnictwo C.H. Beck, ul. Gen. Zajączka 9, 01-518 Warszawa
tel. (22) 33 77 600, fax (22) 33 77 601
http://www.beck.pl   e-mail: dz.handlowy@beck.pl